Wurzeln und Flügel

**Geschichte
meiner Urner Familie**

PETER ARNOLD

 **tredition®**

© 2017 Peter Arnold, CH-1196 Gland
Umschlag, Satz, Illustration: Nirine Arnold, CH-1203 Genève

Verlag und Druck: Tredition GmbH, Halenreihe 42, D-22359 Hamburg

ISBN
Paperback   978-3-7439-7262-9
e-Book   978-3-7439-7263-6

Meinen Eltern in liebendem Andenken und tiefer
Dankbarkeit gewidmet.

Für meinen erstgeborenen Enkel Albert Shayan,
Schweizer, Inder, Amerikaner.
Möge meine Erzählung dazu beitragen,
dass er sich stets auch seinen
Urner Wurzeln verbunden fühlt.

Wer nicht weiss, wo er herkommt, kann nicht wissen, wo er hingeht, und wer vom Vergangenen nicht loskommt, steht der Zukunft apathisch gegenüber.

PETER VON MATT
DAS KALB VOR DER GOTTHARDPOST

Inhalt

1 ERINNERN AN DAVOR

Solange deine Kinder klein sind, gib ihnen Wurzeln,
wenn sie grösser werden, schenk ihnen Flügel.

INDISCHES SPRICHWORT

Mir ergeht es jetzt wie unzähligen anderen älteren Menschen: Erinnerungen an früher bedeuten mir wieder viel und verleiten mich zum Sinnieren.

Kaum etwas verbindet sich dann in meiner Gefühlswelt so stark und bildhaft mit meiner Kindheit wie das alte Gadenhaus unter dem Gasthaus Brückli in Schattdorf. Dort im Kanton Uri bin ich 1945 auf die Welt gekommen. Dort habe ich die ersten zwölf Jahre meines Lebens verbracht. Bis es mich 1958 ins Sankt-Galler Rheintal verschlug, wo sich mir, dem angehenden Internatsmittelschüler, eine neue Welt auftat. Seither bin ich viel herumgekommen, habe mich mal da, mal dort niedergelassen, jedoch nie mehr im Kanton Uri. Aber die Wiege meiner Herkunft und meine familiären Wurzeln haben immer als emotionale Heimat in mir weitergelebt. Ich war schon lange verheiratet, als ich endlich aufhörte zu sagen, „ich gehe nach Hause", wenn ich nach Schattdorf fuhr.

Als ich auf die Welt kam, waren bereits vier ältere Geschwister da, nach mir gesellten sich noch sechs jüngere hinzu. Sich einmal einer grossen Kinderschar zu erfreuen wünschte man damals in der katholischen Innerschweiz allen Jungvermählten. Kinder waren ein Geschenk Gottes. Sprach man von Kindersegen, war das wörtlich gemeint. Gerade elf zu bekommen war dann aber doch selten.

Wir sind alle daheim im Gadenhaus geboren worden.

Als Gadähüüs[1] bezeichnet der Urner Dialekt ein Gebäude, bei dem Stall und Wohnhaus unter einem Dach vereint sind. Mein Geburtshaus stand demnach auf einem Bauernhof. Er war klein und umfasste gerade einmal drei Hektaren Wiesland. Vater hatte ihn geerbt. Ich habe meinen Däädi aber zeitlebens nicht als Bauer, sondern als einfachen Bauarbeiter gekannt. Soweit ich mich zurückbesinnen kann, hatte er seinen Hof seinem jüngsten Bruder verpachtet. Onkel Xaver war ledig geblieben. Er zählte deshalb auf unsere Mitarbeit. Wir mussten ihm vor allem beim Heuen und Emden kräftig zur Hand gehen, denn er werkte noch fast ohne Maschinen. Mir machte das nichts aus, ganz im Gegenteil. Hätte ich nicht tief in mir andere Träume gehabt, wäre ich wohl am liebsten Bauer geworden. Doch auch mein Onkel richtete schliesslich sein Leben neu aus. Zu unserer Überraschung beschloss er 1965, bereits fünfzigjährig, ins Benediktinerkloster Einsiedeln einzutreten. Dort ist er 2005 als Bruder Josef gestorben.

Da war das alte Gadenhaus schon längst verschwunden. Wann habe ich es eigentlich zum letzten Mal gesehen? Ich vermag mich beim besten Willen nicht mehr daran zu erinnern. Es wurde wahrscheinlich in den späten Siebzigerjahren abgebrochen. Zu diesem Zeitpunkt befand es sich schon nicht mehr im Familienbesitz. In meinem Gedächtnis steht es jedoch immer noch. Ich sehe es vor mir, so deutlich, als wäre nicht über ein halbes Jahrhundert vergangen, seit ich es zum letzten Mal betreten hatte. Das Gadenhaus muss also auf mich eine tiefe Wirkung ausgeübt haben. Verständlicherweise, habe ich doch in ihm meine ersten Wurzeln geschlagen!

Haus und Stall standen ein paar Dutzend Schritte unterhalb des Gasthauses, zu dem unser Hof einst gehörte hatte. Deshalb wur-

---

[1] Urner Mundart-Ausdrücke sind im Glossar erklärt.

Frontseite des Gadenhauses.
Der vor dem Haus parkende Volkswagen gehört einem Wirtshausgast.

de er Brücklihofstatt genannt. Das Gebäude stammte wohl aus dem ersten Viertel des 20. Jahrhunderts und war ostwestlich ausgerichtet. Die Frontseite des Wohnteils lugte in die Morgensonne, mit Blick auf das gegenüberliegende Wirtshaus. Dazwischen befand sich ein grasbewachsener Platz, auf dem ein kleiner Brunnen plätscherte und Gäste ihre Fahrzeuge parkten. Das Haus war ein Fachwerkbau auf festem Mauerwerk. Dieses umschloss das Erdgeschoss, ein einziger Raum, der als Werkstatt, Waschküche und Lagerraum diente. Die Ost- und Nordfassaden mit geraniengeschmückten Fenstern waren mit unten abgerundeten, sonnenverbrannten Schindeln verkleidet. Der Wohnraum war knapp bemessen. Über eine offene, südseitlich gelegene Holztreppe gelangte man in einen geschlossenen Vorraum, von dem aus man den ersten Stock betrat. Zuerst fand man sich in der kleinen Küche wieder, wo der Esstisch stand, den Vater geschreinert hatte. Durch sie hindurch trat man in die Wohnstube ein und von dort linker Hand in das Elternschlafzimmer. Hinten von der Küche aus gelangte man über eine enge, steile und fensterlose Treppe in den zweiten Stock, wo sich eine Buben- und eine Mädchenschlafkammer befanden, die nur für je zwei Betten Platz boten. Unter der Treppe und an ihrem oberen Ende waren zwei Gelasse zur Aufbewahrung von Vorräten angebracht, oben gegenüber den Schlafkammern lag ein „Gerümpel-Kabuff", in dem auch Mäuse hausten. Von ihm aus blickte man direkt auf die Tenne und den Heustock.

Immerhin gab es in jedem Zimmer elektrisches Licht und in der Küche einen Schüttstein mit fliessendem Wasser. Das war aber der einzige Komfort, den das Haus bot. Eine Zentralheizung war nicht vorhanden. Nur Küche und Stube konnten beheizt werden. In der Küche sorgte der eiserne Kochherd das ganze Jahr über für Wärme. In der Stube stand ein schlanker Kanonenofen. Als Energiespender diente Holz. Im Winter bildeten sich Eisblumen auf den Fensterscheiben der Schlafzimmer. Es brauchte am Morgen Überwindung um aufzustehen. Der Aptritt war ausserhalb der Wohnräume oben im Treppenhaus eingebaut: ein ungeheiztes Plumpsklo. Ein Bad gab es nicht.

Unsere Wohnverhältnisse waren in jener Zeit normal. Ein Grossteil der Urner Bevölkerung lebte so. WC mit Wasserspülung, Dusche und Badewanne waren noch Luxuseinrichtungen. Die Mehrheit der Familien beanspruchte auch viel weniger Wohnraum als heute üblich, obwohl sie kinderreicher waren. Natürlich ging es in unserem Haushalt lebhaft zu und her. Gelegenheit, einander auszuweichen oder gar zu ignorieren gab es kaum.

Mit der Zeit nahmen ältere Familienmitglieder jedoch Anstoss an den vorherrschenden Zuständen. Sie fanden das Haus nicht mehr zeitgerecht, zu klein, zu mühsam im Unterhalt und mit zu wenigen Annehmlichkeiten ausgestattet. Deshalb entschlossen sich die Eltern Anfang der Sechzigerjahre, auf unserem Land ein neues Haus zu bauen, knapp hundert Meter vom alten entfernt. Um die Wohnkosten danach in einem für uns erträglichen Rahmen zu halten, wurde ein Zweifamilienhaus gebaut. Grundmauern und Diele waren betoniert, die anderen Wände im Riegelbau aus Holz gefertigt. Die Fassaden waren mit Eternitplatten verkleidet. Im Erdgeschoss befanden sich eine Garage, eine Werkstatt, ein Raum für die Zentralheizung, eine Waschküche und ein Keller. Der erste und zweite Stock, die man über ein knapp bemessenes Treppenhaus mit knarrenden, hölzernen Trittstufen erreichte, enthielten je eine Vierzimmerwohnung mit Küche und Bad und zwei Balkonen. Die untere Wohnung wurde vermietet. Die obere war für unsere Familie reserviert. Im Dachstock verfügten wir überdies über weitere vier Zimmer und ein WC.

Der Umzug ins neue Haus erfolgte Ende 1962. Er brachte unserer Familie grundlegende Veränderungen. Statt drei gab es nun sieben Schlafzimmer, plus ein Kämmerchen unter dem Schrägdach, das ich für mich herrichtete. Jedes Kind hatte sein eigenes Bett und sobald einige Geschwister ausgezogen waren, sogar auch ein Zimmer für sich. Zudem verfügte das Haus über Ölheizung, Warmwasser, Waschmaschine, Badezimmer, WC mit Wasserspülung, Elektroherd und Kühlschrank, Einrichtungen, die vor allem der Mutter das Leben erleichterten. Dank

Zentralheizung und Elektroherd musste niemand mehr Holz spalten und morgens anfeuern oder winters fröstelnd unter die kalte Bettdecke schlüpfen. Ein Telefon vereinfachte den Kontakt mit der Aussenwelt.

Der Bau des neuen Wohnsitzes war eine mutige Tat, denn finanziell war er ein Wagnis. Er brachte aber die Trennung von Haushalt und Landwirtschaftsbetrieb endgültig zum Ausdruck. Auch passte das neue Haus in den wirtschaftlichen Aufschwung und soziokulturellen Wandel, der zu jener Zeit begonnen hatte, wie ein nie dagewesener Föhnsturm das noch immer bäuerlich geprägte Uri bis in seine Grundfesten zu erschüttern und eine radikale Zeitenwende einzuläuten. Unsere Eltern hatten sich offen gezeigt für diese Veränderungen; ja sie hatten sie in weiser Voraussicht sogar vorweggenommen. Das erleichterte es uns Jungen sehr, auf den Schwingen dieser Konjunktur einen Weg ins Leben einzuschlagen, der so ganz anders ausfiel als die überkommene Daseinsweise der Vorfahren, die ausnahmslos Bauern gewesen waren.

Der Verkauf des Hofes im Jahr 1970 machte den Bruch mit der alten Zeit endgültig. Am sinnfälligsten kommt er darin zum Ausdruck, dass seither weder wir noch unsere Kinder und Kindeskinder je wieder ein Auskommen in einem landwirtschaftlichen Beruf gesucht haben. Zudem ist einzig noch die älteste Schwester in Uri sesshaft geblieben. Alle anderen haben sich sonst irgendwo in der Schweiz niedergelassen. Ich selber habe einen Grossteil meines Lebens auf verschiedenen Kontinenten und unter Menschen fremder Kulturen und Sprachen verbracht.

Der Neubau versinnbildlicht für mich, wie kaum sonst etwas, eine markante Zäsur im Leben der Familie. Was deren innere Enwicklung und Dynamik anbelangt, kann ich deutliche Unterschiede zwischen der Zeit davor und danach ausmachen. Allerdings: Heute ist auch das Zweifamilienhaus für uns Geschichte. Weil Mutter darin ein lebenslanges Wohnrecht besass, hatten wir Geschwister 1971 nach Vaters frühem Tod beschlossen, es in Erbengemeinschaft zu verwalten. Nachdem auch sie 2008 gestorben war, sahen wir keinen Grund mehr, *diese weiterzuführen. Deshalb schrieben wir das Haus zum Verkauf aus und lösten die Erbengemeinschaft auf.*

Ich finde die Geschichte dieser beiden Häuser auch typisch für den Wandel, den die Gesellschaft, in der wir leben, über all die Jahre hinweg erfahren hat. Heutzutage ist in Uri kaum noch etwas so geblieben, wie ich es als Kind gekannt habe. Die Bildungsmöglichkeiten, die Arbeitswelt, der Einfluss der katholischen Kirche, die Mobilität der Leute, die Gestaltung der Freizeit, die Kommunikationsweisen, die Mentalität und gesellschaftlichen Normen, alles hat sich verändert. Vieles ist in Fluss geraten, nur noch wenig scheint dauerhaft Bestand zu haben. Selbst was vorher ganze Epochen überstanden hatte, ist daran, unwiederbringlich zu verschwinden. Mal für Mal, wenn ich nach Uri, in das Land meiner jungen Jahre komme, spüre ich, wie anders es inzwischen geworden ist. Ich habe Mühe, im nun städtisch anmutenden Schattdorf mit seinen Wohnblöcken, Villenvierteln und Industriezonen das Bauerndorf zu erkennen, in dem ich aufgewachsen bin.

Auch von unserem kleinen Hof ist nichts mehr übrig geblieben. Dort steht jetzt die neue Wohnsiedlung Gandrütti. Wenn ich es nicht selber erlebte hätte, könnte ich mir nicht vorstellen, dass hier einmal Onkel Xavers Kühe weideten und jeden Frühling dutzende Apfel-, Birnen- und Kirschbäume blühten.

Das Gasthaus Brückli steht immer noch, doch weil es 1976 von Grund auf erneuert wurde, ist vom alten nicht viel erhalten geblieben. Seinen Namen hat es beibehalten, das schmale Brückchen hingegen, neben dem es stand und nach dem es benannt wurde, gibt es längst nicht mehr. Es war kaum zwei Meter breit und bestand eigentlich nur aus ein paar Holzplanken, die über einen Durchlass gelegt waren, durch den der Gangbach hindurchfloss. Darüber führte die Gotthardstrasse, anderthalb Meter über der Bachsohle, wofür sie unmerklich ein Buckelchen machte. War der Gotthardpass offen, herrschte reger Verkehr. Zuweilen war er so dicht, dass er auf der engen Strasse nur zähflüssig

Wohl das letzte Hochwasser, welches das Gangbachbrückchen erlebt hat. Es droht schon fast, den Durchlass zu verstopfen. Im Hintergrund das Gadenhaus und dahinter der 1972 erstellte Wohnblock (Foto Edgar Zgraggen Schattdorf 1973)

vorankam. War der Pass hingegen geschlossen, wurde aus dem sommerlichen Fahrzeugstrom ein spärliches Rinnsal. Man konnte im Winter sogar eine Fahrbahn fürs Schlitteln benützen.

Der Gangbach entspringt in den Süessbergen ob Haldi. Die meiste Zeit habe ich ihn als friedliches Wässerchen erlebt. Doch nach langen Regenfällen oder heftigen Gewittern schwoll er gefährlich an und wurde zum reissenden Wildbach. Sowas kam im Sommer öfters vor, weshalb er auf beiden Seiten von stattlichen Wehren eingefasst war, auf denen wir spielten. Bei grossen Unwettern musste das Brückchen jeweils entfernt werden, damit das Geschiebe im Bach nicht den Durchlass verstopfte. Bis die Gefahr gebannt war, wurde der Verkehr umgeleitet. Das war für uns Kinder immer eine besondere Zeit, denn für ein paar Tage

Umbau des Gasthauses Brückli 1976. Der Gangbach-Buckel ist bereits verschwunden. Im Vordergrund ein Schützenverein auf dem Weg zum Landsgemeindeschiessen. Links das Gadenhaus (Fotosammlung Walter Schuler Bürglen)

drang kein Motorenlärm mehr von der weltenverbindenden Gotthard-strasse zu unserem Haus. Verkehrsverbänden und Behörden erschien das Brückchen allerdings allmählich als ein unzeitgemässes Hindernis. Deshalb beschloss man anfangs der Siebzigerjahre, den Unterlauf des Baches zu verlegen. Seit 1974 führt er weiter oben am alten Landsge-meindeplatz vorbei. Damit hatte das Brückchen ausgedient. Der Gang-bach-Buckel wurde abgetragen, die Strasse verbreitert und rund zwei Meter abgesenkt.

In der Zwischenzeit hört man den Gotthardverkehr nur noch in der Ferne rauschen. Er hat noch einmal gewaltig zugenommen. Über sechs Millionen Fahrzeuge wälzen sich nun das ganze Jahr hindurch, sommers wie winters, der Reuss entlang über die Autobahn nach Süden und Norden. Die einstmalige Gotthardstrasse dient nur noch dem Ortsverkehr. Aber auch der ist ganz schön angewachsen.

Doch nicht bloss die äusseren Spuren dieses Fleckchens Erde, wo sich einst unser Familienleben abspielte, sind am Verschwinden. Auch mein Erinnerungsvermögen ist daran zu verblassen. Ich merke, dass ich langsam alt werde. Vielleicht tauchen deshalb gerade jetzt bei mir unzählige Fragen auf, wie meine Geschwister und ich die familiären Veränderungen im Lauf der Zeit erlebt und mitgestaltet haben. Ich spüre ein starkes Bedürfnis, mir über meine Herkunft noch einmal Orientierung zu verschaffen. Dabei wird mir auch bewusst, wie wenig ich eigentlich über meine Vorfahren weiss. Immerhin ist mir bekannt, aus welchem Winkel der Erde sie stammen, und ich kann mir ihr Leben ein wenig vorstellen, weil die Welt meiner Kindheit noch viele Ähnlichkeiten mit der ihren aufwies. Doch wie sieht es diesbezüglich bei der folgenden Generation, unseren Kindern, aus? Die meisten von ihnen sind nicht mehr in Uri aufgewachsen. Sie kennen die Verhältnisse nicht, in denen wir Geschwister gross geworden sind und haben Mühe, sie sich vorzustellen. So können sich mein Sohn und meine Tochter kaum mehr ausdenken, wie es war, mit derart vielen Geschwistern aufzuwachsen. Ihre Welt ist auch viel schnelllebiger als die, welche ich als Kind gekannt habe. Dass es für mich einmal selbstverständlich war, mich an Althergebrachtem und Traditionen zu orientieren, ist für sie nur schwer zu begreifen.

Deshalb will ich den Versuch wagen, verbliebenen Erinnerungen Leben einzuhauchen, und dafür noch einmal im Geist den Weg zurück in vergangene Zeiten unter die Füsse nehmen. Schreiben wider das Vergessen, um Erlebtes und Erfahrenes besser einordnen zu können. Die familiären, emotionalen und weltanschaulichen Wurzeln neubeleben, an denen sich meine Eltern ausgerichtet haben, weil sie uns zu guten Menschen erziehen wollten. Die Flügel ausfindig machen, die sie uns auf unseren Lebensweg mitgegeben haben. Mich fragen, wie diese Wurzeln sich heute anfühlen und wohin uns die Flügel schliesslich getra-

gen haben.

Die Familiengeschichte, die ich schreibe, ist keine Fiktion, auch wenn ich manchmal mit etwas Fantasie nachhelfe. Doch ich werde immer bemüht sein, mich so getreu als möglich an die Fakten zu halten. Meine Schilderungen haben allerdings einen klar subjektiven Anstrich. Ich bin von Anfang an die erzählende Person und will so deutlich machen, dass die Geschichte in meinem Lebensweg verankert, sozusagen eine Reise ins Eigene ist. Ich bin derjenige, der die Figuren orchestriert und den Stoff – und damit auch den Leser und die Leserin – an die Hand nimmt.

Dabei geht es um eine ganz normale, durchschnittliche Familie, wie es sie ehemals in der ländlichen Innerschweiz wohl zu Hunderten gegeben hat. Ihr Geschick ist dennoch einmalig, unwiederholbar. Mich fasziniert der Gedanke, dass dies eine Geschichte ist, wie sie in keinem Geschichtsbuch steht, weil nur das Leben sie geschrieben hat, und dass sich in dieser kleinen die grosse Geschichte widerspiegelt.

Was mich betrifft, ist es ein zärtlicher Blick zurück, nachdenklich auch, aber nicht nostalgisch.

2 BIS DASS DER TOD SIE SCHEIDET

Tolstoi, der russische Autor von „Krieg und Frieden", hat einmal in sein Tagebuch geschrieben, Romane sollten nicht damit enden, dass Held und Heldin heiraten, mit diesem Ende müsse man anfangen. Auch meine Geschichte fängt mit einer Hochzeit an. Sie ist die Geburtsstunde meiner Herkunftsfamilie.

Der 13. Mai 1937 wird in der Tat ein besonderer Tag im Leben meiner Eltern Dominik Arnold und Marie Imhof bleiben. Ein Meilenstein für sie und für uns. Eigentlich ist es ein gewöhnlicher Werktag mitten in der Woche, Donnerstag vor Pfingsten. Doch Dominik und Marie haben ihn ausgewählt, um etwas zu tun, was sie nur einmal tun werden. Früh am Morgen knien sie in der barocken, 1733 eingeweihten, von weit her sichtbaren Pfarrkirche Maria Himmelfahrt von Schattdorf oben am Hang vor dem Hochaltar nieder, um sich vor Gott und der Kirche das Jawort zu geben. Im Mittelpunkt des Altars, ein Meisterwerk des Walliser Holzschnitzmeisters Jodok Ritz, thront das aus dem alten Kirchlein stammende spätgotische Gnadenbild „Maria Krönung". Weil es als wundertätig galt, hatte das Gotteshaus einmal zahlreiche Pilger angezogen, die ihre Hoffnungen und Sorgen der Gottesmutter anvertrauen wollten. Das tun jetzt auch Marie und Dominik.

In Wirklichkeit ist es eine Doppelhochzeit, etwas, das damals häufig vorkam, denn neben Dominik und Marie knien noch Sepp, der älteste Bruder von Marie, und seine Hochzeiterin Magdalena. Möglicherweise ist sonst niemand zugegen, ausser vielleicht ein paar Dorfbewohner, die der Frühmesse beiwohnen wollen. Doch so genau weiss das niemand mehr. Jedenfalls dienen die beiden Brautpaare einander auch als Trauzeugen. Nach der Segnung der Ehe durch Pfarrer Friedrich Ettlin tauschen die Jungvermählten die Eheringe aus, die sie fortan zeitlebens tragen werden; Mutter nach dem Tod ihres Gatten sogar beide, wie es der Brauch will. Zur Erinnerung an die Trauung überreicht der Pfarrer danach den Eheleuten den traditionellen „Hochzeitshelgen". Auf dieser von ihm unterzeichneten Urkunde erkennt man die Dorfkirche und dahinter die schneebedeckten Schattdorfer Berge. Das Bild ist umrahmt von einem kitschig anmutenden Jugendstil-Christus mit weit geöffneten Armen, einem Engel mit dem heiligen Kind auf dem Schoss und der Vermählung von Maria und Josef. Darunter steht in feierlichen, blumenumrankten Lettern: „Andenken an das hl. Sakrament der Ehe". Die Eltern werden den Helgen zusammen mit anderen Familiendokumenten sorgfältig aufbewahren.

Was das Alter anbelangt, sind Marie und Dominik ein ungleiches Paar. Dominik steht im besten Heiratsalter. Er ist achtundzwanzig, Marie hingegen erst achtzehneinhalb, also noch nicht volljährig. Beide stammen aus dem Schächental, die amtlichen Papiere weisen sie als Bürger von Spiringen aus. Sie haben auch den gleichen Wohnort. Allerdings ist Dominik erst vor ein paar Jahren nach Schattdorf gezogen, um den kleinen Bauernhof Brücklihofstatt zu bewirtschaften, den sein Vater erworben hatte. Maries Eltern besitzen im Rynächt das Gut Weg- und Bärenried, auch Kleinried genannt, eine knappe halbe Stunde Fussweg vom Brückli entfernt an der Grenze zu Erstfeld. Der Hof ist Teil eines Stufenbetriebs, zu dem noch der Oberwiler gehört, hoch oben auf der linken Talseite der Reuss, auf halber Distanz zwischen Erstfeldertal und Bockitobel[2]. Auf diesen zwei Heimwesen

---

2   Ortsunkundige finden im Anhang eine Orientierungshilfe, um die Ortsbezeichnungen geographisch einordnen zu können.

Der
Hochzeitshelgen

hat Marie ihre jungen Jahre verbracht.

Kennengelernt hatten sich die beiden mutmasslich rund zwei Jahre vor der Hochzeit, dank Regina. Diese war ihrem Bruder Dominik aus dem Schächental gefolgt, um ihm den Haushalt zu führen. Sie war kurz mit Sepp, dem Doppelhochzeiter, befreundet gewesen. Lang genug jedenfalls, dass Dominik auf Sepps junge, hübsche Schwester Marie aufmerksam wurde. Offenbar fand auch Marie Gefallen an ihm. Tatsächlich reifte bei beiden nach und nach der Entschluss, den Weg gemeinsam durchs Leben zu gehen und eine Familie zu gründen.

Anfang 1937 hatten sie das Nötige in die Wege geleitet. Sie hatten ihr Ansinnen auf dem Zivilstandsamt Schattdorf angemeldet, worauf dieses ein Heiratsaufgebot ausfertigte, das dann mehrere Wochen im Anschlagkasten der Heimat- und Wohngemeinden aushing. Schliesslich wurde das Eheversprechen noch im Amtsblatt des Kantons Uri publiziert. Natürlich waren die zwei Heiratswilligen auch beim Pfarrer gewesen, um sich unterweisen zu lassen. Wie üblich verkündete er danach an drei aufeinanderfolgenden Sonntagen von der Kanzel herab die kommende Hochzeit, mit der Aufforderung, ihm allfällige kirchliche Ehehindernisse zu melden. Offenbar hatte niemand auf die Blutsverwandtschaft der zwei Heiratswilligen hingewiesen, die, obwohl recht entfernt, nach dem gültigen Kirchenrecht ein Dispensgesuch erforderlich gemacht hätte. In der Tat erscheint in ihrem Stammbaum ein gemeinsames Ahnenpaar. Schlussendlich waren die beiden am vergangenen Montag, 10. Mai 1937, auf dem Standesamt Schattdorf zur Ziviltrauung erschienen, zusammen mit Sepp und Lena.

Nach geltendem öffentlichem Recht waren meine Eltern also am Morgen des 13. Mai 1937 bereits Mann und Frau. Aber das war für sie unerheblich. Beide waren gläubige Katholiken. Bindend für sie war nur das Jawort in der Kirche. Nie wäre ihnen in den Sinn gekommen, auf den göttlichen Segen zu verzichten, zumal das im Dorf und bei Eltern, Geschwistern und Verwandten schlecht angekommen wäre. Er machte die Ehe zu etwas Unantastbarem und Heiligem. Das Versprechen der Brautleute vor dem Altar, in guten wie in schlechten Tagen zusammenzuhalten, bis dass der Tod sie dereinst scheiden wird, war deshalb eine ernstzunehmende Angelegenheit. Die katholische Kirche lehrt ja, dass, was Gott vereint hat, der Mensch nicht trennen darf. Für alle Beteiligten war unvorstellbar, dass dieser Bund je einmal anders als durch den Tod aufgelöst werden könnte. Was heutzutage bloss Absichtserklärung ist, besass damals unwiderruflichen Charakter. Kein Brautpaar dachte seinerzeit daran, sich jemals scheiden zu lassen, und kaum eines von ihnen wird diesen Schritt trotzdem einmal tun.

Der Mai war schon in jenen Tagen ein bevorzugter Heiratsmonat. 1937 verdiente er seinen Ruf als Wonnemonat ganz besonders, denn das Wetter war aussergewöhnlich schön, sodass die Heuernte so rasch wie selten eingebracht werden konnte. Nur am Tag der Trauung zeigte er sich von seiner garstigsten Seite. So erzählte es mir Maries jüngster Bruder, der damals neun Jahre alt war, von dem ich mir das Ereignis schildern liess. Es soll den ganzen Tag in Strömen geschüttet haben. Wenn, wie der Volksmund prophezeit, Hochzeit im Regen Segen bedeutet, wurde somit der Ehebund von Marie und Dominik überreichlich mit verheissungsvollen Vorzeichen eingedeckt.

Der guten Laune der Brautleute tat das schlechte Wetter jedenfalls keinen Abbruch. Sie wollten den „schönsten Tag des Lebens", an dem sie aus der Gemeinschaft der Ledigen austreten und in den Kreis der Verheirateten eintreten würden, geziemend und würdig begehen. Für sie wäre niemals in Frage gekommen, sich nach dem Abstecher in die Kirche gleich wieder in die Arbeitskleider zu stürzen, wie das andere taten. Zur Feier des Tages hatten die zwei Brautpaare von einer Garage ein stattliches Auto mit Chauffeur gemietet, das Sepp und Marie im Kleinried abholte. Um vom Haus aus auf die nahe gelegene Gotthardstrasse zu gelangen, musste das Auto zuerst dem Walenbrunnen entlangfahren und dann eine scharfe Kurve machen, um auf das Brückchen über den Bach zu gelangen. Dafür war es gezwungen, weit auszuholen. Doch die Wiese war vom Regen so durchtränkt, dass der Wagen im Schlamm steckenblieb. Man musste eine Kuh holen, um ihn herauszuziehen.

Nach dem Gottesdienst ging's zum Festmahl bei den Eltern Imhof im Rynächt. Vater Josef hatte eigens ein Kalb schlachten lassen. Wenn Mutter das später erzählte, leuchteten ihre Augen. Hätte sie einen Beweis gebraucht, dass ihr Vater sie besonders gut mochte und ein herzensguter Mensch war, hier hatte sie ihn. Kam dazu, dass Sepp und Marie Josef Imhofs erster Sohn und erste Tochter waren, die in den Ehestand traten. Da konnte er sich doch nicht lumpen lassen!

Auf alle Fälle soll die Stube beim Hochzeitsessen im Kleinried proppenvoll gewesen sein. Nach den Feierlichkeiten fuhr das Paar für drei Tage nach Madonna del Sasso ob Locarno. Auch das unterstreicht, wie festlich es die Hochzeit gestaltete. Eine solche Hochzeitsreise war dannzumal noch ein Privileg der Oberschicht, denn sie war nicht bloss mit Kosten verbunden. Dominik hatte auch schauen müssen, dass jemand zuhause das Vieh besorgte.

Noch etwas liessen sich Dominik und Marie an ihrem Festtag nicht entgehen: Den traditionellen Termin im Studio des Fotografen, um sich ablichten zu lassen. Das Hochzeitsfoto wurde danach mit einem Rahmen versehen und daheim gut sichtbar aufgehängt.

Ich habe es gerne angeschaut. Es ist ein herrliches Zeitdokument, das mir vorkommt wie ein Buch voll geheimer Botschaften, die sich dem Leser nur häppchenweise preisgeben. Die zwei Jungvermählten stehen in inszenierter Pose da. Der hager wirkende Mann im eleganten schwarzen Anzug, mit Fliege, lackiert glänzenden Schuhen, den Hut lässig am Knie angelegt, ein schmuckes Blümchen – ist es echt? – im Knopfloch und ein weisses Tüchlein, vielleicht das „Hochzeitslumpen" genannte Schnupftuch, im Westentäschchen, ist mein Vater. Er sieht schick aus, schaut mit hellem Blick, man ahnt die blauen Augen, ernst, gefasst und zufrieden in die Kamera. Sieht man ihm seine achtundzwanzig Jahre an? Am ehesten an der hohen Stirnglat-

*Hochzeitsfoto
der Eltern*

ze und am bereits schon ein wenig schütteren blonden, nach hinten gekämmten Haar. Neben ihm steht Mutter im damals üblichen einfachen schwarzen, nicht ganz knöchellangen *Gschpüüsächläid*, das danach als Sonntagsrock diente, und einem bis zum Boden reichenden weissen Schleier. Er ist mit einem feingliedrigen, kaum sichtbaren Kränzchen im Haar befestigt. Dieses darf nur tragen, wer jungfräulich in die Ehe geht, was von der Braut selbstverständlich erwartet wurde. Geben sich die beiden hinter dem Rücken die Hand oder stehen sie einfach nahe beieinander? Das grosse Blumengebinde, das Mutter in der rechten Armbeuge trägt und die weisse Schleife in ihrer Hand verleihen dem Bild eine feierliche Note. Ihr schwarzes gescheiteltes Haar ist schlicht frisiert. Ihr Gesicht wirkt weniger ernst als Vaters, mir ist es, als würde sie ein wenig schmunzeln. Auch ihre schwarzen, offenen Schuhe glänzen, kein Stäubchen ist darauf auszumachen. Sie ist ein wenig kleiner als ihr Partner. Doch ich habe Mühe, in ihr die blutjunge Frau zu sehen, die sie mit ihren achtzehneinhalb Jahren in Wirklichkeit noch war.

Ihr jugendliches Alter war für Marie aber tatsächlich ein Problem. Das hat Mutter später immer wieder betont. Wenn es nach ihr gegangen wäre, hätte sie gerne noch etwas zugewartet, doch Vater habe unbedingt heiraten wollen. Die beiden waren sich also in dieser Beziehung nicht ganz einig gewesen. Gab es noch andere Differenzen und Meinungsverschiedenheiten zwischen ihnen? Nichts jedenfalls, was Mutter erwähnenswert gefunden hätte.

Wir Kinder jedoch haben unsere Eltern manchmal nicht bloss altersmässig als ungleiches Paar empfunden. Als Persönlichkeiten und vom Temperament her waren sie ziemlich verschieden. Für uns gab es dafür eine einleuchtende Erklärung, auch wenn sie vor allem auf Eindrücken und Hörensagen beruhte: Vater und Mutter hatten eine recht unterschiedliche Kindheit und Jugend erlebt. Beide stammten aus Bauernfamilien, die kaum zwei Dutzend Kilometer voneinander entfernt lebten und viele Gemeinsamkeiten besassen, aber eben auch vieles, das verschieden war. Aus Vaters und Mutters Bemerkungen durften wir schliessen, dass insbesondere ihre Väter einen grossen Einfluss auf sie ausgeübt hatten. Doch während Mutter den ihren verehrte, liess Vater manchmal durchblicken, dass er dem seinen gegenüber zwiespältige Gefühle hegte. Er hatte zwar von ihm einiges geerbt, doch hatte es zwischen den beiden auch Unstimmiges gegeben.

3 Die grosseltern und ihre welt

Bauersleute von altem Schrot und Korn

Ausser den Grossmüttern habe ich keine Vorfahren gekannt. Die Grossväter waren schon tot, als ich auf die Welt kam. Trotzdem war mir der Vater meines Vaters, Grossvater Dominik Arnold, irgendwie eine vertraute Gestalt. Für uns Kinder hatte er fast Legendenstatus. Er war bereits 1935 gestorben, weshalb ihm niemand von uns Geschwistern jemals begegnet ist. Doch was man über ihn in der Verwandtschaft erzählte, verlieh ihm die Aura einer aussergewöhnlichen Persönlichkeit. Insgeheim waren wir stolz auf ihn.

Dominik hatte 1858 im Getschwiler[3] ob Spiringen das Licht der Welt erblickt. Seine Wiege stand also im hinteren Schächental. Er war das älteste Kind des Ehepaars Peter Leonz Arnold und Anna, die ledig ebenfalls Arnold geheissen hatte. In Uri bilden die Arnold ein eng mit Spiringen verbundenes Geschlecht. Wahrscheinlich stammen alle Urner Arnold aus diesem Dorf. Die Symbiose geht so weit, dass Familien- und Gemeindewappen identisch sind.

Grossvater wurde in eine Bauersfamilie hineingeboren. In jener Zeit lebten fast alle Bewohner des Schächentals von traditioneller Weide- und Milchwirtschaft. Sie war die „vorzüglichste Lebensquelle"

---

[3] Interessierte erfahren im Anhang mehr über dieses Heimwesen, die Liste der Ahnen und ihre Geschichte. Sie finden dort auch Hinweise auf konsultierte Quellen und weiterführende Literatur.

der Bevölkerung. Die sonnigen und vergleichsweise wenig steilen, von zahlreichen verstreuten Siedlungen übersäten südwestlich ausgerichteten Hänge eigneten sich ausgezeichnet dafür. Der weniger ertragreiche Ackerbau war vor Jahrhunderten aufgegeben worden. Zum Vieh gehörten nicht bloss Kühe, sondern auch Schafe und Ziegen, die zahlenmässig sogar überwogen. Man lebte weitgehend in Eigenversorgung, denn das Schächental war verkehrstechnisch noch kaum erschlossen. Zudem war das Leben sehr hart. Alles musste in mühseliger Handarbeit erledigt werden. Selbst den Warentransport ins Unterland nach Altdorf besorgten Männer und Frauen meist zu Fuss, mit einer Hotte oder Traggabel auf dem Rücken. Das setzte dem Handel der wenigen landwirtschaftlichen Güter wie Käse, Zieger, Butter und Vieh, die man zu Geld machen konnte, enge Grenzen. Begüterte zählten auch auf die Zinsen der „Gülten", wie die Wertpapiere im Grundstückhandel genannt wurden. Doch für das Gros der Bevölkerung war Geld Mangelware. Weit wichtiger für sie war, dass sie Grund und Boden besassen oder nutzniessen konnten.

Handwerk und Gewerbe konnten sich so nicht zu alternativen Erwerbszweigen entwickeln. Jeder Bauer war auch Schuster, Schreiner und Zimmermann, die Hausfrauen besassen meist ein Spinnrad oder einen Webstuhl und schneiderten. Familien, die genügsam lebten, fanden dennoch im Vergleich zu anderen Landesteilen recht gute Bedingungen vor. Denn zu den Standortvorteilen des Tales gehörten zahlreiche Alpweiden am oberen Rand des permanenten Siedlungsbereichs, auf der anderen Seite der Schächentaler Berge und auf „Ennet Märcht", wie der Urnerboden jenseits des Klausenpasses genannt wurde. Das begünstigte das Entstehen nomadenhafter Stufenbetriebe.

Da fast alle Waldungen, ein Grossteil der Alpen und die Allmenden einer „Korporation" genannten Genossenschaft gehörten, was sie zu Gemeinschaftsgut machte, waren auch Ärmere, von denen es sehr viele gab, nicht ganz von der Nutzung der natürlichen Ressourcen ausgeschlossen. Freilich waren Haushalte besser dran, die über eigenen Grund und Boden verfügten. Am Idealsten war, man besass mindestens zwei Heimwesen in unterschiedlicher Höhenlage, unten eine Hofstatt und weiter oben einen „Berg", wie Maiensässe genannt wurden, dazu ein Auftriebsrecht auf eine Alp, etwas Ried für Streugewinnung und ein kleines Wäldchen. Das reichte dann allemal, um materiell ein einigermassen sorgenfreies Leben zu führen.

Diesem Ideal kam der bäuerliche Betrieb von Dominiks Vater recht nahe. Peter Arnold gehörte zwar nicht zu den reichen Senten-Bauern. So wurden Grundbesitzer genannt, die mindestens zwei Dutzend eigene Kühe auf die Alp führen konnten. Er war aber auch kein „Stümpeler", wie die Kleinstbauern hiessen. Denn er besass mehr als der Durchschnitt, das heisst er hatte mehr als bloss zwei oder drei Kühe, ein wenig Rindviehnachwuchs sowie ein halbes Dutzend Schafe und Ziegen. Er war Besitzer einer schönen Liegenschaft im Getschwiler, dem dazugehörigen Ried und eines höher gelegenen Anwesens, die Hintere Weid. Dazu war er Anteileigner der Eigen-Alp Mettenen. Er war also ein vergleichsweise wohlbestallter Bauer und ausserdem ein geachteter Bürger. Während vier Jahren hatte er in Springen das Amt des Dorfvogtes ausgeübt. Mit anderen Worten war er so etwas wie der Verwalter der Gemeinde gewesen.

Die Jugend von Grossvater Dominik war von Vorkommnissen geprägt, die bezeichnend für die damaligen Lebensbedingungen im Schächental waren. Zwei Jahre nach seiner Geburt starb die Mutter im Kindsbett, ein tragisches Ereignis, das häufig vorkam. Dominik wuchs mit einem Bruder als Halbwaise auf. Der Vater heiratete zehn Jahre später ein zweites Mal. Diese Ehe war mit sechs weiteren Kindern gesegnet. Unglücklicherweise starben die zwei ältesten Stiefbrüder von Dominik innerhalb von drei Tagen im Teenagealter an „Halsbräune", einer Infektion der oberen Atemwege, heute echter Krupp oder Diphterie genannt. Die medizinische Grundversorgung der Talbewohner war noch äusserst mangelhaft. Die Menschen standen Krankheit und

Unfällen recht hilflos gegenüber.

Das Bergbauernleben war auch sonst äusserst entbehrungsreich und voll Gefahren. Besonders im Winter schlug die Natur oft hart zu, wenn Lawinen Gebäude zerstörten, Vieh töteten, Menschen verletzten oder ihr Leben auslöschten. Ausserdem waren viele unverzichtbare Arbeiten riskant, vor allem das Sammeln und Transportieren von Wildheu, mit dem Kleinbauern ihre Heuernte aufstockten. Auch die Beförderung der Milchprodukte von den Alpen ins Tal war mühsam und teilweise gefährlich. Die Sennen entlegener Alpweiden benutzten manchmal schwindelerregende Abkürzungen. Beim *Holzräischtä* im Winter büsste mancher Jüngling und Familienvater Gesundheit oder Leben ein.

Die hygienischen Verhältnisse waren schlecht, die Wohnungen unzulänglich durchlüftet. Viele Häuser besassen keinen Kamin, weshalb der Rauch oft in der Küche hängen blieb. Die Menschen vermochten sich nur ungenügend gegen Nässe und Kälte zu schützen. Sie ernährten sich fast ausschliesslich mit selbsterzeugten Milch- und Fleischprodukten. Wenn die Familie ein Gärtchen besass, gab's manchmal auch etwas Gemüse und Kartoffeln zu essen. Andere Lebensmittel mussten mühsam ins Tal getragen werden. Deshalb war die Ernährung einseitig. Erst in der zweiten Hälfte des neunzehnten Jahrhunderts brachte der aufkommende Hausierhandel Mehl bis in die hintersten Berggüter, weshalb Frauen wieder häufiger anfingen, Brot zu backen. In Spiringen und Unterschächen entstanden die ersten Bäckereien. Aber auch Kaffee, Schnaps und Tabak kamen in Mode.

Folgerichtig starben die Menschen vor allem an Erkrankungen der Atem- und Verdauungsorgane und an Lungenentzündung, oder sie kamen durch ein Unglück ums Leben.

Die Wiederverheiratung von Witwern war nicht unproblematisch, weil Nachkommen die Interessen der Kinder aus erster Ehe tangierten. Jedenfalls kam Dominik mit seiner Stiefmutter nicht gut aus.

Ihr wird nachgesagt, sie sei etwas „hässig" gewesen. Ein Indiz dafür, dass sie sich stark für ihre eigenen Kinder einsetzte? Erstgeborene hatten sowieso den Nachteil, dass das Erbe selten vor dem Tod der Eltern aufgeteilt wurde. Wollten sie vorher selbständig werden, mussten sie sich ihre Existenz eigenhändig aufbauen. Die Eltern liessen sie gewähren, sofern sie auf die Präsenz jüngerer Söhne zählen konnten, die mit ihnen gewissermassen als „Altersversicherung" den Familienbesitz bewirtschafteten. Urgrossvater Peter dagegen entschloss sich, Dominik und seinem anderen Sohn aus erster Ehe frühzeitig gemeinsam die Verantwortung für den Nebenbetrieb Hintere Weid und die Alp Mettenen zu übertragen. Die beiden viel jüngeren Halbbrüder blieben bei den Eltern auf dem ertragreicheren Getschwiler, den sie schliesslich erbten.

Zu diesem Zeitpunkt hatte Grossvater Dominik bereits aus eigenem Antrieb begonnen, den Weg einzuschlagen, der aus ihm den „soliden Bauersmann von altem Schrot und Korn", „guten Familienvater" und „treuen, gewissenhaften Geschäftsmann" machen wird, als den ihn das „Urner Wochenblatt" nach seinem Tod pries. Er hatte verinnerlicht, dass Nutzland besitzen und mehren der Dreh- und Angelpunkt des herrschenden Wirtschaftssystems war, wenn man für sich und seine Nachkommen über eine sichere Existenzgrundlage verfügen wollte. Wie das Grundbuch belegt, gab es im Schächental einen regen Bodenhandel. Allerdings wickelten sich die meisten Eigentumsübergänge innerhalb der Familie ab. Die Wirtschaftsweise war um sie herum aufgebaut, der familiäre Haushalt war Produktions- und Konsumeinheit in einem. Er umfasste nicht bloss die zu versorgenden Menschen, sondern stellte auch die unmittelbar verfügbaren Arbeitskräfte. Der Betrieb musste deshalb möglichst im Einklang mit der Grösse des Haushalts sein. Man führte ihn solange als möglich im Familienverband, den man über Heiratsbeziehungen abzustützen trachtete. Boden veräusserte man nur an Aussenstehende, wenn es nicht zu umgehen war oder man anderswo bessere Alternative gefunden hatte.

Dominik begann schon früh, das Bauerngewerbe mit „umsichtigem Viehhandel" zu ergänzen, den er mit Spürsinn betrieb. Einer seiner Spezialitäten war es, Rinder und Kühe zu kaufen, die Schwierigkeiten hatten, trächtig zu werden, weshalb sie eigentlich kaum mehr wert waren als Schlachtvieh. Er brachte sie wieder zum Kalben, sodass er sie mit schönem Gewinn weiterverkaufen konnte. War er so etwas wie ein autodidaktischer Viehdoktor, oder besass er Naturheilkräfte? Seinen hervorragenden Ruf unter den Nachkommen verdiente er sich jedoch nicht deswegen, sondern weil er sein Geld zielstrebig in den Erwerb von Landgütern investierte. 1891 kam er in den Besitz des Holzerbergli, ein Bergheimwesen, das halbwegs zwischen Getschwiler und Weid lag. Nachdem er 1906 von seinem Schwiegervater das einst einer anderen Sippenlinie zugefallene Obermattli zurückerworben hatte, überliess er die Weid seinem Bruder, behielt aber seinen Anteil an Mettenen. 1915 gelang es ihm, von seinem ledigen, sterbenskranken Stiefbruder Peter den Getschwiler zu kaufen. Später wird Grossvater seinen Grundbesitz mit einem Gut in Schattdorf ergänzen. Es ist der Hof, auf dem ich auf die Welt gekommen bin. Grossvater wird nachgesagt, er habe diese Landkäufe planmässig getätigt, um nach seinem Tod jedem seiner Söhne eine eigenständige bäuerliche Existenz zu ermöglichen.

Im Volksmund war Dominik Arnold besser als *Häirechä Dominäli* bekannt. Dieser Übername wies ihn als Mitglied einer Sippe aus, die auf einen *Häiri* gerufenen Ahnen zurückgeht, seinen Urgrossvater Heinrich Arnold. Später erwarb er sich zusätzlich den Übernamen *Häfeler*. Woher die Bezeichnung rührt, dazu gibt es verschiedene Deutungen. Sie könnte darauf hinweisen, dass Dominik, weil er kleinwüchsig und daher von etwas gedrungener Statur war, aus der Ferne einem Fässchen glich. Vielleicht hat sie eher damit zu tun, dass in seinem Haus so viel Wohlstand herrschte, dass die „Ankenhafen" immer voll waren. Schliesslich wird gesagt, er habe einmal einer Lieblingskuh

Hochzeitsfoto von Dominik und Maria Arnold-Arnold, aufgenommen im Studio von Otto Z'berg in der Schmiedgasse Altdorf

den ungewöhnlichen Namen „Häfeli" gegeben, was man so speziell fand, dass er als deren Besitzer in Erinnerung blieb.

Erst mit vierzig entschloss sich Dominik zu heiraten. Die Auserwählte, die er 1898 in Spiringen an den Traualtar führte, hiess Maria Arnold und war auch bereits neununzwanzig Jahre alt. Die junge Familie wurde aber im Familienbuch Unterschächen mit Wohnsitz Weid eingetragen. Die Braut hörte nicht bloss auf denselben Familiennamen, sie war auch mit ihrem Hochzeiter verwandt. Allerdings nicht wegen dem Nachnamen, sondern weil beide eine Grossmutter hatten, die Schwestern waren. Heiraten von nahen Verwandten kamen häufig vor. Um getraut zu werden, mussten sie ein Gesuch um kirchliche Dispens einreichen, was die beiden denn auch taten. Das Brautpaar kannte sich jedoch auch deshalb, weil es nahe beieinander wohnte. Das ist nicht verwunderlich, denn das Leben der Menschen spielte sich noch fast ausschliesslich im unmittelbaren Umkreis ihrer Heimwesen ab, weshalb man selten über die Dorfgrenze hinaus heiratete. Maria war auf dem Hof Riedmatt gleich neben dem Obermattli und etwas oberhalb des Holzerbergli aufgewachsen. Sie war also eine *Riädmättleri.* Das Gut hatte ihr Grossvater Josef Maria Arnold, *Mariä* gerufen, erworben.

Als Maria und Dominik heirateten, war das Medium der Fotografie bereits ein wenig gesellschaftsfähig geworden. Dass ein Brautpaar sich ablichten liess, war zwar im Urnerland noch nicht allgemein üblich, doch auch Bauersleute mit starkem Familiensinn ergriffen nun manchmal die Chance, sich und kommenden Generationen ein dauerhaftes Andenken zu schenken. Meine Grosseltern mussten sich aber für diesen Zweck eigens nach Altdorf begeben. Es wird eines der wenigen, wenn nicht gar das einzige Bild bleiben, das sie zusammen zeigt. Mit seinem schwarzen Grundton strahlt es Ernsthaftigkeit aus. Man sieht den Brautleuten an, dass sie etwas fortgeschrittenen Alters und nicht bloss im übertragenen Sinne „gutbetucht" sind. Doch dem Ganzen haftet etwas Bäuerliches an, beispielsweise wenn man die schlecht sitzende Krawatte oder die Hand des Bräutigams anschaut, die ungelenk-zärtlich auf der Schulter seiner Angetrauten ruht.

Grossmutter Maria stammte ebenfalls aus relativ gutsituierter Familie. Ihr Vater Johann Arnold gehörte zu den Dorfhonoratioren. Er

*Grossmutter mit ihrem
Spinnrad*

hatte einmal das Amt des Waisenvogts und ebenfalls während zwei
Jahren das des Dorfvogts von Spiringen bekleidet. Er besass mehrere
Güter auf verschiedenen Höhenstufen und eine Alpung.

Trotz Heirat im vorgerückten Alter belebten schliesslich zahlreiche Kinder das grosselterliche Heim. Im Lauf der Jahre kamen zwölf
zur Welt. Diese Gebärfreudigkeit entsprach der familiären Tradition.

Die *Häirechä* wie die *Riädmättler* besassen meist stattliche Familien. Einzelkinder kamen äusserst selten vor. Unter meinen Schächentaler Ahnen findet sich kein einziges Beispiel. Vier von Grossmutters Neugeborenen starben jedoch schon im Kleinkindalter. Auch das war nicht aussergewöhnlich.

Allem Anschein nach kam das Ehepaar, begünstigt durch die ökonomischen Umstände, gut miteinander zurecht. Grossmutter packte in Haus und Hof mit an. Sie spann meisterhaft Schafwolle zu Garn, eine Fertigkeit, die sie noch im hohen Alter ausübte, und webte im Getschwiler bis in die Fünfzigerjahre Stoffbänder, die sie zu Leintüchern zusammennähte. Sie konnte sich aber auch Mägde leisten. Grossvater sei sehr geschickt gewesen, was er in die Hand nahm, sei ihm geraten. Er besass den Ruf, ein ehrlicher und zuverlässiger Geschäftspartner zu sein. Er habe sich aber auch hilfsbereit gezeigt und einen ausgeprägten Gerechtigkeitssinn an den Tag gelegt. Ferner wird erzählt, dass er gerne einen Jass klopfte, es aber schlecht ertrug, wenn seine Partner Fehler machten. Im Übrigen dachte er bis zuletzt nicht daran, untätig zu bleiben und die Zügel des Betriebs aus der Hand zu geben.
Dominik starb im Oktober 1935 kurz nach der Getschwiler Kilbi. Es herrschte so schlechtes Wetter, dass seine älteste Tochter beim Wattigwiler, wo sie wohnte, über einen Bach getragen werden musste, um in den Getschwiler zu gelangen. Grossvater wurde mit „grosser Beteiligung von nah und fern" auf dem Gottesacker von Unterschächen beigesetzt.

Dass er nicht in Springen bestattet wurde, wo er heimatberechtigt war und auf dessen Territorium ein Grossteil seines Bodenbesitzes lag, hing damit zusammen, dass er seine Bürgerrechte in der Nachbargemeinde ausgeübt und dort einmal zwei Jahre das Amt des Kirchenvogts und das des Vogts der „Bruderschaft zum sterbenden Josef" innegehabt hatte. Er war eine lokale Respektperson.

Kirchenvogt sein war früher einmal die höchste Würde gewesen, die ein Bürger im Dorf erlangen konnte. Der Kirchenvogt stand dem von der Kantonsverfassung vorgeschriebenen Kirchenrat vor, dem die zivile Leitung des Kirchenwesens oblag. Er hatte das Kirchengut zu verwalten und dafür geradezustehen, dass die Pfarrherren ihr jährliches Gehalt erhielten – nötigenfalls sogar aus der eigenen Tasche. Der Amtsinhaber war auch verpflichtet, als Sonntagspolizei während des Gottesdienstes für Ruhe, Ordnung und Anstand in der Kirche und näheren Umgebung zu sorgen.

Als Grossvater gewählt wurde, drängte sich jedoch niemand mehr vor, das Amt auszuüben. Die Behörden von Unterschächen beklagten sich im Gegenteil darüber, dass es immer schwieriger würde, öffentliche Ämter zu besetzen. Dominik Arnold war nur zweite Wahl gewesen. Er hatte sich zur Verfügung gestellt, weil der Erstgewählte das Amt ablehnte. Kirchenvogt sein war immer noch mit Ansehen verbunden, beispielsweise einem Ehrenplatz in der Kirche. Ausserdem blieb der Titel über die Amtszeit hinaus bis zum Lebensende als „Herr alt Kirchenvogt" erhalten. Offenbar war das aber nicht mehr Anreiz genug, um sich um das Amt zu wettstreiten. Wahrscheinlich sah man jetzt mehr die Bürde als die Würde, welche die Vogtrolle mit sich brachte.

Dass er einmal als Kirchen- und Bruderschaftsvogt geamtet hatte, ist kein Indiz dafür, dass Grossvater besonders religiös war. Vermutlich war er einfach nach Massgabe seiner Zeit ein normal „frommer" Erdenbürger, der seine Christenpflicht treu erfüllte, die Lehre und Autorität der Geistlichkeit nicht in Frage stellte, stets den Schutz Gottes und der Heiligen anrief, für Verstorbene und arme Seelen betete und in die Kirche ging, wann es sich gehörte. Das darf man denken, weil die katholische Kirche die wichtigste Autorität im Dorf verkörperte, der sich die Wenigsten widersetzten.

Auch ansonsten kann ich über Grossvaters Persönlichkeit nur Vermutungen anstellen. Als waschechter Schächentaler war er wohl eher wortkarg. Wahrscheinlich war er auch nicht besonders gebildet, weil er nur wenige Pflichtjahre zur Schule gegangen war. Doch er hatte bestimmt nichts gegen die Schule einzuwenden, solange sie sein traditionelles Weltbild nicht in Frage stellte und den Landwirtschaftsbetrieb nicht behinderte. In Gehabe und Erziehungsstil muss er ein Patriarch alter Schule gewesen sein, der sich an Tradition und Brauchtum orientierte und als Autorität angesehen werden wollte. Ausserdem besass er sicher eine gute Dosis Bauernschläue, sonst hätte er seine familiären Ziele nicht so erfolgreich umsetzen können. Ich denke, er war mit Herz und Seele Bauersmann und erwartete von seinen Söhnen, dass sie es ebenfalls einmal würden, weil er sich für sie nichts Schöneres vorstellen konnte.

Hoffen auf ein besseres Leben

Die Wurzeln von Mutters Vater, Grossvater Josef Imhof, reichen ebenfalls ins Schächental zurück. Dort wurde er 1882 geboren. Er gehörte zur *Chlüüser*-Sippe. Der Übername geht auf Ur-Ur-Urgrossmutter Maria Katharina Josefa Kluser zurück, die in Spiringen ansässig war. Sie war 1794 mit Ur-Ur-Urgrossvater Josef Maria Imhof in den Ehestand getreten. Das Paar bewirtschaftete die Höfe Husen und Meinzig, welche die Ehefrau von ihrem Vater geerbt hatte.

Grossvater Josef war das älteste Kind von Gottlieb Imhof und Maria, geborene Brand. Auch er kam in Spiringen auf die Welt und besuchte daselbst die Primarschule. Den Grossteil seines Lebens verbrachte er aber im Unterland, in Schattdorf und Erstfeld. Hier in der Reussebene hatte sein Vater 1896 einen kleinen Bauernhof erworben. Das war zu einer Zeit, als viele Familien sich daran schickten, aus dem Schächental auszuwandern. Die meisten taten es, weil sie dort nicht mehr genügend attraktive Zukunftsperspektiven vorfanden. Seit eh und je waren Vielkinderfamilien im Tal vor dem Klausenpass eine normale Erscheinung gewesen, weshalb die verfügbaren Ländereien immer weniger ausreichten, allen Menschen eine Existenzgrundlage zu bieten. Um Altdorf herum jedoch gab es jetzt vermehrt Arbeitsplätze. Noch verlockender war das steigende Angebot an bäuerlichen Liegenschaften, die man dort pachten oder käuflich erwerben konnte.

Das war eine Folge des sozioökonomischen Wandels, welcher das wirtschaftliche Kernland des Standes Uri erfasst hatte, seit das alte Regime im Gefolge der französischen Revolution unter dem Druck äusserer Kräfte zusammengebrochen war. Die Helvetische Republik (1798-1803), im Volksmund „Franzosenzeit" genannt, die das alte Uri ablöste, war in der Bevölkerung äusserst verhasst geblieben, denn die Wirren dieser Zeit hatten im Land tiefe Wunden hinterlassen. Uri war in diesen Jahren die Bühne kriegerischer Auseinandersetzungen zwischen französischen, russischen und österreichischen Truppen gewesen, die grosse Mengen Vieh und Lebensmittel beschlagnahmten, Scheunen zu Feuerholz machten, raubten und brandschatzten. Das Kampfgeschehen erfasste auch das Schächental, doch die Streusiedlungsweise bewahrte dort die meisten Familien vor Übergriffen. Zu allem Unglück ging 1799 der Flecken Altdorf in Flammen auf, wobei viele Einwohner Hab und Gut verloren. Das Ergebnis der Zerstörungen war eine Folgezeit höchster Not und Entbehrung, die mehrere Jahrzehnte nachwirkte, zumal die Subsistenzwirtschaft danach mehrmals arg ins Stocken geriet. Die Jahre 1816-17 waren besonders hart. Unaufhörliche Niederschläge, deren Ursache ein heftiger Vulkanausbruch im fernen Indonesien war, brachten den bäuerlichen Wirtschaftskreislauf völlig durcheinander. Die Menschen hungerten, wie es danach nie mehr der Fall sein wird. In der ersten Hälfte des 19. Jahrhunderts war jeder sechste Urner ein Bettler, wobei das Unterland und vor allem Attinghausen besonders arg betroffen waren.

Die wirtschaftliche Erholung liess auf sich warten. Erst in den Dreissigerjahren brachte der Ausbau der Gotthardstrasse für vierrädrige Deichselwagen einen Wiederaufschwung der Warenspedition. Das hauchte dem Personentransport über den Gotthard und dem sogenannten „Welschlandhandel" mit Italien, die von jeher im Reusstal eine gewisse Bedeutung gehabt hatten, wieder mehr Leben ein. Doch sie beschäftigten nur etwa zehn Prozent der Erwerbstätigen, die als Boots- und Fuhrleute, Kutscher, Wirte, Strassenarbeiter und Heuverkäufer ein meist saisonales Auskommen fanden. Die Viehwirtschaft war auch im Unterland die wichtigste Existenzgrundlage, nach der sich alles richtete, der Ackerbau seit langem nur noch ein Stiefkind. Viele Kleinbetriebe waren jedoch hoch verschuldet. Zudem war ein nicht unerheblicher Teil der Reussebene wegen des mäandrierenden Flusslaufes und häufiger Überschwemmungen sumpfig und deshalb landwirtschaftlich nur beschränkt nutzbar.

Alternative Beschäftigungen hatten es schwer, in Uri Fuss zu fassen, zumal das Land nur über den Vierwaldstättersee erreichbar war. So blieb es trotz des Gotthards vornehmlich eine Randregion, die weitgehend ein Eigenleben führte. In der Tat war die Urner Markgenossenschaft der ersten Hälfte des 19. Jahrhunderts noch durch starke Abkapselungstendenzen gekennzeichnet, die sich auch in der Mentalität niederschlugen. Was von aussen kam, stiess auf Zurückhaltung und Skepsis, insbesondere auch der liberale Schweizer Staat, der 1848 entstand. Konfessionell ungebundene Bildung wurde abgelehnt. Erst der Bau der Axenstrasse in den Sechzigerjahren und der Gotthardbahn im folgenden Jahrzehnt zwangen zur wirtschaftlichen und gesellschaftlichen Öffnung und brachten langsam neue Erwerbsquellen ins Land. Seit 1882 der Bahntunnel zwischen Göschenen und Airolo eröffnet worden war, wirkte die internationale Nord-Südachse als Einfallstor eines nicht mehr aufzuhaltenden Wandels. Doch es wird noch etliche Jahrzehnte dauern, bis aus dem einstigen Bauernstand ein Industriekanton werden wird. Denn die Talbauern liessen sich zuerst nur schwer dazu bewegen, ihre selbständige Existenz gegen abhängige Lohnarbeit einzutauschen. Lieber wanderten sie aus, in grosser Zahl, in der Hoffnung, anderswo ein Stückchen Land zu erwerben oder sich ein neues Leben zu ermöglichen. Gegen Ende des Jahrhunderts gab es denn im Kanton Uri auch erst eine Handvoll Fabriken, die zusammen kaum mehr als hundert – vorwiegend männliche – Arbeitskräfte beschäftigten. Erst als der „Bund" begann, in Uri Arbeitsstellen anzubieten, nahm der Widerstand gegen die Fabrikarbeit ab.

Eine Begleiterscheinung des Strukturwandels war, dass im unteren Reusstal immer mehr landwirtschaftliche Betriebe feil wurden. Die hohe Verschuldung mag als Triebfeder gewirkt haben. Es waren aber vor allem Patrizier und vermögende Familien, die Land abstiessen. Ein Grund dafür war die Revolution im Transportwesen. Die Verkäufer hatten auf ihren Gütern nicht bloss Selbstversorgung betrieben, sondern auch Futter für die Pferde erzeugt, welche die Kutschen und Fuhrwerke zogen, mit denen sie fuhren und am Transithandel teilnahmen. Die Eisenbahn und später der motorisierte Verkehr machten Pferde überflüssig. Man brauchte das Land nicht mehr, mit dem man sie ernährt hatte.

Unter den Käufern der freiwerdenden Liegenschaften befanden sich viele Schächentaler, was einer Trendwende gleichkam, denn vor nicht allzu langer Zeit waren es noch Altdorfer „Herrenfamilien" gewesen, die ihr Vermögen in den Besitz ganzer Landstriche im Schächental investiert hatten. Offenbar verfügten die Schächentaler über die nötigen Geldmittel, um sich im Unterland eine willkommene neue bäuerliche Existenz aufzubauen, wahrscheinlich weil sie bisher – fast zwangsweise – sparsam gelebt hatten, wenig verschuldet waren, und ihre Höfe daheim dank guter Lage und starkem Familienzusammenhalt vergleichsweise ertragreich waren. Möglicherweise waren sie auch einfach zupackender oder sahen ein Bauernleben im Unterland auch dann noch als erstrebenswert an, als im Talboden der Reuss bereits mancher Familienvater nach Alternativen Ausschau hielt. Ein entscheidender Vorteil war sicher, dass viele Schächentaler Bauern Alprechte besassen, die sie durch den Wegzug nicht verloren. Die Möglichkeit, Vieh auf Alpweiden zu sömmern und daselbst Butter und Käse zu produzieren gilt als eigentliches Rückgrat der damaligen Ur-

Gottlieb und Maria Imhof-Brand 1939 im Bärenfeld mit Sohn Josef (vorne links) und Schwiegertochter Severina (rechts). Die Kinder auf ihrem Schoss sind die beiden ältesten von Josef und Severinas Sohn Josef und dessen Frau Magdalena (hinten).

ner Viehwirtschaft.

Urgrossvater Gottlieb Imhof soll in der Rekrutenschule gewesen sein, als er 1881 die drei Jahre ältere Maria Brand heiratete. Wieso das Paar schliesslich beschloss, seinen Heimatort Spiringen zu verlassen, entzieht sich meiner Kenntnis. Möglicherweise reichte der ererbte Hof im Vorderen Wiler nahe der Grenze zu Bürglen nicht aus, die ständig wachsende Familie zu ernähren. Jedenfalls entschloss sich Gottlieb 1889, ihn zu verkaufen. Doch bis er in Schattdorf wieder eine passende Liegenschaft fand, vergingen sieben Jahre.

Das Landsgemeindedorf war von alters her ein beliebtes Ziel für Schächentaler, die sich im Unterland häuslich niederlassen wollten. Schliesslich fand dort auch Urgrossvater Gottlieb sein Glück. Er konnte das Heimwesen Bärenfeld, auch einfach Feld genannt, erwerben.

Da auf dem Hof nur ein Stall stand, weil das Gut jemand gehörte, der anderswo wohnte, musste zuerst ein Haus gebaut werden. Hier lebten die Urgrosseltern bis ans Lebensende. Gottlieb starb 1941, nachdem er mit seiner Frau das diamantene Ehejubiläum gefeiert hatte. Die beiden waren das älteste Paar in Schattdorf und Umgebung. Der Nachruf im „Urner Wochenblatt" würdigt ihn als arbeitsamen Mann voll unerschütterlichem Gottvertrauen. Urgrossmutter Maria überlebte ihn um acht Jahre. Sie starb 1949.

Grossvater, der mit vollem Namen Johann Josef Heinrich Imhof hiess, wuchs in sehr einfachen Verhältnissen auf. Er lernte von Kindsbeinen an den Ernst des Lebens kennen. Seine Familie war nicht auf Rosen gebettet, die Kinderschar gross. Als Ältester war er von klein auf die erste Stütze seiner Eltern. Die Sommer verbrachte er jeweils als Hirtenbub auf der Sittlisalp. Als die Familie kurz vor Ende des Jahrhunderts ihr neues „Heimet" in Schattdorf bezog, hatte er die Schule hinter sich. Er half mit, das Bärenfeld zu bewirtschaften und verdiente zeitweilig ein Zubrot, indem er sich im neuen Wohnort als Knecht bei einem Bauern und Gastwirt verdingte. Dieser war sehr mit ihm zufrieden, weshalb er bereit war, seinem Gehilfen ein Stück Land abzutreten, damit er darauf eine eigenständige Existenz aufbauen konnte. Er verkaufte ihm 1910 im Schattdorfer Rynächt seine als Wegried bekannte Liegenschaft. Sie dürfte nicht eben gross und, wie der Name Ried verrät, von mässiger Qualität gewesen sein. Zudem gehörte auch hier nur ein Stall, aber kein Wohnhaus dazu.

Josef entschloss sich, diesen Umstand zu beheben, indem er an den Stall ein einfaches Gadenhaus anbaute. Ein Haus war nötig, weil er inzwischen die Bekanntschaft von Jungfer Severina Zurfluh gemacht und ihr 1911 die Hand zum Ehebund gereicht hatte. Er hatte sie gewiss nicht wegen ihrem Besitz oder klingenden Namen gewählt. Sie brachte nur sich selber in die Lebensgemeinschaft ein.

Grossmutters Mädchenname gehört zu einem Geschlecht, das,

vom Tessin kommend, erst im 16. Jahrhundert in Uri heimisch geworden ist. Der Zweig, von dem Severina abstammte, wurde *Plätti* oder *Platti* gerufen. Ursprünglich hatte er sich im Weiler Ripshausen links der Reuss auf halbem Weg zwischen Erstfeld und Attinghausen niedergelassen. Severinas Urgrossvater Anton war aber nach Attinghausen ausgewandert, wo er heimatberechtigt wurde. Andere Verwandte folgten ihm.

Wo genau sie sich niederliessen und von was sie lebten, habe ich nicht in Erfahrung gebracht. Sie sind die einzigen Vorfahren, die ich nicht mit Sicherheit mit einem bestimmten bäuerlichen Heimwesen in Verbindung zu bringen vermochte. Laut mündlicher Überlieferung sollen sie auf dem Plattenberg hoch über dem Talboden südwärts unterhalb des Brüsti gelebt haben, was den Übernamen erklären würde. Sie taten es aber höchstens als Pächter, denn sie waren nie Besitzer der Liegenschaft. Es ist denkbar, dass sie ihre Arbeitskraft zeitweise auch als Alpknechte oder als Taglöhner im Transitverkehr über den Gotthard verdingten. In der Tat deutet vieles darauf hin, dass sie nur wenig besassen. Unter allen Vorfahren waren sie und ihre Angetrauten ja auch die einzigen gewesen, welche die harten Jahre der Helvetik und ihre Folgezeit unmittelbar miterlebt hatten. Ganz allgemein sind die *Plätti* für mich die unfassbarsten unter meinen Altvordern geblieben. Da Armut mit Besitzlosigkeit einhergeht, machte sie die Betroffenen urkundlich weniger greifbar, mindestens solange sie nicht in den Fängen der Armenpflege landeten. Doch wenigstens dieses Schicksal blieb den Vorfahren von Grossmutter Severina vermutlich erspart.

Dass es der Familie nicht allzu gut ging, lässt sich unter anderem aus dem Umstand schliessen, dass zwei Söhne von Ur-Urgrossvater Franz Zurfluh, einem von Antons Söhnen, anfangs der Achtzigerjahre des 19. Jahrhunderts nach Frankreich auswanderten. Sie sind meine einzigen näheren Verwandten aus fernen Zeiten, welche die Schweiz verliessen. Ich denke, dass die beiden Brüder zu den vielen Urnern gehörten, die nach der Eröffnung der Gotthardbahn auswanderten. Der Bahnbau hatte viele erwerbslos gemacht, vor allem weil die Beschäftigung im Transitverkehr wegfiel. Vermittlungsagenturen in Altdorf boten Helferdienste an. Der eine Bruder liess sich in einem kleinen Dorf in der Picardie nieder, der andere fand eine Beschäftigung in einer Eisenhütte in Lothringen. Beide heirateten einheimische Frauen.

Der älteste Sohn von Franz, Franz Josef, heiratete 1877 die sechs Jahre ältere Schattdorferin Anna Kempf. Mit sechsunddreissig gehörte sie bereits nicht mehr zu den Jüngsten. Ihr Vater Johann Josef Kempf war Ende der Dreissigerjahre von Unterschächen nach Schattdorf gezogen, wo er sich mit Barbara Schuler, einer Frau aus dem Dorf, vermählte. Kurz nach der Hochzeit wurde er Besitzer des Kleinstheimwesens Spitzrütti, ein Gut, das neben der Brücklihofstatt auf der Südseite des Gangbachs liegt. Anna erbte den Hof, was sie trotz ihres fortgeschrittenen Alters schliesslich doch noch zu einer attraktiven Partie machte, zumindest für jemand, der selber mit leeren Händen dastand.

Nach der Heirat nahmen Franz Josef und Anna in der Spitzrütti Wohnsitz, in einem engen Häuschen, das noch heute steht und aus dem Märchen von Hänsel und Gretel herausgefallen sein könnte. Franz Josef war nie als Eigentümer eingetragen. Er vermochte aber später das Seeried, ein Plätzchen Land in der Nachbarschaft des Wegrieds, zu ersteigern. Hat Grossvater Josef also seine Severina zum ersten Mal als Heuerin nebenan erspäht? Im Sommer weilte Urgrossvater Franz Josef Zurfluh jeweils als Schafhirt und Älpler auf Surenen. 1896 wurde er Witwer, seine Ehefrau war nur fünfundfünfzig geworden. Selbst danach wurde die Spitzrütti grundbuchamtlich nicht auf ihn übertragen. Sie ging an die Kinder, die sie jahrzehntelang in Erbengemeinschaft verwalteten.

Grossmutter Severina kam im August 1883 in einer einfachen Alphütte oben auf der Alp Waldnacht zur Welt. Sie war das letzte der fünf Kinder von Franz Josef Zurfluh und Anna Kempf. An ihrem Geburtstag lag Schnee auf der Alp. Zur Taufe wurde sie im Rückenkorb nach Attinghausen hinunter getragen. Als ihre Mutter starb, war sie zwölfeinhalb und ging noch zur Schule. So war sie zweifelsohne gezwungen, zusammen mit ihrer Schwester schon als Kind die Mutterrolle im Haushalt zu übernehmen. Nach Beendigung der Schule war die Familie auf ihren Verdienst angewiesen. Deshalb verliess sie Schattdorf und arbeitete fortan über zehn Jahre in verschiedenen Stellen im Haushalt und in Geschäften. Einmal sogar in Fribourg, am Schluss in einem Hotel in Engelberg, von wo sie im Herbst nach Saisonschluss zu Fuss über den Surenen heimmarschierte, um den ganzen Lohn nach Hause zu bringen.

Der Hausbau im Wegried wurde drei Jahre nach der Trauung der Grosseltern in Angriff genommen. Das jungvermählte Paar fand vorerst bei Josefs Eltern im Bärenfeld Unterschlupf, wo die ersten Kinder zur Welt kamen. Ein Jahr nach der Hochzeit erstand Urgrossvater Gottlieb für seinen Sohn in Erstfeld die schöne Bergliegenschaft Vorderer Oberwiler oder Bockiberg. Sie bestand aus Wiesland, Wald, Garten, zwei Ställen und einem Milchkeller. Später gelang es Grossvater, den Landwirtschaftsbetrieb im Wegried durch den Kauf der Nachbarparzelle Bären- oder Kleinried zu erweitern. Auch das Bärenfeld habe eigentlich Vater gehört, Urgrossvater Gottlieb habe es ihm versprochen gehabt. Das hat Mutter immer behauptet. Ganz falsch lag sie nicht, denn im Grundbuch ist Josef Imhof wirklich ein gutes Jahrzehnt lang als Besitzer aufgeführt. Doch Urgrossvater Gottlieb besann sich schliesslich eines anderen. Es soll ihn auf einmal „gereut" haben, weshalb er die Eigentumsübertragung rückgängig machte. In den Dreissigerjahren verkaufte er das Land an einen Bauern aus der Nachbarschaft. Scheinbar hat das nicht allen in der Familie gefallen. Es hätte durchaus Übernahmewillige gegeben. Urgrossvater Gottlieb wird sich jedoch gesagt haben, dass sein Ältester den Hof nicht mehr brauchte, ihn aber jemand anderem in der Familie zu überlassen, Unfrieden auslösen würde. Deshalb mag er es vorgezogen haben, das

Gut zu veräussern, um mit dem Erlös seinen Lebensabend finanziell abzusichern.

Grossvater Josef ist als liebe, gutmütige Persönlichkeit in Erinnerung geblieben. Er übte kein öffentliches Amt aus und war alles andere als ein Patriarch. Er konnte niemandem etwas zuleide tun. Seiner sprichwörtlichen Gastfreundlichkeit sei es zu verdanken gewesen, dass seine Frau im Oberwiler manchen Kaffee auftischen musste, wenn er wieder einen Wanderer zu einem Plauderstündchen im heimeligen Bergstubli eingeladen hatte. Er litt aber unter schwerem Asthma. Die Krankheit manifestierte sich jeweils nach dem Einatmen von Heustaub. In den letzten zwei Jahren war er nur noch beschränkt arbeitsfähig und ging nicht mehr in den Stall, auch weil sich als Folge seiner Atembeschwerden eine Herzwassersucht entwickelte, die seine Oberschenkel dick anschwellen liess.

Grossmutter Severina brachte fünfzehn Kinder zur Welt. Beim letzten war sie siebenundvierzig. Doch nur zehn überlebten. Auch so war ihr ein beträchtliches Mass an Arbeit im Haus und auf dem Bauernhof sicher. Sie war eher von schmächtiger Statur, besass aber einen eisernen Willen, der es ihr ermöglichte, ihre grosse Aufgabe zu meistern. An harte Arbeit und einen bescheidenen Lebensstil war sie ja von klein auf gewöhnt. Sie war eine stille, genügsame und häusliche Person, die nicht klagte. Sie litt aber bestimmt unter Vorkommnissen, die ihre Geschwister betrafen, beispielsweise ein uneheliches Kind, Trunksucht, Vormundschaft und Schwermut. Meine Mutter sprach nie über solche familieninternen Angelegenheiten, obwohl sie um sie gewusst haben muss. Nachgewirkt haben sie trotzdem, wenn ich an bestimmte Reaktionen denke, die sie an den Tag legte.

Wie aus den Erzählungen über die Grosseltern hervorgeht, wurzelt meine Herkunftsfamilie durchs Band in bäuerlicher Muttererde. Ebenso eindeutig ist, dass meine Ahnen unterschiedlich begütert waren. Während die einen in ärmlichen Verhältnissen um ein Dasein in

Würde kämpften, zählten die anderen eher zum respektablen, existenziell weniger gefährdeten Mittelstand. Meine Vorfahren stammten überwiegend aus dem hinteren, oberen Schächental, auch wenn die Geschichte meiner unmittelbaren Ursprungsfamilie im Talboden der Reuss angesiedelt ist. Die grosse Geschichte hat es so gelenkt, dass die verschiedenen Abstammungslinien hier zusammenfanden. Ohne die Auswirkungen des wirtschaftlichen Umbruchs in Uri, vor allem infolge der Gotthardbahn, wären meine Eltern trotz entfernter Verwandtschaft wohl kaum aufeinandergetroffen und ein Paar geworden.

Noch ein anderer Gedanke drängt sich mir auf: Alle meine Vorfahren lebten in demselben kleinen, geografisch relativ abgeschlossenen, mentalitätsmässig einheitlichen und überschaubaren Raum, den die meisten von ihnen ein Leben lang nicht verliessen. Dafür kannte fast jeder jeden, der in diesem Umkreis wohnte. Bestimmt erzeugte diese Überschaubarkeit der Verhältnisse auf alle einen hohen Konformitätsdruck. Weil sie nichts anderes kannten, hatten sie nur die Wahl, sich am Bestehenden, am Brauchtum und an der Obrigkeit zu orientieren. Ausserdem muss es ein rauer, genügsamer, im wahrsten Wortsinne gottesfürchtiger Menschenschlag gewesen sein, zu dem meine Voreltern gehörten. Wer sich in den wirtschaftlichen und gesellschaftlichen Verhältnissen Uris jener Zeit zurechtfand, war es sicherlich gewohnt, Schicksalsschläge klaglos hinzunehmen und sich dem Konformitätsdruck zu beugen. Solche Menschen wussten, dass sie nicht wehleidig, arbeitsscheu, liederlich oder verschwenderisch sein durften, wenn sie sich nicht der Missbilligung der geistlichen und weltlichen Obrigkeit sowie ihrer Mitbürger aussetzen wollten.

Dieses Erbe hat bei meinen Eltern nachgewirkt und ist in unsere Erziehung eingeflossen. Schon deshalb kommt mir die Welt meiner Grosseltern noch irgendwie vertraut vor. Natürlich auch, weil ich sie als Kind bei meinen Onkeln und Tanten im Schächental noch selber miterlebte. Etliche ihrer Heimwesen, beispielsweise das Obermattli, an das ich mich gut erinnere, lagen ziemlich abseits vom Verkehr und waren nur nach einem längeren Fussmarsch bergauf erreichbar. Das Häuschen dort oben duckte sich hinten unter einen grossen Felsbrocken, denn von den nahen Hängen dräuten winters Lawinen. Mit seinen sonnenverbrannten Tannholzbalken machte es einen rustikalen Anschein. Die offene Feuerstelle in der Küche, der klobige Tisch im engen Stübchen, der grosse Kachelofen oder der mit „Leidbildchen" und frommen Sprüchen verzierte Herrgottswinkel und die niedrigen Schlafkammern wirkten anspruchslos.

Wenn ich an diese Zeit zurückdenke, meine ich dann und wann wieder den charakteristischen Geruch zu verspüren, den im bäuerlichen Schächental ein winterlich kuhwarmer Stall, das staubaufwirbelnde Heu in den Futtertrögen der Tiere, die brennenden Holzscheite unter dem „Käsekessi" oder abends die Petroleumlampe ausströmten – so wie sie es wohl schon zur Zeit meiner Grosseltern getan hatten. Gleichzeitig befällt mich dann jeweils das Gefühl, das müsse bereits Jahrhunderte zurückliegen. Obwohl es nicht mehr als die Dauer von zwei oder drei Generationen ist.

4 EIN UNGLEICHES PAAR

EINE JUGEND IM HINTEREN SCHÄCHENTAL

Wie soll ich mir meinen Vater in seinen jungen Jahren vorstellen? Ich habe ihn nur als erwachsenen Menschen gekannt. Ausser dem Nachruf, den wir Familienangehörige nach seinem Tod im „Urner Wochenblatt" publiziert haben, ist nichts Schriftliches über sein frühes Leben zu finden. Er selber hat nur ungern geschrieben, weshalb von ihm kein einziges Schriftstück mehr vorhanden ist. Überhaupt ist die Geschichte meiner Familie durch ein hohes Mass an Schriftlosigkeit gekennzeichnet. Ich habe mir oft ausgemalt, wie hilfreich es gewesen wäre, wäre ich in ein schreibfreudigeres Umfeld hineingeboren worden. Vater selber fragen kann ich nicht mehr, er ist ja bereits eine Ewigkeit tot, und die Erinnerung an ihn ist am Verblassen. Alle denkbaren Gewährsleute, die ihn als Jugendlichen gekannt haben, sind ebenfalls gestorben. Er selber hat selten über seine Vergangenheit geredet, bestätigen mir meine Geschwister. Doch das Wenige, das davon übriggeblieben ist, muss für ihn sehr wichtig gewesen sein. Er hat es wahrscheinlich immer wieder erzählt und es kam so von Herzen, dass es uns tief beeindruckt hat. Es fügte sich auch gut ins Bild, das wir von ihm hatten, von dem, was ihn bewegte, was ihm wichtig war, von was er träumte. Zudem habe ich unterdessen einiges über das Umfeld in Erfahrung gebracht, in dem er seine Jugendzeit verbracht hatte. Wenn ich das alles miteinander verknüpfe, habe ich, denk ich, bestimmt eine faire Chance, mich dem Buben und späteren Junggesellen anzunähern, der er einmal gewesen war.

Die Wiege meines Vaters stand auf dem Bauernhof Holzerbergli oder Utzigegg, den sein Vater 1891 erworben hatte. Das Haus, in dem er geboren wurde, gibt es allerdings nicht mehr. Es wurde 1968 von einer Lawine zerstört. Das Holzerbergli liegt auf rund tausenddreihundert Metern auf einem Sonnenplateau oberhalb des Dorfes Unterschächen, wenige Gehminuten ob Urigen. Zu welcher Gemeinde es gehörte, war damals noch umstritten. Sowohl Spiringen wie Unterschächen beanspruchten es als ihr Hoheitsgebiet. Der Disput um den genauen Grenzverlauf, der bis ins 17. Jahrhundert, bis zur nicht ganz einvernehmlich verlaufenen Abkurung der Pfarrei Unterschächen von der Mutterkirche Spiringen zurückreichte, wurde erst 1984 durch einen Schiedsspruch des Bundesgerichts beendet. Dieser legte definitiv den hinteren Mühlebach als Trennlinie fest. Seither steht das Holzerbergli eindeutig auf Unterschächner Territorium.

Demnach war es für meine Grosseltern nicht einfach zu entscheiden, zu welcher Gemeinde sie gehörten. Die *Häirechä* sind zwar seit alters Bürger von Spiringen, doch die Heimwesen, die *Häirechä Domináli* bewirtschaftete, lagen im Grenzbereich der beiden Dörfer. Im Lauf der Jahre richtete sich die Familie immer mehr nach Unterschächen aus.

Als Grossvater das Holzerbergli kaufte, lag es noch ziemlich abseits der Welt, fremden Einflüssen entzogen, obwohl es von zahlreichen Berggütern umgeben war. Die Sonnenterrasse unterhalb des Schächentaler Windgällen war nämlich schon lange ein begehrtes Siedlungsgebiet. Dort hinzugelangen bedeutete jedoch immer ein rechtes Stück Fussmarsch. Zwar führte in der zweiten Hälfte des 19. Jahrhunderts ein holpriges, kutschentaugliches Fahrsträsschen von

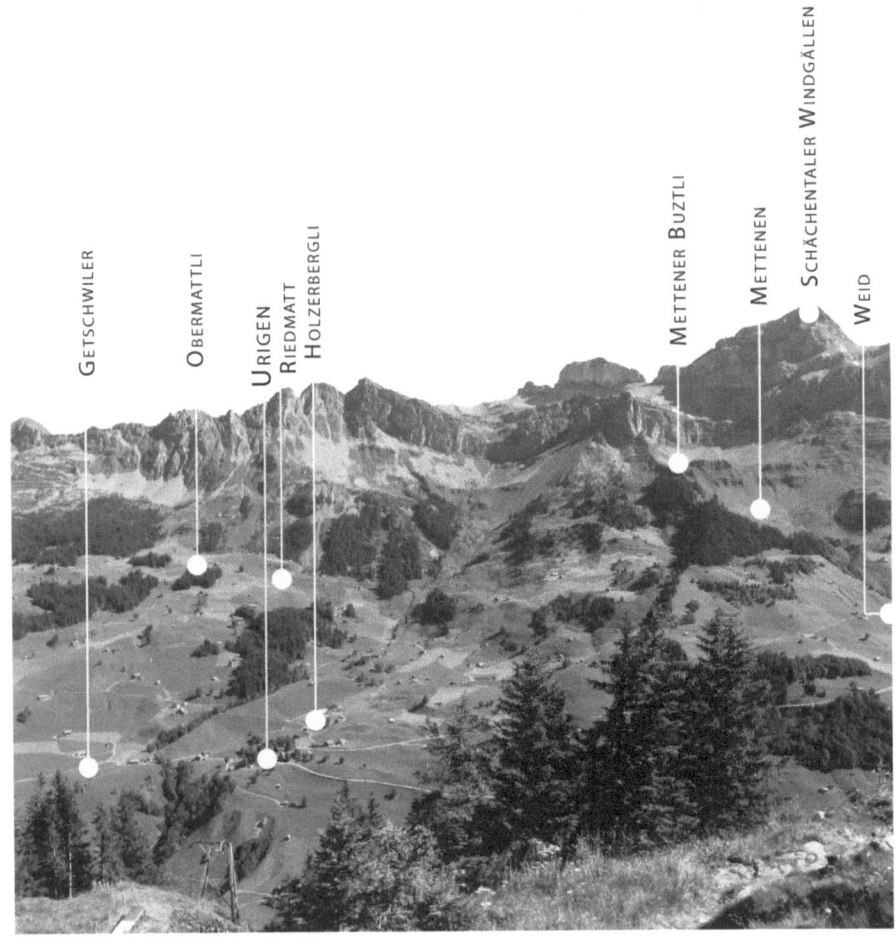

GETSCHWILER
OBERMATTLI
URIGEN
RIEDMATT
HOLZERBERGLI
METTENER BUZTLI
METTENEN
SCHÄCHENTALER WINDGÄLLEN
WEID

Blick von der anderen Seite des Schächentals auf die Heimwesen,
auf denen Vater seine Jugend verbracht hat.

Altdorf nach Unterschächen, von da musste man jedoch immer noch eine schweisstreibende Stunde lang steil den Berg hochgehen. Von Spiringen aus über die Getschwilergasse war es nur unerheblich einfacher. Auf Schusters Rappen lag der Flecken Altdorf mehrere Stunden entfernt.

Doch seit der Jahrhundertwende war die Welt ein wenig näher

gerückt, auch wenn das Leben der Bergbauern dadurch kaum an Härte verlor. Der Bau der 1900 fertiggestellten Strasse über den Klausenpass hatte die verkehrstechnische Erschliessung des Tales erheblich verbessert. Am 25. Juni 1900 war zum ersten Mal die fünfspännige Klausenpost über den Pass gefahren. Entlang der neuen Passstrasse entstand eine Reihe von Gasthäusern und Hotels, unter anderem das nahe „Hotel und Pension Posthaus Urigen", wo die gute Gesellschaft Halt machte. 1917 wurde der Klausen für den Automobilverkehr freigegeben. 1922 ersetzte das Postauto die Pferdepost. An schönen Tagen war dessen Verdeck zurückgeklappt, sodass die Reisenden die Aussicht in die Alpenwelt voll geniessen konnten. Die Lokalbevölkerung konnte sich aber meist die Fahrkarte nicht leisten. Sie marschierte weiterhin zu Fuss nach Altdorf oder über den Klausen nach Ennetmärcht.

Die Schächentaler Gemeinden erhielten bald auch Anschluss ans Telegrafen- und Elektrizitätsnetz. Erste Telefone wurden installiert. Doch es sollten noch Jahrzehnte verstreichen, bis in den Heimwesen ob Urigen beispielsweise Glühbirnen Petroleumlampen und Kerzen ersetzten.

Mein Vater kam am Mittwoch 3. März 1909 auf die Welt, *ds altä Mittwuchä,* wie die damaligen Schächentaler den Fastenquatembermittwoch nannten. Das Wort Quatember bezeichnet viermal im Jahr stattfindende, ursprünglich durch Fasten, Abstinenz, Gebet und Almosengeben geprägte Busstage im Kirchenjahr der römisch-katholischen Kirche, deren Terminierung ungefähr mit dem Beginn der vier Jahreszeiten zusammenfällt. Sinn der Quatember ist es, Gott für die Gaben der Schöpfung zu danken, die Menschen daran zu erinnern, sie massvoll zu gebrauchen und sich auch der Bedürftigen anzunehmen. Kein einfaches Programm, das dem neuen Erdenbürger in die Wiege gelegt wurde!

Schon einen Tag nach der Geburt wurde der Säugling nach

Unterschächen hinunter auf den Bielenhügel in die weiterum sicht-
bare, dem heiligen Theodul geweihte Pfarrkirche zur Taufe getragen.
Der Kleine erhielt den Vornamen seines Vaters, eine symbolträchtige
Erbschaft. Dass sie ihm nicht bloss Freude bereitete, zeigt sich schon
darin, dass er keinen eigenen Sohn so nennen wird. Wie wenn er hätte
verhindern wollen, dass wieder jemand, wie einst er, in die Rolle des
Dominik Junior gedrängt würde.

Mein Vater wuchs mit drei Brüdern und vier Schwestern auf.
Die acht harmonierten gut miteinander. Soweit mir bekannt ist, kam
es zwischen ihnen nie zu ernsthaften Zerwürfnissen. Dominik fühlte
sich in ihrer Gemeinschaft wohl, er kam mit allen zeitlebens gut aus.
Auch nach seinem Wegzug ins Unterland riss die Verbindung nicht ab.
Innerlich blieb er dem Schächental treu. Er träumte sogar davon, dort
einmal ein Ferienhäuschen zu besitzen. Besonders ein Chalet unterhalb von Urigen, das einem Altdorfer Notar gehörte, hätte er gerne
erworben. Doch es blieb ein Traum.

Die Familie meines Vaters führte ein einigermassen sorgenfreies Dasein. Die Arbeit war hart, aber der Ertrag reichte allemal, um nie
ernsthaft in Not zu geraten. Die Ernährung jedoch war eintönig, wie
das in der Gegend üblich war. Sie bestand hauptsächlich aus Brot,
Käse, Zieger, geräuchertem Fleisch und hausgemachten Würsten sowie Milch. Dazu trank man einen dünnen, stark gezuckerten Kaffee,
den man oft mit einem Schuss Hochprozentigem anreicherte, *Schwar-
zis mit Schnaps*. Gekocht wurden nur einfachste Gerichte, beispielsweise Fleischsuppe und *Nitläriis*. Kartoffeln, Gemüse und Früchte
gab es eher selten zu essen.

Nach geltendem Massstab übten die Eltern von Dominik ihre
Rolle als Ernährer und Erzieher vorbildlich aus. Sie waren *gschaffi-
gi,* genügsame Menschen, pflichtbewusst und im ortsüblichen Sinn
gute Christen. Abends betete die Familie oft den Rosenkranz. Diese
Tradition haben meine Schächentaler Verwandten immer gepflegt.
Andererseits klopfte man bei ihnen auch gerne einen Jass. Mag sein,

dass die Eltern eine etwas raue Schale hatten. Sie brachten menschliche Wärme und Zuneigung lieber durch tatkräftige Fürsorge als durch einfühlsame Worte und Zärtlichkeit zum Ausdruck. Das erzeugte eine gewisse Distanziertheit, die auch auf die Kinder abfärbte. Eltern begegnete man in jener Zeit sowieso mit grosser Ehrerbietung, man redete sie noch respektvoll mit *Iär* an. Man beugte sich ihrer Autorität und widersprach nicht. Für Dominik kam hinzu, dass er einem Vater gegenüberstand, der bereits etwas ins Alter gekommen war, weil er so spät geheiratet hatte. Sicher hat das den achtungsvollen Abstand zu ihm noch vergrössert. Vielleicht stand er schon deshalb nicht gerne im Vornamensschatten seines Erzeugers. Auch mit seiner Mutter pflegte er, so meine ich jedenfalls beobachtet zu haben, einen mehr ehrerbietigen als gefühlsbetonten Umgang.

Die ersten Lebensjahre von Dominik vergingen im jahreszeitlichen Rhythmus, im wiederkehrenden Hin und Her zwischen den verschiedenen Heimwesen und der Alp. Der Standort wechselte mehrmals im Jahr, je nach Arbeitsschritt, der anstand. Während auf den Höfen in mühseliger Handarbeit Heu und Emd eingebracht wurden, sömmerte man das Vieh auf der Alp. Im Herbst, Winter und Frühling entschied der Heu- oder Grasvorrat über den jeweiligen Wohnsitz. Man pflegte das Vieh, stellte Käse und Butter her, zog die Kälber gross, schlachtete das Schwein und hängte Fleisch und Würste in den Rauchfang. Die Kinder wurden von klein auf dazu angehalten, nach Massgabe ihrer Kräfte bei allen Arbeiten mit Hand anzulegen und aufeinander aufzupassen.

Die Lebensbedingungen waren einfach, die Verhältnisse in den Wohnhäusern eng. Die langen, dunklen Winterabende verbrachte man im niedrigen *Schtupli* und erzählte sich im schummrigen Licht der „Steinöl"-Lampe dieses und jenes. Möglicherweise hat Dominik da zum ersten Mal die Geschichte vom *Butzli-Läll* gehört, die sein kindliches Gemüt so stark beeindruckte, dass er sie noch als Erwachsener erzählte. Das *Butzli* ist der Aussenstafel der Alp Mettenen. Sobald das Vieh wieder hinuntergezogen ist, wird es – so geht die Sage – von einem gespenstigen, hundeähnlichen schwarzen Untier in Besitz genommen. Dieses kann unvermittelt einsamen Jägern über den Weg laufen oder sich neben unerschrockene Alpgenossen, die dort zu Unzeiten übernachten, mit Pratzen und halbem Leib aufs Bett legen und sie mit glänzenden Augen unverwandt ansehen, bis es im Morgengrauen auf einmal verschwindet.

1914 brach der Erste Weltkrieg aus. Am 1. August verfügte der Bundesrat die allgemeine Mobilmachung. Väter und Söhne wurden über Nacht in den Aktivdienst eingezogen. Die Familie von Dominik war nicht betroffen. Sie dürfte auch sonst die unmittelbaren Folgen des Krieges kaum gespürt haben. Als Bauern gehörten sie eher zu den Nutzniessern, weil die Preise für landwirtschaftliche Produkte stiegen. Vielleicht profitierten sie anfangs sogar vom sich ausbreitenden Butterschwarzhandel. Erst gegen Kriegsende wurden Reis, Zucker, Mais, Teigwaren, Brot und Mehl rationiert. Am ehesten wird die Zuckerrationierung auf die Gemüter der kaffeeliebenden Schächentaler geschlagen haben. Auch mussten die Bauern nun ihren selbsterzeugten Käse und Anken an eine staatliche Genossenschaft liefern.

Schlimm war vor allem die für viele tödlich endende Spanische Grippe, die kurz vor Kriegsende zu grassieren begann. Spiringen und Unterschächen wurden besonders hart getroffen. Auch in Dominiks Verwandtschaft gab es ein Opfer zu beklagen, das ihm besonders nahestand. Er verlor seine Taufpatin, Maria Arnold, die kaum dreissigjährige Ehefrau von Onkel Karl in der Riedmatt. Kurz davor hatte sie ein Töchterchen zur Welt gebracht. Der Onkel soll so verzweifelt gewesen sein, dass er es seiner Schwester brachte mit den Worten: „Nimm das Häufchen, ich kann nichts mehr damit anfangen, *odr gib's halt dä Miisä*". Vor zwei Jahren war schon Dominiks Götti Peter, der jüngste Stiefbruder seines Vaters, an „Blutsturz", wie man die Tuberkulose nannte, gestorben.

1915 erfolgte der erste Einschnitt im Leben von Dominik: der Eintritt in die Schule. Wenige Jahre davor hatte es im Schulwesen eine wichtige Änderung gegeben. Seit 1875 dauerte in Uri der obligatorische Schulunterricht sechs Jahre. Die Schulpflicht begann mit dem zurückgelegten siebten und endete mit dem erfüllten dreizehnten Lebensjahr. Uri gehörte zu den Kantonen mit der geringsten Unterrichtszeit. Denn in den meisten Dörfern ging man noch nicht das ganze Jahr in die Schule, sondern nur im Winterhalbjahr, vom 1. Oktober bis zum 30. April. In Spiringen und Unterschächen kam dazu, dass die Schule nur den halben Tag in Anspruch nahm. Um mit der Entwicklung Schritt zu halten und ein minimales Ausbildungsniveau sicherzustellen, beschloss die Urner Regierung 1906, die Mindestunterrichtszeit zu erhöhen. Um die Anforderung zu erfüllen, war es den Gemeinden freigestellt, entweder den Ganztags-Schulbetrieb oder eine zusätzliche siebte Klasse einzuführen. Unterschächen entschied sich für die Ganztagsschule, Spiringen für Halbtagsunterricht und siebte Klasse. Die dortigen Schulkinder waren also einen weiteren Winter nicht voll im bäuerlichen Betrieb einsetzbar.

Das wollten Dominiks Eltern vermeiden. Deshalb schickten sie ihn nach Unterschächen in die Schule, nicht nach Spiringen wie die älteste Schwester. Für ihren kleinen Sohn erwirkten sie zudem eine Sonderbewilligung, die ihm ermöglichte, vorzeitig mit sechs Jahren eingeschult zu werden. Sie wollten damit verhindern, dass die siebenjährige Schwester Josefa allein den Schulweg ins Tal gehen musste. So wird Dominik also 1915 eines schönen Herbstages zum ersten Mal in Josefas Begleitung nach Unterschächen hinuntergestiefelt sein, wo er nun während sechs Jahren dem Unterricht folgen wird. Der tägliche Schulweg vom Obermattli, Holzerbergli oder Getschwiler herab war kein Honigschlecken. Er war anstrengend, beschwerlich und manchmal auch gefährlich, weil häufig Schnee lag. Vater hat oft erzählt, wie die Schüler mit selbstgefertigten *Fassdügäli* die Hänge hinunterglitten, einen Stecken fürs Bremsen zwischen die Beine ge-

Schulfoto von Unterschächen 1919 (Sammlung Josef Muheim Greppen).
Dominik ist der Fünfte von rechts in der zweithintersten Reihe.

klemmt. Auf dem Heimweg blieb dann nichts anderes übrig, als ein bis zwei Stunden durch den Schnee nach oben zu stapfen. Da Dominik über Mittag nicht heimgehen konnte, musste er mit der Suppe vorlieb nehmen, die eine Frau aus dem Dorf in der Suppenanstalt kochte.

Mein Vater ging gern in die Schule. Doch wie es dort zu- und herging und was er lernte, muss ich Dokumenten entnehmen. Knaben und Mädchen wurden gemeinsam unterrichtet, in den ersten vier Klassen von Menzinger Lehrschwestern, die beiden letzten von Pfarrhelfer Schwyter. Die Lehrerschaft achtete streng auf Disziplin. Das erwartete die Bevölkerung von ihr. 1908 hatte die Dorfgemeinde von Unterschächen es abgelehnt, Körperstrafen und Schlagen in der Schule zu verbieten. Schwätzern gab man gelegentlich einen Lappen oder einen *Nuggi* in den Mund, und die Bestraften mussten damit lange auf einer Bank stehen. Der Unterricht umfasste Lesen, Schreiben, Sprache, Sprachlehre, Religionslehre sowie Rechnen, in den oberen Klassen dazu ein wenig Aufsatz, vaterländische Geschichte und Geografie. Für die Knaben stand auch so etwas wie Turnen auf dem Programm. Die Schüler und Schülerinnen mussten viel auswendig lernen. Sie übten sich auch fleissig im Kopfrechnen. Darin war Dominik besonders gut, was er jeweils mit Stolz erwähnte. Überhaupt war er ein guter Schüler. Auf dem Schulfoto von 1919 – das einzige mir bekannte Bild, das ihn als Kind zeigt – steht er mit verschränkten Armen und herausforderndem Blick da, wie wenn er es darauf abgesehen hätte, mit Ernsthaftigkeit zu imponieren. Er hatte keine Mühe, dem Unterricht zu folgen. Obwohl er der Jüngste und einer der Kleinsten seiner Klasse war, schlug er sich hervorragend. Bei der Erstkommunion war Brauch, dem besten Schüler eine goldene Kette umzulegen. Doch Dominik, dem diese Ehre gebührt hätte, reichte sie an den Zweiten weiter. Er wollte nicht im Rampenlicht stehen.

Aus der Literatur geht hervor, dass die Primarschule nicht das einzige war, das damals zur staatlich verordneten Kindererziehung gehörte. 1905 hatte die Regierung von Uri eine strenge Christenlehrordnung erlassen, welche den Besuch der Christenlehre zur Pflicht machte. An allen Sonn- und Feiertagen, die in die Schulzeit fielen, hatten die Schüler und Schülerinnen unter Aufsicht der Lehrerschaft dem Vor- und Nachmittagsgottesdienst beizuwohnen. In Verbindung mit dem Nachmittagsgottesdienst wurde ihnen Katechismus erteilt. Die Antworten mussten sie aus dem Gedächtnis heruntersagen können, sonst drohte am nächsten Tag Nachunterricht in der Schule. Als Entschuldigungsgrund fürs Fernbleiben galten nur Krankheit, begründete Ortsabwesenheit und eigentliche Notfälle. Ausserdem mussten nach dem Austritt aus der Primarschule alle, die nicht weiterstudierten, bis zum erfüllten fünfzehnten Lebensjahr im Winterhalbjahr ein paar Wochenstunden die obligatorische Fortbildung besuchen. Den Schulräten stand frei, deren Abhaltung an Werk- oder Sonntagen anzusetzen. In Unterschächen erteilte Pfarrer Bissig den Unterricht.

Nach Beendigung der Primarschule und bestandener Abschlussprüfung, gerade zwölf geworden, begann für Dominik der Ernst des Erwerbslebens. Während acht Jahren half er nun im väterlichen Bauernbetrieb mit. Er brauchte nie die Erfahrung zu machen, sich wie viele andere sommers als Knecht auf einer Glarner Alp oder irgendwo als Handlanger verdingen zu müssen. Als Sohn einer recht wohlhabenden Familie plagten ihn keine grossen materiellen Sorgen. Später liess er manchmal durchblicken, er hätte lieber einen handwerklichen Beruf erlernt, doch sein Vater sei dagegen gewesen. Er fühlte sich vor allem zum Schreinergewerbe hingezogen. Am erforderlichen handwerklichen Geschick und Talent mangelte es ihm nicht, das hat er später zur Genüge bewiesen. Er besass auch Vorbilder unter seinen Verwandten. Ein väterlicher Halbonkel beispielsweise war ein ausgezeichneter Hobby-Tischler. Vermutlich hatte er bereits selber ein wenig Erfahrung gesammelt. Auf dem Hof gab es immer wieder Zeiten, da man solche Arbeiten selber ausführen musste, weil es am nötigen Geld mangelte, um Fachleute anzustellen. Auch diese übten ihr Handwerk fast durchwegs nur im Nebenerwerb aus.

Es muss dahingestellt bleiben, ob Dominik tatsächlich seinen Berufswunsch schon als Halbwüchsiger in sich gespürt und seinem Vater gegenüber zur Sprache gebracht hatte. So oder so wäre er nicht einfach zu verwirklichen gewesen, denn im Uri der Zwanzigerjahre waren Berufsbildung und Lehrlingswesen noch wenig entwickelt – und im hinteren Schächental wohl auch kaum ein Thema. Zudem hätte Grossvater Dominik sicher kein Verständnis dafür gehabt, wenn einer seiner Söhne sich für eine Existenz entschieden hätte, die dannzumal in der Vorstellungswelt der Bauern einen niedrigeren gesellschaftlichen Stellenwert hatte. Handwerk sahen sie als unsicheren Erwerb an, dem vor allem Landsleute nachgingen, die nicht von ihrem Grund und Boden leben konnten. Zurecht hätte gerade Dominiks Vater diesen Berufswunsch als Missbilligung seines Lebensziels angesehen, denn er hatte ja alles getan, um seinen Söhnen mit Liegenschaftserwerb ein Leben als selbständiger Bauer zu ermöglichen. Kam dazu, dass der Familienbetrieb tatsächlich auf die Mithilfe des Primarschulabgängers angewiesen war.

Dominik hatte so wohl einfach keine andere Wahl, als seinem schon ein bisschen in die Jahre gekommenen Vater zu helfen, und sein Los auch eingesehen. Als zweitältester Junge muss er sich dazu verpflichtet gefühlt haben. Die zwei jüngeren Brüder gingen noch in die Schule und waren keine grosse Unterstützung. Die Bewirtschaftung von drei Liegenschaften plus Alpung bedeutete aber ein ansehnliches Stück Arbeit. Keine Hand in der Familie war überflüssig.

Mein Vater war also während seiner ganzen Adoleszenz ein Schächentaler Bauer: Er mähte, melkte, ging auf die Alp, pflegte das Vieh, machte Butter und Käse, ging Wildheu schneiden und transportieren, usw. Zugegeben, diese Vorstellung bereitet mir Mühe. Denn ich habe ihn nie bei einer landwirtschaftlichen Tätigkeit beobachten können. Solange ich ihn kannte, hat er diese Beschäftigung stets gemieden und keinen Hehl daraus gemacht, dass an ihm beileibe kein Bauer verloren gegangen war.

1929 musste Dominik in Thun in die Rekrutenschule einrücken. Es war seine erste grössere Reise. Danach begann ein neues Kapitel in seinem Leben, in dessen Fortsetzung auch wir, seine Kinder, hineingehören. Nur spielte es sich nicht mehr im hinteren Schächental, sondern im Urner Unterland ab, wo Dominik bald seine Zukünftige kennenlernen wird.

DAS ALLERSEELENKIND

Mutters junge Jahre zu schildern bereitet mir viel weniger Schwierigkeiten als die von Vater. Ich kann mich dafür weitgehend auf mündliche Überlieferungen stützen. Mutter ist ja erst vor ein paar Jahren gestor-

ben, und ihr jüngster Bruder lebte noch einige Jahre länger. Ihn habe ich mehrmals befragt und dabei vieles über die Familie Imhof erfahren. Doch auch Mutter hat mir etliches erzählt. Nachdem sie ins Altenheim umgezogen war, besuchte ich sie häufig und nahm mir jedes Mal vor, sie zu bewegen, in ihren Erinnerungen zu kramen. Und tatsächlich: Sie kam gerne ins Plaudern. Meist blätterte sie dabei in Fotoalben, die sie von Zuhause mitgenommen hatte. Dabei kam sie immer wieder auf die gleichen Erlebnisse zu sprechen, die sie ständig wiederholte. Nach ihrem Tod warf ich mir vor, mein Vorhaben zu wenig gezielt umgesetzt und entsprechend viele unbeantwortete Fragen zu haben. Aber vielleicht war das gar nicht so schlecht. Die Einzelheiten, die mir Mutter über sich erzählte, wirken nur auf den ersten Blick kümmerlich. Sie hatten Gewicht, weil sie Schlüsselerlebnisse waren, die ihr viel bedeuteten. Ausserdem hat sie ja auch noch anderen Söhnen und Töchtern dieses und jenes berichtet.

Mutters Wiege stand in Schattdorf auf dem kleinen Bauernhof Wegried. Nach dessen Vereinigung mit der Nachbarliegenschaft Bärenried war das Heimwesen besser unter dem Namen Kleinried bekannt. Der Hof lag nicht wie das Holzerbergli in der Abgeschiedenheit eines Seitentales hoch oben an einem Berghang, sondern unten in der Reussebene, unmittelbar zwischen den Hauptverkehrsadern des Landes. Kaum hundert Meter von ihm entfernt führte auf einer Seite die Gotthardstrasse, auf der andern die Eisenbahnlinie vorbei. Diese wird später einmal das Schicksal des Kleinrieds besiegeln. Vor wenigen Jahren musste es der NEAT (Neue Eisenbahn-Alpentransversale) weichen. Deshalb ist nun auch Mutters Geburtshaus verschwunden.

Ihre Kindheit und Jugend fielen in eine Zeit des Umbruchs, der vor allem für die Bewohner des Talbodens spürbar war. Der erste Weltkrieg endete wenige Tage nach ihrer Geburt. Die folgenden Jahre brachten Teuerung, die Weltwirtschaftskrise zehn Jahre später Arbeitslosigkeit. Ein Grossteil der Urner hatte nur ein bescheidenes

Auskommen und musste sich mit wenig begnügen. Dennoch schritt der wirtschaftliche und gesellschaftliche Wandel, der Ende des 19. Jahrhunderts eingesetzt hatte, unaufhaltsam voran. Die Bevölkerung verlagerte sich immer mehr in die Gemeinden des Unterlandes. Innerhalb weniger Jahrzehnte fiel der Anteil Beschäftigter in Land- und Forstwirtschaft unter zwanzig Prozent, während derjenige von Handwerk und Industrie sich verdreifachte. Eine neue Spezies Werktätiger, der *Fabrikler*, hielt nun Einzug ins Land. Hauptverantwortlich dafür waren die beiden Grossbetriebe „Schächenwald" (Eidgenössische Munitionsfabrik Altdorf, MFA) und „*Gummi*" (Dätwyler AG). Im Ersten Weltkrieg beschäftigte die Munitionsfabrik mehrere Tausend Arbeiter und Arbeiterinnen. Im Durchgangsland Uri mit seinen Pässen und idyllischen Berglandschaften, die zu Sommerfrische und Wintervergnügen einluden, boten zudem zahlreiche Hotels und Gasthäuser vermehrt saisonale Stellen an, vor allem für weibliches Personal.

Arbeitsplätze schuf auch die Melioration der Reussebene zwischen Erstfeld und Flüelen, von der beispielsweise das Kleinried stark profitierte. Die 1919 begonnenen, mehrere Jahre dauernden Bauarbeiten legten ein weitverzweigtes Drainagenetz an, zu dem die Stille Reuss sowie der Walenbrunnen- und Giessenkanal gehören, das fast hundert Hektaren entwässerte und die Reussebene begeh- und urbar machte. Zum ersten Mal in der Geschichte Uris war das flache Land in der Talsohle landwirtschaftlich vollständig verwertbar. Ein besonders starker Wandel erfasste das Eisenbahnerdorf Erstfeld. Durch die Gründung der Gotthardbahnwerkstätte wurde es zu einem wichtigen Werkplatz, der viele Arbeiter von ausserhalb des Kantons anzog, manche von ihnen protestantischer Konfession, sozialdemokratisch gesinnt und bildungsbewusst. Sogar eine private Sekundarschule hatten die „Bähnler".

Meine Mutter kam am Samstag 2. November 1918 auf die Welt. Sie war das fünfte von zehn überlebenden Kindern von Josef und Severina

Imhof. In der Taufe in der Pfarrkirche von Schattdorf erhielt sie den Vornamen Marie, wie ihre Patin, eine Schwester ihres Vaters.

Die Katholiken nennen den 2. November Allerseelen. Früher beging die Kirche den Tag mit feierlichem Requiem und Gräberbesuch. Die Gläubigen wurden angehalten, mit Gebet und Ablässen für die Verstorbenen Fürbitte zu leisten, um den Aufenthalt ihrer Seelen im Fegfeuer zu verkürzen. 1918 taten sie es mit besonderer Inbrunst und gedachten der Opfer der Spanischen Grippe. Auch das Massenmorden des Ersten Weltkrieges war noch nicht ganz vorüber. Sicher, die Schweiz war verschont geblieben, aber Maries Familie gehörte trotzdem zu den Betroffenen. Théophile Zurfluh, Sohn eines der beiden Onkel von Mutter Severina, die im letzten Jahrhundert nach Frankreich ausgewandert waren, gehörte zu den Gefallenen. Ob allerdings die Nachricht vom „Heldentod" des Neffen bis nach Schattdorf durchgedrungen war, entzieht sich meiner Kenntnis. Vielleicht bestand bereits kein Kontakt mehr mit den Auswanderern.

Auch der Geburtstag meiner Mutter war also von religiöser Symbolik umwoben, zu der auch die Trauer zählte. Das passte gut zu ihr. Sie wird zu einer tiefreligiösen und schwermutsanfälligen Person heranwachsen, die im Glauben an die Wiederauferstehung und das ewige Leben Trost und Halt fand, und etlichen ihr nahestehenden Menschen in den letzten Lebenstagen Beistand leisten wird. Schon von klein auf wurde sie mit dem Tod konfrontiert. Ihr Grossvater Franz Josef Zurfluh kam wenige Tage nach ihrer Geburt auf tragische Weise ums Leben. Er fiel in eine offene Jauchegrube, vielleicht nachdem er einen Herzschlag erlitten hatte. Drei von Maries Geschwisterlein starben, als sie selber drei, neun und zwölf Jahre alt war. Sie hatten „in der Unschuld den Flug in den Himmel genommen", wie es der Nachruf auf ihren Vater im „Urner Wochenblatt" ausdrückte. Josef Imhof starb ebenfalls vorzeitig, mit sechzig Jahren. Er hatte selber fünf Kinder zu Grabe getragen.

Damals in einer Kleinbauernfamilie aufzuwachsen war hart und entbehrungsreich. Doch Marie wird sich dereinst vor allem an die schönen Seiten erinnern. Ihre Kindheit und Jugend spielten sich gleichförmig im Rhythmus der Arbeitsorganisation im Stufenbetrieb Kleinried-Oberwiler ab.

Für Vater Josef sei der Oberwiler so etwas wie der „Himmel" gewesen. Auch bei Marie liess das Bergheimwesen stets das Herz höher schlagen. Noch in ihren letzten Jahren freute Mutter nichts mehr, als es jeden Tag von ihrem Zimmer im Altersheim aus zu erblicken. Dabei verfolgte sie die Änderungen der Jahreszeiten genau mit, werweisste, ob die Besitzer wohl gerade dort wohnten oder wieder ein paar Wochen auf ihrem Zweithof weiter unten verbrachten. An einem schönen Sommertag zwei Jahre vor ihrem Tod wollte ich ihr eine besondere Freude bereiten. Ich lud sie ein, mit mir im Auto in den Oberwiler zu fahren. Mit zitternden Beinen stieg sie dort aus. Der Blick von hoch oben fast senkrecht hinunter ins Tal überwältigte auch mich, auf einmal verstand ich die Faszination, die dieser Ort ausüben konnte. Mutter schaute zuerst etwas verdattert um sich, doch als sie die zwei Kirschbäume sah, von denen sie immer erzählte hatte, war die Verwirrung vorbei.

Der Umzug von Mensch und Tier in den Oberwiler erfolgte um Allerseelen herum. Die Familie blieb danach bis Ende Januar-Mitte Februar oben. Das Weihnachtsfest feierte sie deshalb hoch über dem Tal. Für die Kinder war das immer ein besonders freudiges Ereignis, obwohl sie wenige Geschenke erhielten. Während die Mutter das Tännlein schmückte, mussten die Kleinen in der Schlafkammer ausharren, bis ein Glöckchen ertönte. Dann durften sie in die Stube hinunterkommen, wo das Bäumchen im hellen Kerzenlicht erstrahlte.

Nach Lichtmess wechselte man für den Rest des Winters zurück ins Kleinried. Sobald der Frühling da war, trieb man das Vieh auf die Weide. Daher gab es im Tal kein *ugetzts* Heu zu mähen, nur geästtes. Im Frühsommer zog ein Teil der Familie zurück auf den Oberwiler.

Oft waren es ein paar Kinder, die den Sommer dort mehr oder weniger allein verbrachten. Vieh hatte man nur im Winter oben, ausser ein paar Rindern und einer Kuh für die Milch. Deshalb gab es viel Gras zu mähen. Sobald die Zeit da war, kamen die Grossen nach, um die Heuet zu besorgen. Während der restlichen Zeit waren die Kinder mit Streue sammeln und Holzen beschäftigt. Gegen den Herbst zu ging man wildheuen. Das war damals noch eine Notwendigkeit. Dabei hielt sich die Familie Imhof nicht immer an die Regel, wonach nur zwei Mitglieder gleichzeitig mähen durften. Sie waren manchmal über ein Dutzend. Das war Dorfgespräch, man warf ihnen Raubbau vor. Das Heu wurde auf Tristen geschichtet und im Spätwinter auf abenteuerliche Weise mit Hornschlitten übers Erstfeldertal hinunter in den Rynächt gebracht.

Geld verdiente die Familie vor allem während der Zeit im Kleinried. Die Milch der paar Kühe brauchte man zuerst für die Kälber und den Eigenbedarf, der Rest wurde in die Sennerei Schattdorf geliefert. Das gab Milchgeld. Im Oberwiler brachte nur der Anken etwas ein. Ausser den Kühen besass man Kälber und Rinder, von denen man regelmässig das eine oder andere verkaufte, hauptsächlich im Herbst, je nach Marktlage und Geldbedarf. Das war eine wichtige Einnahmequelle. Ein Teil des Betrages musste für die Hypothekarzinsen verwendet werden. Weil man nicht immer gleich viele Tiere veräusserte, variierte die Zeit, die man mit dem Vieh auf dem Oberwiler verbrachte. Im Frühjahr nahm man manchmal zwei oder drei Kühe von Bauern in Pacht, die ein Alprecht besassen, aber vor dem Alpaufzug nicht genügend Futter hatten. Die Familie Imhof besass selber keine Alp; das eigene Vieh sömmerte bei Bekannten auf Surenen oder Waldnacht. Da sie trotz aller Anstrengungen meist dennoch knapp bei Kasse war, suchte man ständig nach zusätzlichen Verdienstmöglichkeiten. So unterhielt die Familie jeweils an der Landsgemeinde, die sich alljährlich am ersten Maisonntag in Schattdorf im Ring zu Bötzlingen an der Gand versammelte, einen Verkaufsstand. 1928 stimmten die Bürger für die

Abschaffung der Landsgemeinde.

Viel Geld kam natürlich auf diese Weise nicht zusammen, weshalb man sorgfältig damit umging und sich nur das Nötigste erlaubte. Hunger musste niemand leiden, aber Schmalhans war manchmal doch ein wenig Küchenmeister. Lange Zeit besorgte der Vater den Einkauf, da die Mutter wegen der vielen Kinder nicht weg konnte. Er soll aber nie etwas anderes als Reis und Polenta *poschtät* haben. Fleisch gab es nur in der Zeit nach der „Saumetzgete" im Herbst bis in den Frühling hinein, danach nicht mehr, während Monaten. Von einem Nachbarn erhielt man manchmal gegen die Kilbi zu Kutteln von einem Schaf geschenkt. Butter gab es vor allem im Oberwiler, solange man mit dem Vieh dort war. Die frische Milch wurde während zwei Tagen in *Muttä* gelagert, damit eine Nidelschicht entstehen konnte, aus der man Anken herstellte. Einen kleinen Teil behielt die Familie für sich, den Rest trugen die Schüler runter ins Dorf, um ihn dem Senn zu verkaufen und als Gegengeschäft in dessen Laden Brot, Kaffee und Zucker einzukaufen. Die blaue Magermilch wurde verkäst, den Käse ass man selber. Er wurde in der Bubenschlafkammer gelagert. Er war nicht besonders gut, mit der Zeit wurde er so hart, dass man ihn kaum essen konnte. Im Oberwiler gab es einen Garten, vor allem für Kartoffeln; Gemüse baute man noch kaum an. Dort standen auch zwei Kirschbäume. Einer trug rote Kirschen. Sie waren sehr klein. Daraus machte Mutter Severina Konfitüre, noch mehr aus Beeren, welche die Kinder sammeln gingen. Da man wenig Butter hatte, ass man vor allem Brot mit Konfitüre.

Im Frühling 1925 begann für Marie die obligatorische Schulpflicht. Die beiden ältesten Brüder hatten noch zwischen Schattdorf (Rynächt-Zeit) und Erstfeld (Zeit im Oberwiler) abgewechselt, doch das bewährte sich nicht, weil die Schultypen der beiden Dörfer zu verschieden waren. In Erstfeld waren die Ferien kürzer und der Unterricht anforderungsreicher. Wegen dieser Unterschiede gingen alle danach in Erstfeld im imposanten, 1907 eröffneten Stegmattschulhaus zur Schule, die älteren wie Marie sechs, die jüngeren sieben Jahre. Der Jüngste absolvierte die letzten zwei Jahre in Schattdorf, weil dort die Sommerschule noch freiwillig war, während man in Erstfeld nur ein paar Wochen Ferien hatte. Er wurde auf dem Hof gebraucht, denn er war der einzige Bub, der seinem zweitältesten Bruder bei der Arbeit helfen konnte. Die anderen waren irgendwo in einer Stelle, der Vater arbeitsunfähig.

Das Schulprogramm in Erstfeld und die Christenlehre unterschieden sich kaum von dem, was von Unterschächen bekannt ist. Nur war die Unterrichtszeit merklich länger. Zudem wurden die Klassen geschlechtergetrennt unterrichtet. Die Mädchen gingen bei Klosterfrauen, die Knaben bei Lehrern in die Schule. Einzelne Lehrer waren bekannt dafür, dass sie oft und hart dreinschlugen. Diktat und Aufsatz figurierten an prominenter Stelle. Die Eltern schauten die Noten kaum an. Das Zeugnis unterschrieb immer die Mutter, wenn nicht gerade ein älteres Geschwister ihre Unterschrift imitierte. Die Talente in der Familie waren unterschiedlich verteilt. Marie gehörte zu den guten Schülerinnen, andere bekundeten mehr Mühe beim Lernen. Sie mussten manchmal nach dem Unterricht nachsitzen, was den gemeinsamen Nachhauseweg verzögerte.

Der Schulweg im Winter vom Oberwiler herunter war hart. Man ging jeden Werktag in die Schule, nur Mittwoch- und Samstagnachmittag war frei. Sie fing um halb neun Uhr an und endete normalerweise um halb vier. Da die Tage in dieser Jahreszeit kurz sind, mussten die Kinder den Weg, eine Stunde bergab und zwei bergauf, das über Mittag eingekaufte Brot auf dem Rücken, häufig im Dunkeln laufen. Trotzdem benützten sie dabei nie eine Taschenlampe oder Sturmlaterne, sondern gingen im Dunkeln, weil sie den Weg in- und auswendig kannten. Morgens, wenn die Pfade verschneit waren, zog Mutter Severina ein Paar Männerhosen an und stapfte den Kindern so lang wie nötig voraus. Am Abend hielt jeweils Vater Josef besorgt nach seinen

Ältestes Familienfoto der Familie Imhof-Zurfluh (ca. 1932).
Marie ist die Dritte von links in der hinteren Reihe.

kleinen Schülern Ausschau und kam ihnen mit einem Schlitten entgegen, um sie die letzten paar hundert Meter sicher heimzubegleiten. Oft war es dann bereits Zeit, sich zum Nachtessen an den Tisch zu setzen.

Der damalige Erziehungsstil war autoritär, das heisst er beruhte auf Respekt vor und Gehorsam gegenüber Autoritäten, insbesondere den Eltern. Das vierte Gebot, „du sollst Vater und Mutter ehren", war wichtig, es beeindruckte ganz besonders. Auch in der Familie Imhof war es nicht üblich, die Eltern zu duzen. Widerrede ihnen gegenüber gehörte sich nicht. Lügen und stehlen wurde schwer geahndet. Man spielte selten Karten und ging auch nicht Tanzen, zumal es dafür am nötigen Geld und den richtigen Kleidern mangelte. Man hielt zusammen, doch das Klima im Haushalt neigte zum Ernsthaften. Das älteste Familienfoto, das Mutter sorgfältig aufbewahrte, bestätigt es.

Bestgewandet umringen die zehn Kinder ihre Eltern, mit feierlicher Miene. Bei einigen wirkt sie fast düster.

Die Kinder wurden streng religiös erzogen, angehalten zu beten und in die Kirche zu gehen. Die Eltern schauten sehr darauf, dass sie regelmässig beichten und kommunizieren gingen. Ein besonderes Gewicht legten sie auf den Herz-Jesu-Freitag. Damit ist der erste Monatsfreitag gemeint. Diese Tradition geht auf eine französische Nonne zurück, die im 17. Jahrhundert lebte. Ihr soll Jesus „im Übermass der Barmherzigkeit seines Herzens" versprochen haben, dass seine allmächtige Liebe allen, die an den ersten Freitagen neun Monate nacheinander würdig die heilige Kommunion empfangen, die Gnade eines bussfertigen Endes gewährt würde. Sein Herz werde in dieser letzten Stunde ihre sichere Zuflucht sein. Deshalb waren die Imhof-Kinder gehalten, an jedem Herz-Jesu-Freitag, selbst vom Oberwiler runter, vor der Frühmesse um sechs Uhr beichten und danach zur Kommunion zu gehen. Entsprechend früh mussten sie aus den Federn. Niemand wagte zu protestieren.

In der innerfamiliären Reihenfolge war Marie ein Kind der Mitte. Das prägte ihren Charakter. Sie war stets auf Ausgleich bedacht. Sie machte sich zur Regel, mit allen Geschwistern gut auszukommen und über niemand schlecht zu reden. Missfiel ihr ein Verhalten, rückte sie einfach ein wenig auf Distanz, strafte die Person mit Schweigen. In Grossfamilien kam es oft vor, dass mit der Zeit die älteren Geschwister die Erzieherrolle übernahmen. In Maries Familie waren vor allem die Jüngsten davon betroffen. Die grosse Kinderzahl und der erhebliche Altersunterschied unter Brüdern und Schwestern erklären das zum Teil. Doch auch die Eltern trugen dazu bei. In den Dreissigerjahren verschlechterte sich der Gesundheitszustand des Vaters. Die Eltern Imhof waren sehr gutmütig. Körperliche Strafen gab es bei ihnen kaum, auch wenn die Mutter manchmal resolut wurde. Da jedoch der Vater immer mehr kränkelte und vom Naturell her eh wortkarg war, habe er zunehmend häufiger geschwiegen, wenn es um Kindererziehung ging. Die ältesten Söhne seien ihm da, im Widerspruch zum vierten Gebot, des Öfteren übers Maul gefahren. Sie übernahmen an seiner Stelle die Vaterrolle. Vor dem ältesten Bruder hatten alle Geschwister grossen Respekt. In Sachen Hygiene bestimmten aber vor allem die grösseren Schwestern. Sie schauten streng darauf, dass die jüngeren sich wuschen, und traten in dieser Frage sehr dezidiert und repressiv auf. Sich dagegen zu wehren wäre sinnlos gewesen.

Marie mochte es nicht, wenn die Autorität der Eltern in Frage gestellt wurde. Sie verabscheute Streit, Drangsalieren und herrisches Auftreten. Sie verinnerlichte den elterlichen Hang zur Verschwiegenheit, wonach das, was in der Familie passiert, dort bleiben soll, denn es gehe Aussenstehende nichts an. Als Reaktion auf das Beispiel einer Schwester ihrer Mutter entwickelte sie eine tiefe Abneigung gegen übermässigen Alkoholkonsum. Betrunkene Männer machten ihr Angst, weil der Alkohol bei ihnen triebenthemmend wirkt. Dazu mag auch ein Erlebnis an ihrem Erstkommunionstag beigetragen haben. Auf dem Nachhauseweg begegnete sie einem Besoffenen, der versuchte, sie unsittlich anzufassen. Sie war so erschrocken, dass sie in ihrem weissen Kleidchen so schnell als möglich davonrannte. Erst daheim merkte sie, dass sie einen ihrer neuen Schuhe verloren hatte.

1931, mitten in der Weltwirtschaftskrise, kam Marie aus der Schule. Zwar hätte sie in Erstfeld die Möglichkeit gehabt, freiwillig die siebte Klasse zu besuchen. Sie hätte auch gerne weitergelernt. Doch für sie galt dasselbe wie für ihre älteren Geschwister: Schnellstmöglich eine Stelle finden, um beim Verdienen mitzuhelfen. Die grosse Familie war darauf angewiesen. Sekundarschule kam für niemand in Frage, an eine Lehre war sowieso nicht zu denken, besonders bei Mädchen. Man hätte dafür eher noch bezahlen müssen statt ein wenig Lohn zu erhalten. Der älteste Bruder ging auf Bauernhöfen knechten, bis er eine Anstellung in der Munitionsfabrik erhielt, der zweite besorgte den Hof. Die Mädchen fanden Arbeit als Hausangestellte und Dienstleute im Gastgewerbe.

Marie erhielt zuerst eine Stelle als Küchenhilfe oder Saalmädchen im Hotel Löwen in Altdorf. Dort lernte sie die ein paar Jahre ältere Josy aus der Göscheneralp kennen. Mit ihr blieb sie ihr ganzes Leben freundschaftlich verbunden. Eine Zeit lang arbeitete sie dann in einem Haushalt in Zug. Die Hausherrin war Schneiderin. Die dritte Stelle fand sie in einer Sennerei-Molkerei in Ägeri. Für Marie waren das Lehr- und Wanderjahre, in denen sie sich wichtige Fähigkeiten aneignete: Führen eines sauberen Haushalts, Kochen, Nähen, usw. Sie wusste, sie war gut vorbereitet, als sie sich entschloss, in den Ehehafen einzulaufen.

DOMINIK ÜBERSIEDELT NACH SCHATTDORF

Nach Beendigung der Rekrutenschule kehrte Dominik nicht ins Schächental zurück, sondern übernahm die Verantwortung für den kleinen Bauernhof Brücklihofstatt in Schattdorf, der seit kurzem seinem Vater gehörte.

Das Kaufdatum ist aus den amtlichen Dokumenten ersichtlich. Verbürgt ist auch, dass Grossvater Dominik den Hof schon vorher ein Jahr zur Pacht hatte. Der Kaufvertrag wurde am 4. Januar 1929 unterschrieben. Als Verkäufer trat Alois Bissig, Wirt des Gasthauses Brückli in Erscheinung, dem das Anwesen seit 1924 gehörte. Er trennte es vom Grundstück ab, auf dem das Wirtshaus stand, behielt dieses und liess die Parzelle grundbuchamtlich separat eintragen. Das Brückli war ein gutgehendes Gasthaus an vorzüglicher Lage. Im 19. Jahrhundert war es sogar eine Zeit lang das bekannteste Schattdorfer Lokal gewesen. Während zwanzig Jahren beherbergte es die Poststelle.

Eigentlich wechselten zwei Liegenschaften die Hand, die beide im Süden an den Gangbach rainten. Die erste, Rütti genannt, bestand aus Wiesland und der Hälfte eines Doppelstalls. Sie grenzte nach Westen an die Seilerrütti und die Schulerrütti. Die grössere, die vom Dorfbach durchschnittene Hofstatt, umfasste ein Gadenhaus und

Viehweiden. Sie stiess im Norden an die Oelerrütti sowie an das Blei-
chermättelein. Der Kauf der Hofstatt war mit Rechten und Pflichten
verbunden. Die im Grundbuch verbrieften Rechte waren Nutzungsrechte, die das Wirtshaus Brückli einräumte: Wasserbezug vom Brunnen vor dem Gadenhaus, Benützung des Kellers unter dem kleinen
Saal und Bezug der Gülle. Als Pflichten waren das Durchleitungsrecht
des Dorfbachs und dessen Unterhalt sowie der Unterhalt der Wehre
am Gangbach vermerkt. Der Kaufpreis betrug 44'000 Franken, wovon
der Käufer bis Ende 1928 die erkleckliche Summe von 17'000 Franken
aus Eigenmitteln einbrachte. Die verbleibende Grundpfandbelastung
betrug 27'000 Franken.

Weshalb Grossvater sich entschloss, zusätzlich zu seinen drei
Heimwesen im Schächental noch ein viertes im Unterland zu erwerben, darüber können wir nur mutmassen. Der Umstand, dass er vier
Söhne und nur drei Höfe besass, mag das Hauptmotiv gewesen sein.
Möglicherweise hatte er sich zuerst in seiner näheren Umgebung
umgeschaut, dort aber kein passendes Angebot gefunden. Wie er auf
die Brücklihofstatt stiess, kann als Beispiel dienen, wie Handwechsel von Liegenschaften damals eingefädelt wurden. Der Verkäufer
war nämlich für Grossvater kein Fremder. Alois Bissig stammte ebenfalls aus Spiringen, wo er im Döldig aufgewachsen war. Auch dessen
erste Ehefrau hat Grossvater gekannt. Sie wuchs auf dem Kleinwiler
auf, der an den Getschwiler angrenzt, und war die Schwester eines
Schwiegersohnes. Sie starb bereits 1926 und hinterliess nur Töchter.
Vermutlich war der Umstand, dass er keine männlichen Nachkommen
hatte, der Hauptgrund, weshalb Alois Bissig sich entschloss, sich vom
landwirtschaftlichen Betrieb zu trennen. Interessant ist auch, dass
die benachbarte Seilerrütti 1889 in den Besitz eines gewissen Josef
Imholz aus Unterschächen gekommen war. Danach hatte er seinen
Hof, das Holzerbergli ob Urigen – an Grossvater verkauft. In der Zwischenzeit gehörte diese Rütti einem seiner Söhne.

Die Brücklihofstatt war kein Grossbetrieb, aber sie besass

Vorteile. Sie bestand aus fruchtbarem, topfebenem, leicht bearbeitbarem Wiesland. Der Grasertrag reichte für mindestens drei Kühe samt Nachwuchs. Diese Grösse entsprach etwa dem Durchschnitt der Höfe im Talboden. In jener Zeit genügte das noch, um eine mittlere Familie über die Runden zu bringen. Wohlverstanden ohne Agrarsubventionen; die wurden erst später eingeführt. Auf dem Land gab es ausreichend Platz, um zusätzlich Gemüse und Kartoffeln zu ziehen. Ausserdem standen darauf eine grosse Anzahl Bäume, die eine schöne Menge an Obst und Most einbrachten. Entlang der Gangbachwehre wuchs ein kleines Eschenwäldchen, das den Wehreffekt verstärken sollte. Der kleine Dorfbach war keine Bedrohung, er verursachte nie grössere Überschwemmungen. Er war vor Jahrhunderten im Teiftal vom Gangbach abgezweigt worden, um im Dorfkern von Schattdorf die Anlage von Handwerksbetrieben zu ermöglichen. Wir Kinder liebten es, in seinem kühlen, untiefen Wasser zu waten und freuten uns an den vielen Dotterblumen, die jeden Frühling an beiden Ufern prächtig erblühten.

Dominik war nicht Besitzer, sondern nur Verwalter des kleinen Hofes. In einem Brief, den Onkel Xaver 1970 nach der Veräusserung der Liegenschaft an Vater richtete, schreibt er über die Zeit, nachdem „unser lieber Vater selig das Brückli (…) gekauft" hatte: „Ein paar Jahre haben wir Geschwister es mit Liebe und viel Schweiss bearbeitet". Das gehörte zu den Gepflogenheiten der *Häirechä-Domináli*-Familie. Eine Tante soll sich noch erinnert haben, wie die Arnold-Geschwister im Sommer gemeinsam zu Fuss die Getschwilergasse hinunter Richtung Schattdorf marschierten, um dort zu heuen.

Doch es brauchte jemand vor Ort, der jahraus, jahrein das Vieh versorgte. Diese Aufgabe fiel Dominik zu. Er war einverstanden, ins Unterland zu ziehen. Mit zwanzig die Verantwortung eines kleinen Hofes zu übernehmen, wird ihn mit Stolz und Genugtuung erfüllt haben. Er brauchte sich auch nicht einsam zu fühlen, denn seine Schwester

Regina war bereit mitzugehen, um ihm den Haushalt zu besorgen, und eine kurze Zeit wohnte seine Schwester Marie in der Nähe. Sie hatte 1929 ihren Schulkameraden Kaspar Muheim geheiratet und war mit ihm zu den Muheim-Brüdern gezogen, die im Grenzgebiet von Schattdorf und Erstfeld Land erworben hatten. Auch ein paar andere Verwandte und Bekannte von Dominik wohnten in der Nähe, unter anderem sämtliche männlichen Nachfahren seines Grossonkels *Häirechä Toni*. Deren Väter hatten Jahre zuvor Bauernhöfe in Altdorf gekauft. Mit einigen aus dieser Verwandtschaft hatten wir während meiner ganzen Jugend regelmässig Kontakt.

Die Geschwister Arnold blieben weiterhin eng miteinander verbunden und halfen sich gegenseitig, wie die folgende Anekdote belegt, die mir ein Cousin erzählte. Er sei zwar noch sehr klein gewesen, erinnere sich aber gut daran, wie sein Onkel Dominik einmal im Herbst mit andern Geschwistern zu ihnen in den Wattigwiler gekommen sei, um beim Laubsammeln zu helfen. Doch das Wetter sei so schlecht gewesen, dass seine Mutter ihren Bruder gebeten habe, stattdessen ein *Gäntärli* zu zimmern, was er dann auch machte, denn man kann es dort noch immer bewundern. Diese Geschichte ist schon deswegen interessant, weil sie belegt, dass Vater sich bereits in jungen Jahren als Möbelschreiner betätigte, „ohne viel Werkzeug, und gar nicht schlecht", wie der Cousin anerkennend beifügte.

Vater sei deshalb nach Schattdorf gezogen, weil kein anderer Bruder dazu bereit gewesen sei. So lautet die Erklärung, die ich immer gehört habe. Sie mag stimmen, doch sie ist bestimmt nur die halbe Wahrheit. Wenn man genauer hinschaut, kam sowieso nur noch der ältere Bruder Paul in Frage, denn die zwei anderen waren zu jung. Dass Paul nicht ins Unterland wollte, erscheint plausibel; er blieb sein Leben lang ein waschechter Bergler, der sich nur in seinem angestammten Schächental wohl fühlte. Ausserdem war er als rechte Hand seines ins Alter gekommenen Vaters unentbehrlich.

Dominik dagegen kam es wahrscheinlich gar nicht ungelegen,

ein wenig Distanz zu seinen Eltern zu gewinnen. Er war ein lebens-
lustiger junger Mann, der gerne ausging. Wenn im nahen Gasthaus
Brückli ein Jasser fehlte, sprang er in die Lücke. Zwei Nachbarmädchen sollen vor ihm einen Heidenrespekt gehabt haben, weil er sie jeweils auf dem Schulweg erschreckte. Ich denke, er tat es aus Spass
und jugendlichem Übermut. Er wird es auch als Wohltat empfunden
haben, nicht mehr täglich der elterlichen Kontrolle ausgesetzt zu sein.
Insbesondere seinen Vater hat er offenbar als zu dominant, patriarcha-
lisch und unflexibel empfunden, mindestens was die Zukunftsvorstel-
lungen anbelangt. Herr im eigenen Haus zu sein, entsprach Dominiks
Charakter. So konnte er sein Leben selber gestalten und, wenn es der
Bauernbetrieb zuliess, anderen seine Mithilfe als Schreiner und Zimmermann anbieten. Dabei arbeitete er vor allem mit den Gebrüdern
Muheim zusammen. So konnte er seinen Wunschberuf im Eigenunter-
richt erlernen und sich ein Bild davon machen, ob er sich wirklich dafür eignete. Dies entsprach ihm, er war der geborene Autodidakt.

Vielleicht sah er sich schon damals nur als Bauer auf Zeit.

ZWEI JUNGE MENSCHEN TREFFEN SICH

Eines der wenigen „Geheimnisse" ihres Lebens, an denen Mutter mich
teilhaben liess, ist, wie sie Vater kennenlernte. Die „Schuld" daran
trug, wie bereits erwähnt, Tante Regina, die eine Zeit lang mit Mutters
ältestem Bruder Sepp ausging. Regina und Sepp trennten sich dann
wieder. Regina lernte einen Maientaler Fabrikarbeiter, Sepp seine
Magdalena kennen. Durch Regina wurde Vater auf Sepps Schwester
Marie aufmerksam. Das dürfte 1935 gewesen sein.

Die beiden müssen sich rasch nahe gekommen sein. Jedenfalls entschloss sich Dominik schon bald, seine Zukünftige den Eltern
im Getschwiler vorzustellen. Das war vermutlich kurz vor Grossvaters
Tod. Mutter, die mir die Begegnung schilderte, hatte keine gute Erinnerung daran. Grossvater Dominik sei auf dem Ofenbänkchen oder

im Bett gelegen, was darauf hindeutet, dass er bereits krank war. Vielleicht war es die im Nachruf erwähnte „heimtückische Krankheit", der er kurz danach erlag. Statt sie zu begrüssen, habe er nur zu Vater gesagt: *„Was bringsch dü da für äini?"* Offenbar entsprach Marie nicht dem Geschmack des alten Herrn. Vermutlich stiess er sich vor allem an ihrer Jugend. Die *Häirechä* heirateten keine Minderjährigen, sie zogen erfahrenere Frauen vor. Vielleicht war sie ihm auch zu wenig begütert, oder er hielt nicht viel von den *Chlüüser*. Möglicherweise fühlte er sich auch verpflichtet, seinem Sprössling in Erinnerung zu rufen, dass er nicht bereit war, die Erstbeste als Schwiegertochter zu akzeptieren. Schliesslich stand ihm, dem Patriarchen, nach alter Sitte das Recht zu, bei der Wahl ein gewichtiges Wörtchen mitzureden. Dass sein Sohn den Hinweis trotzdem geflissentlich übersehen wird, sagt viel über dessen Entschlossenheit aus, sein Leben nach eigenem Gutdünken zu gestalten. Dominiks Mutter soll gefragt haben: *„Cha si de chochä?"* Diese Frage wird Marie ihr nie verzeihen. Ihre zukünftige Schwiegermutter mochte eine Menge Talente besessen haben, kochen zählte nicht dazu.

Marie spürte also, dass die *Häirechä*-Eltern nicht gerade begeistert von ihr waren. Sie legte denn auch am Anfang gegenüber der Familie ihres Gatten ein eher distanziertes Verhalten an den Tag. Doch sie war fest entschlossen, das Misstrauen Lüge zu strafen und mit einer tadellosen Haushaltführung zu beweisen, welch tüchtige Ehefrau in ihr steckte. Tatsächlich werden später alle väterlichen Onkel und Tanten nur mit viel Hochachtung über sie reden.

Die treibende Kraft hinter der keimenden Beziehung war Dominik. 1936 heiratete Regina ihren Maientaler, weshalb er plötzlich niemand mehr hatte, der ihm den Haushalt führte. Es ist möglich, dass Marie schon vor der Hochzeit diese Rolle übernahm, allerdings ohne bei ihm zu wohnen. Sowas hätte den herrschenden Moralvorstellungen widersprochen.

Brauchte Vater also nur eine Haushälterin? War es eine reine Zweckehe, oder halt doch eine Liebesbeziehung? Wenn ich es mir überlege, ist die Frage fehlleitend. Sie beruht auf Vorstellungen, die schlecht in den damaligen Zeitgeist passten. Unter Liebesheirat verstehen wir heute etwas, das es weiland in bäuerlichen Kreisen kaum gab. Unsere Eltern vermählten sich in einer Zeit, in der Männer für ihre Frauen zu sorgen hatten. Im Gegenzug erwarteten sie von ihnen eine Familie, auf die sie stolz sein konnten, und ein gepflegtes Heim. Beide gingen also gegenseitig Verpflichtungen ein. Man versprach sich nicht ewige Liebe, sondern dass man sich, egal was kommen werde, um den anderen kümmere. Man sah in der Familie ein unerschütterliches Bollwerk, das allen Stürmen des Lebens Widerstand zu bieten hatte. Die Fähigkeit, den eingegangenen Verpflichtungen nachzukommen, stand daher im Vordergrund. Das war alles andere als einfach, zumal der Bund ein Leben lang halten musste. Man ging davon aus, dass Gefühle dafür nicht ausreichten, sie boten keinen sicheren Boden, weil sie sich allzu oft als unbeständig erwiesen. Dafür brauchte es ein festeres Fundament. Unverheiratete waren zudem weniger hoch angesehen als Eheleute. Ihr Stand bewies, dass sie noch niemand für mündig und ausreichend bemittelt erachtet hatte, um eine Familie zu gründen. Schon deshalb blieben die wenigsten Erwachsenen freiwillig ledig. Sie gingen davon aus, in einer Ehe besser aufgehoben zu sein. In diesem Sinn besass diese also einen starken Zweckcharakter.

Allerdings, ein bisschen Verliebtheit muss zwischen Dominik und Marie bestanden haben. Er jedenfalls fand seine Zukünftige sehr attraktiv, was sie noch in ihren alten Tagen mit Stolz erfüllen wird. So erzählte sie, ihr Bruder Sepp habe Dominik überreden wollen, er solle doch die vier Jahre ältere Schwester wählen, die sei in einem heiratsfähigeren Alter. Unser Vater habe darauf nur geantwortet, das komme für ihn nicht in Frage, er wolle die Schönste. Diese Geschichte berührt mich, weil sie eigentlich schlecht zu ihm passte. Er war nicht einer, der das Herz auf der Zunge trug und sich über Schönheit ausliess.

Aus diesem Grund hat seine Aussage, er habe Mutter wirklich hübsch gefunden, fast einen Hauch von Romeo und Julia. Sie war zwar nicht seine Angebetete. Aber ein wenig eifersüchtig habe er schon über sie gewacht, bemerkte Mutter jeweils.

Doch vermutlich war für beide ebenso wichtig, dass sie einander verlässlich fanden, vor der Arbeit nicht zurückscheuten und von Bekannten und Verwandten als vertrauenswürdige Erdenbürger mit gutem Leumund eingestuft wurden. Überdies war Dominik nicht mittellos. Er war in der Lage, eine Familie zu ernähren. Der Entscheid, mit ihm den Schritt in den Ehehafen zu wagen, dürfte Marie leichter gefallen sein, nachdem Dominik 1936 seine Geschwister überzeugen konnte, ihm den Hof in Schattdorf vorzeitig zu überlassen. Die Erbteilung für die drei Liegenschaften im Schächental erfolgte erst Jahre später. Bis zu diesem Zeitpunkt wurden sie von den drei daheim gebliebenen Brüdern gemeinsam bewirtschaftet.

Mutter hat erzählt, Vater habe die Brücklihofstatt nicht einfach von seiner Familie geschenkt erhalten, sondern sie ihr abgekauft. Auch Onkel Xaver schreibt im oben erwähnten Brief: „Mitte der Dreissigerjahre gaben wir es Dir zu kaufen (…) Wir gaben es Dir, da wir glaubten, dass Du eine Existenz hättest als Bauer". Tatsache ist, dass die am 29. Dezember 1936 im Grundbuch vermerkte Eigentumsübertragung festhält, dass die gesetzlichen Erben des verstorbenen Herrn Dominik Arnold, Getschwiler, Spiringen, sich am 11. November 1936 darauf geeinigt hatten, ihrem Bruder die Liegenschaft auf 1. Januar 1937 zum Abrechnungswert von 30'000 Franken zu überlassen. Diese Summe entspricht einem wahren „Freundschaftspreis", denn sie liegt deutlich unter dem Kaufpreis, den Vater Dominik 1929 bezahlt hatte. Sein Sohn übernahm in Wirklichkeit nur die auf der Liegenschaft lastende Grundpfandschuld und verpflichtete sich zusätzlich, eine Grundpfandverschreibung von 2'900 Franken an die Miterbin Regina einzurichten, sowie rückwirkend ab Martini 1936 die Hypothekarzinsen von viereinhalb Prozent zu bezahlen. Reginas Anteil war die Entschädigung für die Dienste, die sie ihrem Bruder unentgeltlich geleistet hatte. Dominik löschte später die Schuld mittels Erhöhung der Grundpfandlasten. Regina brauchte das Geld, um mit ihrem Mann ein Häuschen zu bauen.

Mit der mit seinen Geschwistern ausgehandelten Erbteilung gab Dominik allen zu verstehen, dass er als Alleinbesitzer der Brücklihofstatt, als uneingeschränkter Herr im Haus in den Ehestand einzutreten gedachte. Mit diesem Trumpf in der Hand wird er selbstbewusst bei seinen zukünftigen Schwiegereltern um die Hand ihrer Tochter angehalten haben. Er war der erste der Arnold-Brüder, der sich zu diesem Schritt entschloss. Die vier Schwestern waren bereits „unter der Haube".

5 VON DER BAUERN-ZUR BAUARBEITERFAMILIE

ENDLICH EINE RICHTIGE FAMILIE

Nach der Hochzeit und dem Ausflug nach Madonna del Sasso kehrte der Alltag ins Leben der jungen Eheleute ein. Sie bezogen gemeinsam das Gadenhaus unter dem Brückli, das ein Vierteljahrhundert lang ihr Heim sein wird. Marie führte den Haushalt und pflegte den Gemüsegarten, Dominik sorgte sich um Hof und Stall. Er soll sich auch zeitweilig als Zimmermann betätigt haben.

Jetzt ist der Zeitpunkt gekommen, an dem meine Herkunftsfamilie Gestalt anzunehmen beginnt. Meine persönlichen Erinnerungen decken aber ihre Lebensdauer nur unvollständig ab. Was vor meiner Geburt geschah, habe ich selbstverständlich nicht miterlebt, und spätestens ab den Sechzigerjahren wird mein Wissen über sie lückenhaft, weil ich nur noch wenig zuhause war. Schon deshalb hätte ich mich beim Schreiben nicht allein darauf abstützen können. Ich würde mir auch etwas aneignen, das nicht nur mir gehört, und zudem ausblenden, was den besonderen Reichtum meiner Familie ausmacht. Schliesslich bestand sie nicht bloss aus den Eltern und mir, sondern noch aus zehn Brüdern und Schwestern. Vater, Mutter und ein Bruder sind unterdessen gestorben, aber neun Geschwister leben noch immer. Auf ihre Sicht der Dinge wollte ich nicht verzichten. Deshalb klopfte ich bei allen an und fragte, ob sie bereit wären, ihre Erinnerungen mit mir zu teilen. Für mich war keinesfalls selbstverständlich, dass sie ausnahmslos zusagten, zumal Erinnerungen immer mit Gefühlen verbunden sind.

Meine wichtigsten Informanten waren also meine Geschwister. Ohne ihre Mithilfe – und ihr Einverständnis – wäre dieses Buch nicht entstanden. Die Gespräche mit ihnen erwiesen sich als eine unerschöpfliche Schatztruhe und ich empfand es als Wohltat, zu einer Vielkinderfamilie zu gehören. Die Aussagen meiner Geschwister haben mein eigenes Bild der Familie ergänzt und korrigiert. Sie machten mir deutlich, dass jede Familiengeschichte subjektiv ist und keine den Anspruch erheben darf, allein gültig zu sein. Auch bei uns gibt es nicht bloss eine Familie: Jeder und jede von uns hat sie etwas anders erlebt. Die Geschichte, die ich hier erzähle, besteht aus vielen, aus verschiedenen Blickwinkeln gesehenen Erfahrungen, die zudem da und dort stark mit später Erlebtem vermischt sind. Natürlich haftet allen Zeugnissen der Makel an, dass sie eine Rückblende aus grosser zeitlicher Distanz sind. Umso interessanter ist, welche Details im Gedächtnis haften geblieben sind und all die Jahre überdauert haben. Das lässt darauf schliessen, dass sie einstmals einen tiefen Eindruck gemacht haben – oder ein Sinnzusammenhang mit etwas Wichtigem besteht, das später passiert ist. Sie reichen auch frühestens ins fünfte, ja sogar erst das sechste Lebensjahr zurück. Somit werden die Geschwistererzählungen erst gegen Ende des Zweiten Weltkrieges richtig ergiebig.

Eine zusätzliche Quelle war für mich Mutters Fotosammlung. Sie hat darin unzählige Fotos aufbewahrt, die sie zum Teil selber geschossen, in Alben geklebt oder in Schuhschachteln abgelegt hat. Dabei handelt es sich meist um Aufnahmen, die an festlichen Anlässen entstanden sind. Sie halten vorwiegend Familienmitglieder fest, mit einem Ausschnitt aus ihrem Umfeld als Hintergrund. Mit ihrer unverfälschten, amateurhaften Bildsprache bieten sie überraschende Einblicke in die Entwicklung der Familie, die auf subtile Weise persönliche Erinnerun-

gen zu ergänzen vermögen.

Allerdings: Auf das erste Kind mussten meine Eltern für ihre Begriffe lange warten. Zwei Jahre, um es genau zu nehmen. Sepp und Lena, die Doppelhochzeiter, hatten inzwischen bereits ein Mädchen und einen Buben bekommen. Bis bei Dominik und Marie das erste Kind da war, empfanden sie sich noch nicht als eine richtige Familie.

Das änderte sich am Donnerstagvormittag 18. Mai 1939. In diesem Jahr fiel der Tag auf das Fest der Auffahrt. Die Flurprozession war gerade auf der Gotthardstrasse vorbeigegangen, als Marie das sehnlichst erwartete Töchterchen in die Arme nehmen durfte. Schon zwei Tage später wurde es in die Dorfkirche von Schattdorf hinaufgetragen, wo der Pfarrhelfer sie auf den Vornamen Marietta taufte. Götti war Grossvater Josef, Gotte Grossmutter Maria. Diese war bei Regina abgestiegen und hatte sich für das Ereignis bei deren Vermieterin einen Hut geborgt, weil sie annahm, das gehöre sich in Schattdorf für eine Patin so. Aus welchem Grund auch immer bestand sie obendrein auf dem ungewöhnlichen Namen Marietta – eine in Italien häufige Koseform ihres eigenen Vornamens –, während Marie ihr Töchterlein lieber Annemarie gerufen hätte. Aber eben, selbst einer Schwiegermutter widersprach man nicht.

Geburten waren dannzumal mit Sitten und Gebräuchen verbunden, die heute nicht mehr üblich sind, ja sogar seltsam anmuten.

Mariettas Niederkunft war eine Hausgeburt. Das wird in Schattdorf noch lange die Regel sein, in meiner Familie bis sie vollzählig ist. Früher ging man selten zum Gebären ins Spital. Das tat nur, wer von der eigenen Familie nicht betreut werden konnte oder auf die Fürsorge angewiesen war. Ungünstige Prognosen über den Geburtsverlauf waren kein Grund. Geburten waren normale häusliche Ereignisse. Hilfe leistete die Dorfhebamme, die bei Komplikationen im günstigsten Fall einen Arzt benachrichtigen konnte.

Das Risiko trugen Mutter und Kind, häufig mit fatalen Folgen.

Es brauchte eine schöne Portion Glück, damit alles letztendlich gut verlief. Bei der ersten Geburt war das offenbar der Fall. Mutter war noch jung und die Hebamme erfahren. Doch nicht alle folgenden werden so reibungslos vonstattengehen.

Mit der Taufe wartete man höchstens zwei oder drei Tage zu. Denn nach der Lehre der katholischen Kirche konnte ein Neugeborenes nicht ins Paradies eingehen, wenn es ohne dieses Sakrament starb. Es würde in den freudlosen „limbus puerorum" (Limbus der – ungetauften – Kinder) verbannt, wie man die Vorhölle nannte, eine Art Grauzone zwischen Himmel und Hölle, wo sich Seelen aufhalten, die ohne eigenes Verschulden vom Himmel ausgeschlossen sind. Sie durften auch nicht auf dem Friedhof der geweihten Erde übergeben werden, sondern wurden ausserhalb der Friedhofmauern bestattet – oder zu einem Verstorbenen in den Sarg gelegt. Für die betroffenen Eltern war das ein traumatisches Erlebnis, das schwere Gewissensbisse und Schuldgefühle auslöste. Weil die Taufe absolut heilsnotwendig war, wollte man kein Risiko eingehen. Hebammen war es erlaubt, gefährdete Kinder selber zu taufen, falls nötig im Mutterleib.

Eine Folge der frühen Taufe war, dass Mütter nicht daran teilnehmen konnten. Das hatte damit zu tun, dass der Geburtsvorgang nach der herrschenden Lehrmeinung der katholischen Kirche ausserhalb der christlichen Heilsordnung stand. Laut ihr befanden sich Mutter und Kind im Zustand der Erbsünde. Beim Neugeborenen wurde er durch den Ritus der Taufe aufgehoben, bei der Gebärenden durch die Aussegnung. Diese, auch Muttersegen genannt, gab es nicht nur in der katholischen Kirche. In Europa weit verbreitet, geht die Aussegnung auf das Reinigungsritual im Judentum zurück, das Wöchnerinnen vierzig Tage nach der Geburt über sich ergehen lassen mussten. Erst danach durften sie wieder den Tempel betreten, davor galten sie als unrein. Diese Vorstellung ist typisch für patriarchalische Gesellschaften. Im katholischen Ritual, das nach dem Zweiten Vatikanischen Konzil durch eine Segnung des Vaters und der Mutter nach der Tauffeier ersetzt wurde, empfing der Priester, begleitet von einem Messdiener, die Mutter zehn Tage nach der Geburt früh am Morgen mit einer brennenden Kerze am Kirchenportal, besprengte sie mit Weihwasser, legte ihr die Stola auf und sprach ein Gebet über sie. Erst danach durfte sie wieder an religiösen Ritualen und Messfeiern teilnehmen sowie die Kommunion empfangen.

Ich kann mir lebhaft vorstellen, welch zwiespältige Gefühle diese Lehre bei gläubigen Frauen wie meiner Mutter auslöste. Die Erbsünde ist ein Dogma, welches das westliche Christentum von Augustinus übernommen hat. Nach ihm wird sie im Akt der Zeugung übertragen. Mussten Frauen also nicht daraus folgern, dass es in Wirklichkeit der Geschlechtsverkehr war, der unweigerlich der Empfängnis vorausgeht, welcher sie „befleckte", dass er also etwas Unreines ist, selbst wenn er im ehelichen Rahmen vollzogen wird? Andererseits gehörte er zur Ehepflicht, der sie sich nicht verweigern durften, und jedes gezeugte Kind hatten sie als Segen Gottes anzusehen. Was für ein heilloses Durcheinander, das ihnen der Glaube da aufzwang!

Sich im Zustand der Erbsünde zu befinden hatte aber auch einen Vorteil. Solange er nämlich andauerte, war die Mutter dazu angehalten, innerhalb des Wohndachs zu bleiben. Sie konnte sich als Wöchnerin pflegen lassen, während eine andere Frau den Haushalt führte. Das war bei uns immer der Fall. Vor allem Bauersfrauen verschaffte das eine willkommene Auszeit. Von ihnen wurde auch erwartet, dass sie ihre Schwangerschaft aufs Diskreteste behandelten und bis kurz vor der Niederkunft ihre Pflichten in Haus und Hof erfüllten. Wir haben im Nachhinein mit Verwunderung festgestellt, dass unsere Mutter sich genau nach diesem Muster verhalten hat. Als Kind war uns das nicht bewusst gewesen.

Neugeborene hatten bei uns das Privileg, im eigenen Bettchen zu ruhen, solange sie hineinpassten. Sie durften im Stubenwagen schlafen. Das klassische Modell, das wir besassen, bestand aus einem geflochtenen Körbchen, das auf einem hölzernen Untergestell mit gummibereiften Rädchen ruhte. Nachts wurde das Wägelchen ins Schlafzimmer der Eltern geschoben. Nach dem Zweiten Weltkrieg wurde zudem ein *Scheesäwäägäli* angeschafft, in dem das Baby tagsüber an die frische Luft gestellt oder spazieren gefahren wurde.

Für Mutter bedeuteten die Kleinkinder immer viel Arbeit. Sie stillte, solange es ging, und musste regelmässig die Stoffwindeln waschen, denn Pampers gab es noch nicht. Auch konnte sie ihre Sorgen um die Gesundheit der Säuglinge kaum mit Fachleuten teilen, obwohl immer wieder einer kränkelte. Dass trotzdem kein Kind starb, wie das bei Verwandten mehrmals vorkam, wird sie immer der Güte Gottes oder einem besonders fähigen Schutzengel zuschreiben.

Mariettas Geburt fiel in eine unruhige Zeit. Im Gegensatz zum Ersten kam der Zweite Weltkrieg nicht unerwartet. Das Säbelrasseln von Nazi-Deutschland war unüberhörbar. Die Wochen und Monate davor herrschte in der Schweiz eine angespannte Stimmung. Die Bevölkerung rückte näher zusammen, sprach sich Mut zu und demonstrierte an der „Landi" in Zürich patriotische Einigkeit.

Der Monat vor Kriegsausbruch begann für viele Einwohner von Schattdorf schlimm. Anfangs August regnete es so stark, dass die Niederschläge den ganzen Rynächt samt Gotthardstrasse überfluteten. Zweimal wurde die Bevölkerung alarmiert und der Verkehr über die Strasse entlang der Munitionsfabrik umgeleitet. Die Viehhabe im Rynächt musste geholt und abgeführt werden, denn das Wasser stand teilweise über einen Meter hoch in den Wiesen. Zur Katastrophe trug auch der Gangbach bei, der unterhalb des Brückli über die südlichen Wehren hinausdrängte. Das belegt, wie gefährlich er sein konnte, weshalb man die Unterhaltspflicht der Wehren besser nicht auf die leichte Schulter nahm. Die finanziellen Konsequenzen konnten verheerend sein.

Das ertrug der einzige noch lebende Bruder von Grossmutter Imhof nicht. Er wohnte mit seinen beiden Kindern in der Spitzrütti auf der vom Gandbach überschwemmten Seite. Vor sieben Jahren hatte er seine Frau verloren. Seither litt er unter Depressionen. Nach dem Unglück hatte er infolge „geistiger Umnachtung" – so steht es undogmatisch-tröstlich im Pfarrbuch – keine Kraft mehr zu leben, weil er sich nach dem Hochwasser nicht mehr in der Lage sah, die ihm als Mitbesitzer der Spitzrütti aufgebürdete Pflicht zu erfüllen, die Gangbachwehre zu flicken. Mutter nahm diese Geschichte sehr mit. Sie glaubte lieber an einen Unfall.

BEWEGTE KRIEGSJAHRE

In den Morgenstunden des 1. September 1939 überfiel die deutsche Wehrmacht Polen. Am gleichen Tag verfügte der Bundesrat die allgemeine Mobilmachung der Schweizer Armee. Am 3. September erklärten Grossbritannien und Frankreich dem Deutschen Reich den Krieg. Der Zweite Weltkrieg war Tatsache geworden.

Der Krieg war ein einschneidendes Ereignis im Leben meiner Eltern. Er wurde zur ersten Bewährungsprobe ihrer Beziehung. Er warf zeitweilig ihre Rollenteilung total über den Haufen, wobei vor allem Mutter ausserordentlich gefordert war. Sie musste die Konsequenzen mehrerer Schwangerschaften auf sich nehmen, welche die Familiengrösse innert weniger Jahren verdoppelten, und zusätzlich zu ihren Mutterpflichten auch auf dem Hof ihren „Mann" stehen, weil Vater oft nicht zuhause war. Diese Erfahrung hat die junge Frau nachhaltig geprägt und die Entwicklung unserer Familie stark beeinflusst. Ich vermute, dass sie in dieser Zeit zum ersten Mal gewisse Charakterzüge ihres Ehegatten, mit denen sie sich künftig schwer tun wird, deutlich zu Tage treten sah. Vater bekundete jedenfalls stets Mühe, anerkennende Worte für ihre Aufopferungsbereitschaft und Leistungsfähigkeit zu finden.

Doch auch an ihm ging der Krieg nicht spurlos vorüber. Bereits am 2. September hatten sich alle zwanzig- bis achtundvierzigjährigen dienstpflichtigen Männer des Kantons morgens um neun Uhr „feld-marschmässig ausgerüstet" am Eingang zur Göscheneralp einzufin-den. Einzig die in der Munitionsfabrik arbeitenden „Schächenwäld-ler" waren davon ausgenommen. Der Himmel war grau verhangen, er habe die Farbe eines Grabsteins gehabt, heisst es in Zeitzeugnissen. Früh am Nachmittag leistete die Truppe auf dem Göschener Dorfplatz vor dem Bataillonskommandanten und dem Urner Regierungsrat den Fahneneid. Die Soldaten erhielten die Weisung, während der Dienst-zeit niemandem zu sagen, wo sie sich aufhielten!

Selbstverständlich war auch Vater vom Marschbefehl betroffen. Mit dreissig gehörte er noch zum Auszug, dem Gebirgsfüsilier-Batail-lon 87. Erst mit dreiunddreissig wird er in die Landwehr eingeteilt wer-den, die weniger Dienst leisten musste. Die Wehrpflichtigen richteten sich bei Kriegsausbruch nicht auf eine lange Abwesenheit ein. Gerade Bauersleute blieben nicht gerne von ihrem Hof fern, weil die erste Mo-bilmachung mit dem Einbringen des Emdes zusammenfiel. Doch der Krieg zog monatelange Absenzen nach sich, im Durchschnitt wer-den es zusammengezählt fast zwei Jahre sein. Deshalb empfanden viele den langen Militärdienst als Ärgernis und Schikane. Die Laune der Soldaten war manchmal „hundsmiserabel". Sicher erging es Vater nicht anders. Er war ein einfacher Soldat, kein Armee-Fan, er versah den Dienst aus Pflichtgefühl. Ich habe ihn nie schwärmerisch über die „Grenzbesetzung" reden gehört.

Ich weiss nicht, wie oft und wo Vater im Weltkrieg Dienst leisten musste. Aber sein Einsatzplan dürfte sich kaum vom dem der Urner Truppen unterschieden haben. Das erste Aufgebot dauerte nur knapp einen Monat. Bereits Mitte Oktober wurde das Bataillon auf Pikett entlassen. Doch anfangs Dezember nahm die Bedrohung, die von der deutschen Armee ausging, auf einmal erheblich zu. Diesmal dauerte die Mobilmachung bis in den kommenden November hinein. Im Mai befanden sich die Urner Soldaten im Limmattal in der Nähe von Fislis-bach, wo Augenzeugen eines Tages ein mattes Licht am Himmel oder ein Wolkengebilde gesehen haben wollten, das sie für die schützende Hand des seligen Bruder Klaus hielten. Die Einsätze in den folgenden Jahren fielen dann wieder kürzer aus, ein paar Wochen hier, ein paar da, mit Ausnahme von 1943, als die Urner Truppen von Mitte September bis Mitte November südlich des Gotthardmassivs Wache schoben. Am 8. Mai 1945 läuteten endlich die Glocken von allen Kirchtürmen den Waffenstillstand in Europa ein.

Wie hat Vater die lange Abwesenheit in einer reinen Männergesellschaft erfahren? Mutmasslich schätzte er die Kameradschaft unter den Dienstleistenden, das gesellige Zusammensein mit ihnen. Wahrscheinlich gefiel ihm auch, dass er andere Landesteile kennenlernte. Ausserdem stand manchmal sogar ein Kino-Nachmittag oder ein Besuch des Zirkus Knie auf dem Programm. Ich denke, er hat sich aber auch oft gelangweilt, weil er nicht gerne untätig seine Tage verbrachte, wie das häufig vorkam. Auch musste er oft Aufträge ausführen, die für ihn und seine Kameraden wenig Sinn machten. Ganz alkoholfrei wird er ebenfalls nicht gelebt haben, auch wenn der magere Sold keine Exzesse erlaubte.

Auf einem im Urlaub vor dem Gadenhaus aufgenommen Foto gibt sich Dominik unbekümmert. Der knapp Dreissigjährige steht darauf lässig da, die Arme hinten abgestützt, nur mit einem ärmellosen Leibchen, einer Arbeitshose, am Bund befestigten Hosenträgern und grobem Schuhwerk bekleidet. Es macht ihm sichtlich Spass, sich mit ein paar Soldaten und zwei jungen Frauen ablichten zu lassen.

Doch so unbesorgt wird er nicht alle Tage in die Welt geschaut haben. Das lässt eine Episode aus jener Zeit vermuten. Die „Lona", eine junge Frau aus Gurtnellen, die Mutter im Haushalt unterstützte, habe sie solange beschwatzt, bis sie bereit war, sie an die Sennenkilbi zu begleiten. Lona brauchte vermutlich ein bisschen Abwechslung und hoffte auf ein Stelldichein. Vater, dem die Geschichte zu Ohren kam, sei darüber gar nicht erfreut gewesen und habe, als er heimkam, sie als erstes heftig zur Rede gestellt. Marie sah darin einen höchst un-

Vater links aussen während der Aktivdienstzeit

fairen Anfall von Eifersucht und Misstrauen, der sie so stark erregte, dass er sie ein Leben lang beschäftigte. Für sie hatte es keinen Grund gegeben, sich zu sorgen, sie war sich keiner Schuld bewusst. Sie hat stets viel Wert auf tadelloses Benehmen gelegt. Man kann Vaters Unmut aber auch so deuten, dass er, wie andere Männer, sich schwer tat, seine Frau allein zu wissen. Er meinte die Gefahren zu kennen, denen alleinstehende hübsche junge Frauen ausgesetzt waren. In seinem patriarchalischen Rollenverständnis brauchten sie Beschützer. Zudem befürchtete er, wegen seiner Frau ins Gerede zu geraten, auch wenn der Anlass völlig erfunden war. Besser man vermied ihn, denn in der engräumigen ländlichen Gesellschaft Uris und unter Armeekameraden blieb von solchem Geschwätz immer etwas hängen.

Die Arbeit auf dem Hof musste selbstverständlich weitergeführt werden, während Dominik im Militär war. Die Familie war auf die Erträge angewiesen. Daher blieb Marie keine andere Wahl, als die Betriebsführung selber zu übernehmen und in Feld und Stall kräftig mitzuarbeiten. Frühling, Sommer und Herbst 1940 waren besonders anforderungsreich. Marietta war kaum ein Jahr alt, und Marie bereits wieder schwanger. Trotzdem mussten das Vieh besorgt, die Wiesen gemäht, das Heu und Emd eingebracht und der Garten gepflegt werden, selbstverständlich ohne moderne Hilfsmittel. Eine kaum vorstellbare Leistung, auch wenn Mutter Unterstützung von Landdienstleistenden – wie „Bepper", wie sie ihn nannte, der im Stall arbeitete –, Brüdern, Nachbarn, Soldaten und Schulkindern erhielt. Allerdings machten das nicht alle ohne Hintergedanken. So wird sie sich ihr Leben lang über die eindeutigen Anträge empören, die ihr ein Nachbar, der seine Ratsherrenwürde nicht unter den Scheffel stellte, als Gegenleistung für seine Hilfe machte.

Dominiks Sorge um seine Frau war also nicht völlig aus der Luft gegriffen.

Nach Mutters Meinung waren die grossen Anstrengungen während der Schwangerschaft hauptverantwortlich für die schwere Geburt, die sie am Samstagmorgen 14. Dezember 1940 mit ihrem ersten Sohn erlebte. Das Kind soll schon früh heftig im Bauch gestrampelt haben. Zudem war es ausserordentlich schwer – es wog mehr als zehn Pfund –, weswegen sie nach der Niederkunft innen ganz zerrissen gewesen sei. Auf jeden Fall habe sie danach lange auf die Aussegnung in der Kirche warten müssen. Am Tag der Geburt lag derart viel Schnee, dass die Kusine von Vater, welche für Mutter den Haushalt führen sollte, erst mit viel Verspätung aus Spiringen eintraf. Das Knäblein wurde drei Tage später vom Pfarrer getauft. Taufpaten waren Vaters älterer Bruder Paul – daher ist im Taufbuch der Doppelname Josef Paul vermerkt – und Grossmutter Severina. Auf der Gemeindekanzlei wurde er als Josef angemeldet. Im Heimatschein und im Familienbüchlein steht deshalb nur dieser Name. In unserer Familie hiess er einfach Sepp. Der Kleine musste bald nach der Geburt ins Spital, weil sein Tränenkanal verstopft war. Sepp sagt, er sei ein hyperaktives Kind gewesen,

Vreni und Sepp mitten im Winter auf dem Fussweg zum unteren Gaden

ein richtiger „Zappelphilipp".

Dem Kindersegen gebot jedoch die Erfahrung von Sepps schwerer Geburt keinen Einhalt. Weniger als anderthalb Jahre später

Die ältesten Vier (von links: Sepp, Vreni, Martin und Marietta) 1945. Im Hintergrund das Gangbachwäldchen.

brachte unsere Mutter eine zweite Tochter zur Welt. Das Ereignis am Montag 27. April 1942 verlief wieder einfacher. Auch dieses Mädchen wurde schon zwei Tage später getauft und erhielt den Vornamen Verena Margrit. Der zweite Name stammt von ihrer Patin, Mutters ältester Schwester. Wir riefen das Mädchen Vreni. Mama habe später zu ihr gesagt, es sei eine der leichtesten Geburten gewesen, hat Vreni mir erzählt.

Die Teilmobilmachung im Herbst 1943 dürfte Mutter erneut Probleme bereitet haben, weil schon wieder ein Kind unterwegs war. Bei dessen Geburt am Donnerstag 11. November 1943 weilte Vater wahrscheinlich im Militär. Jedenfalls traf das auf Onkel Xaver zu, der als Götti vorgesehen war. Er liess sich bei der Taufe am folgenden Samstag durch einen *Schlottergetti* vertreten. Den Vornamen Martin erhielt der Bub, weil er am Martinstag auf die Welt gekommen war.

So war die Familie in nur viereinhalb Jahren von einem Kind auf vier angewachsen, und das mitten im Krieg! Eine gewaltige Belastung für Mutter. Zwar war sie es von klein auf gewöhnt zu arbeiten, doch für sie war es nicht einfach zu schauen, dass alle richtig zu essen bekamen, anständig angezogen waren, unbeschadet ihre „Bobos" und Kinderkrankheiten überstanden und die nötige mütterliche Aufmerksamkeit und Zuwendung erhielten. Sie tat es mit Hingabe und dokumentierte die Fortschritte ihrer Kinder mit Fotos, die sie mit einem Apparat aufnahm, den sie mit einer Schwester teilte. Die vier kleinen ältesten Brüder und Schwestern, die darauf abgebildet sind, schauen sehr zufrieden drein. Sie sind auffallend gut, je geradezu schick gekleidet.

Zwar musste wegen dem Krieg niemand in Uri wirklich Not leiden, es gab aber Entbehrungen und Einschränkungen. Das Hauptproblem war wohl die Angst, das grausame Geschehen könne auch auf die Schweiz überschwappen. Die Kriegsjahre waren für alle eine komplizierte Zeit. Das spürten sogar die drei ältesten Geschwister, die sich sonst kaum an ihre ersten Lebensjahre erinnern können. Doch ein paar Eindrücke über den Krieg sind bei ihnen hängengeblieben.

Marietta sagt, sie möge sich noch entsinnen, dass Vater viel Militärdienst leistete „und wie er jeweils nach Hause kam". Zu ihrer und Vrenis Kindheitserinnerungen gehört auch die Verdunkelung. Verständlicherweise hat diese aussergewöhnliche Massnahme kindliche Gemüter besonders stark beeindruckt. Sie wurde im Herbst 1940 von der Armeeführung verfügt. Ab zweiundzwanzig Uhr durfte kein Licht mehr durch ein Fenster nach aussen dringen, was den Bombern der Kriegsparteien die Orientierung während der Nacht erschweren sollte. Im November 1942 wurde sie auf zwanzig Uhr vorverlegt und erst im September 1944 aufgehoben.

Marietta beeindruckten auch die vielen Soldaten und Offiziere, die im Brückli einquartiert waren. Das Essen kochten die Soldaten selber im Freien. Auch an die Märklein können sie und Sepp sich entsinnen, die sie auf der Gemeinde abholen mussten. Nur mit ihnen war es möglich, einkaufen zu gehen. Wie schon im Ersten Weltkrieg verordnete die Regierung eine Rationierung. Am 1. November 1939 wurden in Uri die ersten Lebensmittelkarten ausgegeben. Sie betrafen zuerst nur den Artikel Reis. Im Laufe des Kriegs wurden immer mehr Nahrungsmittel auf die Liste gesetzt. 1942 waren es bereits fünfunddreissig, angefangen von Brot und Milch über Schokolade und Zuckerwaren bis zu Speck und Schweinefett. 1943 waren schliesslich sämtliche Nahrungsmittel und viele Gebrauchsgüter wie Brennstoffe, Schuhe und Textilien betroffen. Die Bevölkerung wurde dafür in Kategorien eingeteilt. Die Bauern waren weniger in Mitleidenschaft gezogen, weil sie vieles selber produzierten.

Die Rationierung blieb auch nach dem Krieg in Kraft und wurde nur schrittweise reduziert, bis sie am 1. Juli 1948 ganz aufgehoben wurde. Im Mai 1945 erfolgte als erstes die Freigabe der Produkte Kaffee, Tee, Kakao und Hülsenfrüchte, während beispielsweise Getreideerzeugnisse länger rationiert blieben.

Um die Versorgung der Schweizer Bevölkerung mit Lebensmitteln soweit als möglich importunabhängig zu machen, waren die Bauern verpflichtet, einen Beitrag an die landesweite Anbauschlacht, den sogenannten „Plan Wahlen" zu leisten. Im Kanton Uri stiess das auf starken Widerstand, weil es dort seit langem keinen Ackerbau mehr gab. Pflüge und Zugpferde waren kaum noch vorhanden. Trotzdem wurde auf der Brücklihofstatt etwas Mais angebaut. Marietta erinnert sich auch daran, dass links vom unteren Stall, dem Hag entlang, eine Reihe Tabak stand. Der sei aber gewiss nicht vorgeschrieben gewesen, Vater habe ihn wohl für den Eigengebrauch gepflanzt. Er war ein eingefleischter Raucher. Er liebte vor allem die krummen „Brissagos" und die Stumpen genannten maschinengefertigten kurzen Zigarren. Den Tabaksamen habe er, denkt Marietta, von Herrn Schaller erhalten, einem Freiburger, der in der Munitionsfabrik arbeitete und bei uns im Gadenhaus zur Untermiete wohnte. „Ich sehe heute noch vor mir die Tabakblätter in der Laube hängen", sagt sie.

Keine Erinnerung gibt es hingegen an die grösste Katastrophe, die in dieser Zeit Uri heimsuchte. Sie war nicht vom Feind im Ausland, sondern von den eigenen Truppen hervorgerufen worden. Im Sommer und Herbst 1940 fanden auf dem gesamten Kantonsgebiet Armeeversuche mit Nebelgas statt. Der künstliche Nebel sollte strategische Objekte verhüllen. Er erwies sich aber nicht bloss als wirkungslos, er war auch für Mensch und Tier schädlich, denn er hinterliess hochgiftige Rückstände im Gras. Über die nächsten vier Jahre hinweg musste ein Grossteil der Kühe und Rinder notgeschlachtet werden. Die wirkungsvollste Massnahme gegen die Verseuchung war, den Boden umzupflügen. Das kam zwar der Anbauschlacht entgehen, lief aber der konventionellen Nutzungsweise, der Viehzucht, zuwider, die ganz andere Produktionsmittel als Pflug und Pferd brauchte.

In der Schilderung der bewegten Kriegsjahre darf ein Ereignis nicht fehlen, das Mutter schwer traf. Sie wird später immer wieder darauf zurückkommen, bis an ihr Lebensende, auch, weil es vor ihren Augen geschah. Am 23. Juli 1942 verstarb ihr Vater. Der Tod kam nicht unerwartet, denn Josef Imhof war schon seit längerem von seiner Krankheit gezeichnet und nicht mehr arbeitsfähig. Doch Vater und Tochter hatten eine sehr enge Beziehung.

Wenige Stunden bevor er starb, glaubte Marie zuhause seine Schritte im Treppenhaus zu hören. Sie war stets überzeugt, dass Vater Josef ihr damit sein baldiges Ende „angekündigt" habe. Jedenfalls eilte sie sofort ins Kleinried, um ihm in seinen letzten Stunden beizustehen. Dabei vertraute er ihr unter dem Siegel der Verschwiegenheit an, sie sei sein liebstes Kind gewesen. Dieses Geheimnis behielt sie bis kurz vor ihrem Ableben für sich. Schon aus Rücksicht auf ihre Geschwister hätte sie es niemals weiter erzählt. Doch der Tod ihres Vaters war für sie ein harter Schlag. Mit ihm verlor sie ein wichtiges Vorbild und den engsten Vertrauten ihrer frühen Jahre.

BAUARBEITER UND DORFSCHREINER

Während der ganzen Kriegszeit bildete die Brücklihofstatt die Existenzgrundlage der Familie. Von allen Geschwistern hat aber nur Marietta Vater als Bauer in Erinnerung. Wenn sie sich recht entsinne, sehe sie ihn noch vor sich, wie er mit der Milch in der *Bräntä* in die Molkerei fuhr. Vielleicht habe er sie sogar mal mit dem Velo mitgenommen. Sie sei auch oft bei ihm im Stall gewesen.

Doch wie sich bald erweisen wird, war es nur ein Leben als Bauer auf Zeit gewesen. Denn kaum war der Krieg zu Ende, begann Dominik sich ernsthaft mit dem Gedanken zu befassen, seinen angestammten Broterwerb aufzugeben. Der Aktivdienst mag ihn darin bestärkt haben. Dort ist er mit Männern zusammengetroffen, die ihr Leben als Handwerker oder Fabrikarbeiter verdienten. Mit ihnen konnte er über Vor- und Nachteile dieser Verdienstquellen werweissen. Der Zweite Weltkrieg muss jedenfalls bei Vater etwas ausgelöst haben, denn er handelte danach rasch. Er wird schon bald gespürt haben, dass er bereit war, den folgenschweren, risikoreichen Entscheid zu treffen, den Hof zu verpachten und eine neue Existenz aufzubauen. Als guter Mittdreissiger besass er dafür noch genügend Energie. 1946 war es soweit.

Ich habe immer gehört, Vater hätte es aus der Einsicht heraus getan, dass drei Kühe im Stall nicht mehr ausreichten, der inzwischen – wegen mir, ich bin am Donnerstag den 11. Oktober 1945 auf die Welt gekommen – auf fünf Kinder angewachsenen Familie ein ausreichendes Einkommen zu sichern. Jedes Mal, wenn jemand diese Geschichte erzählte, löste sie in meinem kindlichen Gemüt eine Mischung aus heimlichem Stolz und Schaudern aus, dass es gerade meine Ankunft gewesen war, die Familienschicksal gespielt hatte.

In Wirklichkeit hatte der Entscheid wenig bis gar nichts mit mir zu tun gehabt. Er wäre, denk ich, sowieso gefallen. Möglicherweise gab es eine Übergangsperiode, wo Vater den Hof im Nebenerwerb betrieb. So genau weiss das niemand mehr. Jedenfalls sprang ein frisch vermählter Bruder zwei Sommer lang beim Heuen und Emden ein. Vielleicht benützte er die Brücklihofstatt auch als Talbetrieb neben seinem Berg und der Alp im Schächental, bis ihm das ständige Hin und Her zu mühsam wurde. Danach waren ein paar ledige Geschwister aus einer Unterschächner Familie an der Reihe. Marietta erinnert sich, dass sie beim Heuen jeweils zu dritt waren. Der Jüngste kümmerte sich um das Vieh und blieb im Winter fürs Hirten in Schattdorf. Um 1950 herum kam ein ebenfalls aus Unterschächen stammender entfernter Verwandter von Mutter zum Zug. 1952 schliesslich übernahm Onkel Xaver, den wir „Veeri" nannten, den Hof. Er wohnte am Anfang bei uns im Gadenhaus, wo er mit Sepp das Bett teilen musste. Das passte beiden nicht. Deshalb zog er zur Familie seiner jungvermählten Kusine, die nebenan ein kleines Eigenheim gebaut hatte. Das Obermattli, das ihm gehörte, verpachtete er, bis er es schliesslich einem Bruder verkaufte.

Ebenso wichtig für Dominiks Entscheid, den Arbeitsplatz zu wechseln, dürfte gewesen sein, dass die Jahre nach dem Weltkrieg generell eine Zeit des Aufbruchs und der Umwälzungen waren. Die Wirtschaft von Uri erstarkte sichtlich. Neue Erwerbsmöglichkeiten entstanden. Vor allem ab den Fünfzigerjahren nahm der Wohlstand zu, bis er mit der Zeit alle Volksschichten erreichte. Auch Politik und Gesellschaft begannen sich zu bewegen. Auf einmal war es möglich, Postulate umzusetzen, die einflussreiche Kreise vor dem Krieg noch heftig bekämpft hatten. Ein gutes Beispiel dafür ist die 1947 beschlossene Alters- und Hinterlassenen-Versicherung AHV, der grundlegende Baustein sozialstaatlicher Risikoabsicherung für ältere Leute, die ein fester Bestandteil unserer Wohlfahrtsgesellschaft geworden ist. Auch in die Landwirtschaftspolitik kam Bewegung. Die prekäre Nahrungsmittelversorgung während des Zweiten Weltkriegs hatte deutlich gemacht, wie überlebenswichtig für das Land eine leistungsfähige Landwirtschaft sein kann. Dies begünstigte nicht bloss das

Mythologisieren des Bauernstandes als fundamentaler Bestandteil der Schweizer Kultur und Geschichte, es schaffte auch bei Volk und Bundesregierung den erforderlichen Goodwill für eine nachhaltige staatliche Unterstützung der Bauern. Das 1952 erlassene Landwirtschaftsgesetz ermöglichte, mit Subventionen die Modernisierung der Landwirtschaft zu fördern, für Bergbauern Familienzulagen einzuführen und die Produktion mit staatlich festgelegten Preisen zu lenken.

Für Dominik kam diese Neuerung zu spät. Doch sie hätte ihn gewiss nicht von seinem Entschluss abgebracht, ein für allemal dem Bauerndasein den Rücken zu kehren. Er war dessen einfach überdrüssig geworden.

Marietta zufolge wäre Vater gern in die Munitionsfabrik gegangen. Er hatte einen Cousin und zwei Schwager, die dort arbeiteten. Deshalb wusste er, wie vorteilhaft eine Anstellung im „Schächenwald" war. Die MFA war als Arbeitsplatz beliebt, weil sie ein sicheres, anständiges Einkommen und gute Sozialleistungen bot. Doch hat er sich dort wirklich beworben? Dann wird ihm bald klargeworden sein, dass das ein aussichtsloses Unterfangen war. Nach Kriegsende musste die Fabrik einen merklichen Auftragsschwund hinnehmen und deshalb Personal entlassen. Der „Bund" war ein sozial gesinnter Arbeitgeber. Er suchte Härtefälle zu vermeiden, indem er sich vor allem von Mitarbeitern trennte, die nicht unbedingt auf den Lohn angewiesen waren. Dazu gehörten Landwirte im Nebenerwerb. Als Besitzer eines Hofes war Dominik deshalb zum Vorneherein chancenlos.

So entschloss er sich, auf den Bau zu gehen. Dieses Gewerbe gehörte in Uri zu den ersten Wirtschaftszweigen, die nach den Kriegsjahren anzogen. Hier durfte sich Dominik berechtigte Hoffnung machen, mit den ihm eigenen handwerklichen Fähigkeiten und Erfahrungen einen guten Job zu ergattern. Er heuerte bei einem Bekannten an, der wie er aus dem Schächental stammte. Alois Imholz, „Brunneler Wisi" genannt, hatte vor dem Ersten Weltkrieg in Schattdorf ein kleines Heimwesen erworben. Da die Landwirtschaft zu wenig einbrachte, suchte er nach einer Ergänzung. Er fand sie in der Baubranche, wo es an Maurern fehlte. Ein Baugeschäft, das diese Bezeichnung verdient hätte, besass er allerdings nicht. Bis nach dem Zweiten Weltkrieg war das Auftragsvolumen noch bescheiden. Jedenfalls berichtet Marietta, der alte „Brunneler" sei mit einem Handwägelchen auf die Baustellen gefahren. Dominik dürfte sich gerade davon angezogen gefühlt haben. Diese Art von familiären Unternehmen kannte er von früher.

1950 starb Vater Alois Imholz. In seine Fussstapfen trat sein gleichnamiger Sohn. Er war von einem anderen Kaliber, ein ruheloser Unternehmergeist, gewiefter Strippenzieher und Spekulant, der sich alles zutraute und sich mit der Zeit zum Dorfkönig von Schattdorf aufschwang. Er verstand es, sich der aufstrebenden Konjunktur zu bedienen, um das ererbte Kleinstunternehmen in eines der grössten Baugeschäfte des Kantons zu verwandeln. In der Tat erfuhr die Bauindustrie in jenen Jahren im Land am Gotthard einen nie dagewesenen Auftrieb. Kraftwerk-, Strassen- und Wohnungsbau brachten den Firmen ein sicheres Einkommen. Grossbaustelle reihte sich an Grossbaustelle. Der erste grössere Auftrag, den Alois Imholz an Land zog, dürfte die Gesamtverantwortung für den Neubau der Pfarrkirche von Spiringen gewesen sein. Die Einweihung fand im Herbst 1951 statt. Dominik war nun oft auf solchen Baustellen anzutreffen. So half er beim Neubau der Schuhfabrik Bally in Schattdorf mit. Mitte der Fünfzigerjahre weilte er lange in der Göscheneralp, wo ein Staudamm entstand, und half, für die Lindt-Limmern-Werke auf dem Urnerboden ob der Klus die Wasserfassung Teufelsfriedhof zu erstellen. Auch an der Fertigung des Wasserreservoirs im Döldig ob Spiringen sowie am Bau des Elektrizitätswerks Unterschächen war er beteiligt.

Dominik musste zur Kenntnis nehmen, dass sich die ihm übertragenen Aufgaben mit den Jahren veränderten. In der Schreinerei der Firma, wo er zeitweise beschäftigt war, bekam er es mit einem gelernten Schreiner zu tun. Die Beziehung war angespannt. Doch auf den Hoch- und Tiefbaustellen, auf denen die Firma engagiert war, spielten Schreiner und Zimmerleute meist eh nur noch zweite Geige. Die Hauptrolle fiel Fachleuten zu, die Grossbaustellen leiten konnten und etwas vom Mauern und Betonieren verstanden. Natürlich galt es, Gerüste zu erstellen und abzubauen, Baracken einzurichten und zu unterhalten, und am Geschäftssitz gab es auch ein Magazin, das betreut werden musste. Tatsächlich war Dominik nicht einfach Handlanger, sondern erhielt oft verantwortungsvolle Aufgaben übertragen. Weil er aber keine abgeschlossene Berufsbildung vorzuweisen hatte, gehörte er nur zur Gilde der Ungelernten, der minderbezahlten *Biäzer*. Natürlich erwartete man von solchen Mitarbeitern, dass sie überall Hand anlegten, wo gerade Bedarf war, zum Beispiel beim Beton mischen oder Dielen giessen.

Dem Selbstbewusstsein eines Mannes wie Dominik, der zurecht auf sein spezifisches handwerkliches Können stolz war, muss das einen heftigen Dämpfer versetzt haben. Spätestens jetzt wird er angefangen haben, darüber nachzudenken, wie viel besser er es getroffen hätte, wäre er statt Bauer Schreiner geworden.

Ich weiss nicht, wie Vater seine neue Arbeitswelt persönlich erlebt hat. Er hat sich nie gross dazu geäussert. Er war eher verschlossen, wie das unter seinesgleichen üblich war. Er war sich nicht gewohnt, sein Inneres nach aussen zu kehren, zumal, wenn es um Dinge ging, die in seinem Selbstverständnis nichts anderes als Pflichterfüllung waren. Genau das waren sie aber für ihn. Er sah sich als Ernährer der Familie, das war sein Auftrag. Darüber verlor man keine grossen Worte, man nahm ihn einfach auf sich, auch wenn man dabei an seine Grenzen stiess. Wer klagte, geriet in den Ruf, ein Weichling zu sein.

Allerdings hege ich Zweifel, dass Vater sich seine neue Arbeitswelt so vorgestellt hat. Ungewohnt war für ihn zumindest die Erfahrung, nur noch Befehlsempfänger zu sein und Arbeit und Arbeitszeit nicht mehr selber einteilen zu können. Ungelernte Bauarbeiter waren auch nicht besonders angesehen. Ihr Leben war hart. Die wöchentliche Arbeitszeit betrug fünfundfünfzig Stunden, von Montagmorgen bis Samstagmittag. Man war oft im Freien beschäftigt, bei Wind und Wetter. Meist war schwere Knochenarbeit zu verrichten, denn man werkte noch mit einfachsten Mitteln. Wenn es nicht anders ging, malochte man tage- und nächtelang fast ohne Unterbruch.

Wie extrem die Bedingungen auf dem Bau sein konnten, habe ich selber erfahren. Während den Sommerferien 1962 war ich bei derselben Firma wie Vater angestellt und half beim Bau des Elektrizitätswerks Unterschächen mit. Es herrschte ausserordentlich schönes, trockenes und heisses Wetter, fünf Wochen stahlblauer Himmel. Wir Arbeiter mussten uns um sechs Uhr morgens vor dem Baugeschäft im Dorfzentrum von Schattdorf einfinden. Dann fuhren wir auf einem offenen Lastwagen Richtung Unterschächen. Arbeitsbeginn war ein Viertel vor sieben. Viertel vor zehn gab's eine Viertelstunde unbezahlte Znüni-Pause, von zwölf bis eins auf Rechnung des Arbeitgebers Mittagessen in einem Restaurant im Dorf. Davor und danach hiess es pickeln, schaufeln und schuften unter der brennenden Sonne. Um neunzehn Uhr war Arbeitsschluss, danach Rückfahrt nach Schattdorf, Nachtessen, todmüde ins Bett fallen... So ging das von Montag bis Freitag. Am Samstagmorgen fuhren wir nochmals für fünf Stunden auf die Baustelle. Das ergab eine Sechzig-Stunden-Woche, Arbeitsweg nicht eingerechnet. Mein Vater hat solche Verhältnisse jahrelang ausgehalten. Ich war nach fünf Wochen so erschöpft, dass ich das folgende Studientrimester nur mit Ach und Krach über die Runden brachte.

Dominik erlitt gegen Ende der Fünfzigerjahre zwei Unfälle und war gezwungen, mehrere Wochen zu Hause zu bleiben. Vermutlich war er auch selber ein wenig Schuld daran. Auf dem Bau war es nämlich üblich, den Durst mit saurem Most oder Bier zu löschen. Da konnte es halt vorkommen, dass man am Ende des Tages nicht mehr ganz trittsicher war. Nichtstun lag Vater aber nicht. Nach einem der Unfälle bastelte er in der Wohnstube aus Ästchen im Blockhausbaustil eine

Weihnachtskrippe. Die Vorderseite war offen, ein Rundbogen unter dem strohbedeckten Dach umrahmte die Öffnung. Vorne in der Mitte des Giebels war ein Engel befestigt, der auf einem Spruchband das frohe Ereignis kündete. Die Krippe stand danach jede Weihnacht unter dem Christbaum, mit bemalten Tonfiguren, welche die Heilige Familie, Ochs, Esel, Schafe sowie die herbeigeeilten Hirten und Dreikönige darstellten.

Ferien kannte Vater nicht. Sein einziger „Ferientag" war der erste August. Am Nationalfeiertag – damals noch kein gesetzlicher Ruhetag – lud der Baumeister jeweils seine Arbeiter zu einer Ausfahrt mit dem Lastwagen auf den Urnerboden ein.

Auf die Dauer musste dieser Kräfteverschleiss an die Substanz gehen. Dominik hatte eine zähe Konstitution, er verfügte über einen kleinen, drahtigen Körper, bei dem kein überflüssiges Fett zu sehen war. Aber er war kein Kraftmeier mit unerschöpflichen Energiereserven.

Die Arbeit war jedoch nicht bloss schwer und manchmal gefährlich, sie war auch schlecht bezahlt. Vater hatte ein kleines Löhnchen. Marietta glaubt sich daran zu erinnern, dass sie Zwei-Wochen-Zahltagsäckchen gesehen habe, wo keine zweihundert Franken drin waren. Mit den Jahren wurden es dann ein klein wenig mehr. Bei meinem Ferienjob 1962 erhielt ich praktisch den gleichen Stundenlohn wie Vater, zwei Franken achtzig. Wegen der Kinderzulagen bekam er ein bisschen mehr ausbezahlt als ich. Aber mehr als siebenhundert Franken im Monat waren es sicher nie.

Immerhin hatte Vater damit ein regelmässiges Einkommen. Diesbezüglich war sein neuer Beruf ein Fortschritt gegenüber der Bewirtschaftung eines kleinen Bauernhofes. Doch es war beinhart, mit viel Schweiss, Schwielen und Schmerzen verdientes Geld.

Vater hat also mutmasslich in seiner Lohnarbeit nicht die berufliche Anerkennung und finanzielle Befriedigung gefunden, die er suchte.

Doch er besass einen Ausgleich, mit dem er Ansehen als Handwerker gewann. Unten in der Waschküche im Erdgeschoss des Gadenhauses hatte er eine kleine Schreinerwerkstatt eingerichtet, wohin er sich regelmässig am Abend oder an Samstagnachmittagen zurückzog. Sie war bescheiden ausgerüstet, denn sie bestand hauptsächlich aus einer Werkbank und einem Dutzend Instrumenten: Sägen, Hobel, Stechbeutel, Feilen, usw. Aber sie genügte seinen Ansprüchen. Hier hat er für uns geschreinert und getischlert, hier führte er Auftragsarbeiten aus, die er von Dorfbewohnern erhielt. Seine Spezialität war das Neuverglasen von Fensterscheiben und das Herstellen von massgeschreinerten Fenstern, alles in reiner Handarbeit, denn er besass keine einzige Maschine. Wenn ich später in einem afrikanischen Dorf einem Schreiner zuschaute, fühlte ich mich unvermittelt in meine Kindheit zurückversetzt, denn er schaffte wie einst Vater.

Da *Domini* geschickt, hilfsbereit und zuverlässig war und wenig heischte, entwickelte er sich immer mehr zum Rufschreiner des Dorfes. Jeder, der irgendetwas zu zimmern und auszubessern hatte, dachte zuallererst an ihn; wenn etwas kaputt war, brachte man es ihm. Er hat für ganz Schattdorf gearbeitet.

Die Familie wächst weiter

Vaters bescheidener Lohn hätte ausgereicht, wäre die Familie nach dem Krieg nicht noch einmal kräftig gewachsen. Zudem wurden die Kinder von Jahr zu Jahr älter, was logischerweise steigende Mehrkosten nach sich zog.

Am Montag 21. April 1947 kam das dritte Mädchen zur Welt. Es muss ein gesundes Kind gewesen sein, denn man wartete zum ersten Mal fast eine Woche bis zur Taufe. Dort erhielt es den Namen Johanna Maria. Maria wie ihre Patin, und Johanna im Andenken an die Jungfrau von Orléans. Mich wundert's, wer wohl im Ländchen Uri auf diese Idee gekommen ist. Jedenfalls dürfte die französische Nationalheili-

Hanni im neuen Kinderwagen, dahinter Sepp, rechts Vreni und Martin.
Der Junge im Mädchenröckchen, den Marietta (links) festhält, bin ich.
Wegen der schwarzen Haarsträhne nannte man mich Tschägg.

ge hier kaum viele Verehrer gehabt haben. Im Familienjargon wurde dann aus Johanna Hanni. In diesem Jahr war der Sommer sehr heiss, weshalb mein neugeborenes Schwesterchen viele Stunden draussen im neuerworbenen Occasions-*Scheesäwäägäli* verbringen durfte. „So habe ich am Anfang viel Sonne getankt, weshalb ich ein fröhliches Kind gewesen sein soll", meint Hanni dazu.

Knapp ein Jahr später, am 1. Juni 1948, wieder ein Montag, gesellte sich ein weiteres Mädchen zur Kinderschar, womit diese innerhalb von neun Jahren auf sieben angewachsen war. Die Kleine kam drei Wochen zu früh, sie wog nur sieben Pfund und war damit eine der Leichtesten. Kurz vor ihrer Geburt hatte das Wetter umgeschlagen. Eben noch waren die drei ledigen Pächter-Geschwister auf unserem Hof mit Heuen beschäftigt gewesen, doch auf einmal schneite es wieder bis in die Niederungen. Vater scheint sich auf das Kind gefreut zu haben, denn er putzte am Abend davor die Küche.

Marietta, die dieses Detail berichtete, fügte noch eine Geschichte hinzu. Einige Zeit davor sei sie mit der Schule ins Riedertal gepilgert. Die Wallfahrtkapelle dort ist von alters her eine Zufluchtsstätte für Frauen, die sich ein Kind wünschen. Das hängt wahrscheinlich auch mit dem sechzig Meter hohen Naturmenhir „Mitemättelistein" zusammen, der etwas weiter oben steht. Die phallische Säule galt in früheren Jahrhunderten als „Chindlistein", also als Fruchtbarkeitssymbol. Jedenfalls liessen sich die Schülerinnen überzeugen, dass sie , wenn sie sieben Mal um die Kapelle rumkriechen würden, ein Geschwisterlein bekämen. Was sie natürlich taten, und prompt gab's dann bei mehreren eins.

In der Taufe erhielt der Säugling den Vornamen seiner Patin, Gertrud. Trudi, wie wir sie nannten, blieb lange das Nesthäkchen. Sie vermutet, dass Vater deshalb ein Faible für sie hatte.

Nach einem mehr als vierjährigen Unterbruch folgte am Freitag 10. Oktober 1952 der vierte Bub. Laut Mutter war er ein „schwerer Brocken", vielleicht der schwerste von allen. Er soll weit über zehn Pfund gewogen haben. Hat man ihn deshalb rasch getauft, nämlich bereits zwei Tage später, oder weil man das jetzt jeweils am Sonntag machte? Auch er erhielt einen Doppelnamen, Paul Josef, den zweiten wohl zu Ehren der beiden Paten. Der Götti hiess Josef, die Gotte Josefa. Er war ein ruhiges, in sich gekehrtes Kind.

Am Donnerstag 29. April 1954 kam das neunte, wieder ein Bub. Vermutlich war es für die neue Hebamme die erste Geburt, die sie allein begleitete. Bei der Taufe musste sich der Pate durch Onkel Xaver vertreten lassen. Diesem verdankt er, dass er den Doppelnamen Franz Xaver erhielt. In der Familie wurde er aber nur „Fränzel" oder Franz gerufen. Er hatte Schwierigkeiten mit der Muttermilch. Er musste oft erbrechen und hatte auch mit dem Atmen Mühe. Mutter zog sich beim Stillen eine Brustentzündung zu.

Die Familie war auch jetzt noch nicht vollständig. Zuerst folgte wieder ein Mädchen. Sein Geburtstag fiel auf einen Samstag, 10. November 1956, weshalb man den übernächsten Sonntag abwartete, um es zu taufen. Es erhielt den Namen Agnes. Sie war ein drolliges Kind. Alle waren überzeugt, dass sie der Schlusspunkt im Kinderreigen sein würde. Mutter hat daraus kein Geheimnis gemacht, und auch wir Geschwister nahmen es an.

Während mehr als vier Jahren herrschte denn auch Ruhe, bis die Überraschung einschlug. Mutter erwartete nicht, noch einmal schwanger zu werden und tat sich schwer damit, als sie es merkte. Der Benjamin war wieder ein Bub. Er wurde am Mittwoch 22. Februar 1961 geboren. Die Entbindung verlief dramatisch. Es war eine Steissgeburt mit Zange, weshalb ein Arzt anwesend war, der Vater nachher alle Schande sagte, er solle sich jetzt endlich zügeln. Für den Doktor gab es offenbar nur Enthaltsamkeit, um eine erneute Empfängnis zu verhindern. In weiten Teilen der katholischen Innerschweiz sah man Geburtenkontrolle bis in die Siebzigerjahre als etwas Verwerfliches an. Für die katholische Kirche hat sich daran nichts geändert, sie erlaubt nur die unsichere Knaus-Ogino-Methode, auch Ogino-Knaus genannt. Da die Geburt tagsüber stattfand, wurden die Kleinen zu Nachbarn geschickt. Diejenigen, welche sie mitbekamen, schilderten sie mir als eine Erfahrung, die sie noch immer aufwühlt. Markus, wie er in der Taufe genannt wurde, war viereinhalb Kilo schwer. Die Niederkunft zog sich in die Länge. Mutter sei daran fast gestorben, sie habe stundenlang kämpfen müssen und laut geschrien, erfuhr ich von Marietta und Vreni. Beide haben danach spontan gedacht, „wenn das so ist mit dem Kinderkriegen, lasse ich es lieber sein".

Mit Markus' Geburt ist die Familie endlich vollzählig.

In knapp zweiundzwanzig Jahren hat Mutter also elf gesunden Kindern das Leben geschenkt. Alle seien ihr lieb gewesen, sie hätte nachher keines missen mögen, hat sie stets betont.

Doch ein paar ältere Geschwister erinnern sich daran, dass bei

ihnen nicht jedes Neuankommende heiter Freude auslöste. Am Anfang schon, aber ab dem siebten hätten sie dann doch angefangen zu
denken, ob das wieder habe sein müssen.

Es war ja auch immer eine Überraschung. Selbst Marietta hat
erst beim zehnten gemerkt, dass Mutter schwanger war. Das war
hauptsächlich darauf zurückzuführen, dass Mütter auf dem Land
seinerzeit Schwangerschaften solange als möglich diskret unter ihren weiten Kleidern versteckten. Etwas anderes hätte sich nicht geschickt. Nur der Ehemann war über die Schwangerschaft informiert,
Kinder und andere Leute brauchten das nicht zu erfahren. Heutzutage
ist das kaum mehr vorstellbar. Schwangerschaften werden gefeiert
und öffentlich zur Schau getragen. Die Kleinen werden sorgfältig auf
ihr Brüderchen oder Schwesterlein vorbereitet. Sie kuscheln sich an
den Bauch der Mutter, versuchen die Herztöne des Fötus oder seine
Bewegungen im Mutterleib wahrzunehmen. Damit will man sie auf
das kommende Ereignis vorbereiten, um dem traumatischen Gefühl
der „Entthronung" vorzubeugen. Denn jedes Baby verdrängt mindestens zeitweise die Geschwister, die schon da sind, etwas aus dem
Zentrum der Elternaufmerksamkeit.

Doch wären wir nicht eigentlich mehr als elf gewesen? Hat
Mutter einmal eine Fehl- oder Todgeburt erlitten? Möglich ist es, doch
das Rätsel wird nie gelöst werden. Mutter hat das Geheimnis, sofern
es eines ist, ins Grab mitgenommen. Hanni gegenüber hat sie einmal
nebenbei erwähnt, eigentlich wären wir zwölf gewesen. Markus' Frage, ob ihr jemals Ähnliches passiert sei wie ihm, hat sie verneint. Er
hat zwei Kinder durch Todgeburt verloren. Marietta vermutet, dass
zwischen Trudi und Paul etwas passiert sei. Eines Tages habe Mutter sie mit einem Zettelchen zu Verwandten geschickt, das *Miggi* solle
kommen. Diese blieb ein paar Tage, „aber ein Kind hat's keines gegeben".

Es ist denkbar, dass Mutter dort ein ungetauftes Totes zur Welt
gebracht hat. Wenn das wirklich der Fall war, hätte sie es mit Sicher-

Die Haushälterin mit dem Säugling, Vreni, Martin und mir nach Hannis Geburt

heit nie zugegeben. Es hätte sie innerlich so geplagt, dass sie das Ereignis nur mit Verdrängung hätte bewältigen können. Und wir Kinder wären jetzt aufgefordert, mit ihr darüber zu trauern, was für eine Ungeheuerlichkeit ihr die katholische Erziehung da zugemutet hat.

In Mutters Alben gibt es eine Reihe Fotos, welche die Brüder und Schwestern mit einem Neugeborenen zeigen. Eine Geburt war jedes Mal ein denkwürdiges Ereignis, das nachträglich festgehalten werden wollte. Besonders schön finde ich ein etwas zerknittertes Bild, das wenige Tage nach der Entbindung von Hanni entstanden ist. Es zeigt die Familienpflegerin, die anstelle von Mutter den Haushalt führte. Zur Erinnerung liess sich die Frau mit dem Baby im Arm auf unserer Wiese ablichten. Mit ihrer uniformähnlichen Bekleidung und Brille wirkt sie ein wenig streng, auch wenn sie den Mund zu einem Lächeln verzieht. Zur Feier des Tages durften auch Vreni, Martin und ich auf das Foto. Marietta und Sepp fehlen, vermutlich waren sie in der Schule. Wie man sieht, war bei Martin gerade Kurzhaarschnitt angesagt. Er hatte sein eigener Coiffeur sein wollen, sich dabei aber handwerklich vertan, weshalb man seinen Kopf einfach glattschor. Dafür durfte er bereits kurze Hosen tragen, während ich noch ein Mädchenröckchen anhabe. Das war bei kleinen Buben üblich. Ich war erst anderthalbjährig. Umso mehr gefällt mir mein strohblondes Kraushaar, auch wenn ich ein bisschen verdattert auf den Boden blicke. Vreni hinter mir mimt den unbekümmerten Engel, sie schaut keck auf die Seite. Sie war ein hübsches Mädchen.

Die gesammelten Geschwistererinnerungen beginnen erst in dieser Zeit richtig. Das Bild, das sich daraus ergibt, lässt erkennen, wie strub für die Eltern vor allem die Fünfzigerjahre waren. Vater und Mutter dürften kaum das Gefühl gehabt haben, es gehe aufwärts. Für eine gewisse Zeit geriet die Familie sogar in einen finanziellen Engpass, der die beiden schwer belastete.

6 ZUSAMMEN IM GADENHAUS

WIR NANNTEN IHN DÄÄDI

Wir riefen Vater nie bei seinem Vornamen. Das war nicht üblich. Doch wir redeten ihn auch nicht ehrerbietig mit *Vattr* an. Für uns war er einfach *dr Däädi*. Diese Anrede lässt etwas von der Zuneigung durchschimmern, die wir für ihn empfanden, auch wenn wir sie nicht so demonstrativ äusserten, wie man es heutzutage gewohnt ist. Jedenfalls war es bei uns nicht Mode, ständig zu betonen, *„dr Däädi isch de ä Liäbä"*. Wir wurden auch nie von ihm geherzt, höchstens als Kleinkind. Wir gaben ihm die Hand, einen anderen Körperkontakt mit ihm kannten wir nicht.

Vater hatte eine etwas raue Schale, war aber eigentlich sehr umgänglich. Er konnte es gut mit den Leuten. Im Dorf besass er einen ausgezeichneten Ruf, *„dr Domini hänt sie de scho griämt"*, obwohl er nie ein öffentliches Amt ausübte. Davon profitierten auch wir. Wir waren für alle Dorfbewohner einfach *ds Dominälis*, was wir als Ehrenbezeichnung auffassten. Im Grunde genommen war unser Vater ein lustiger Mensch und geselliger Jasser – solange er nicht verlor. Mutter pflegte er jeweils zu sagen, beim Jassen sei sie dann nicht seine Frau. Er ging gerne an die Fasnacht. Vreni erinnert sich, wie sie ihn einmal als Waschweib verkleidet auf einem Umzugswagen gesehen hat. Wir fanden das lustig. Über einen solchen Vater schämt man sich nicht.

Zuhause führte er sich nicht als strafende Autorität auf, niemand hatte Anlass, sich vor ihm zu fürchten. Er ging mit seinen Kindern nicht grob um, sagte ihnen nicht wüst oder schlug sie. Manchmal benahm er sich sogar wie ein richtig moderner Ehemann. Wer um uns herum hatte damals schon einen Vater, der am Sonntag das Mittagessen kochte? Bei uns hingegen erinnern sich alle daran, dass Vater häufig diese Aufgabe übernahm. Das war für einen Mann nicht selbstverständlich. Es gab zwar immer dasselbe, Braten und Kartoffelstock, manchmal mit Erbsen und Karotten aus der Dose. Doch das tat unserer Bewunderung keinen Abbruch. Die Erinnerung daran hat einen festen Platz im Schmuckkästchen der erfreulichsten Familienreminiszenzen. So konnte Mutter in Ruhe die Zehnuhrmesse besuchen. Er selber wohnte um neun dem Hochamt bei, immer am selben Platz zuhinterst in der Kirche, sodass er sich sofort nach dem Segen auf den Heimweg machen konnte.

Am Morgen, bevor er arbeiten ging, hat er jedes Mal im Herd, winters auch den Ofen angefeuert und Kaffee gemacht, den er dann an die Wärme stellte.

Dass er schaffen konnte bis zum Umfallen und vieles selber herstellte, rechneten wir ihm hoch an. Vor allem die drei ältesten Buben, Sepp, Martin und ich, hatten einen zusätzlichen Grund, ihn zu bewundern. Jeder von uns kann sich noch lebhaft daran erinnern, wie wir ihm manchmal in seiner Werkstatt zuschauten und zur Hand gingen, wenn er uns dazu aufforderte. Martin sagt, er könne den Leim noch heute riechen. Er ist später selber Schreiner geworden. Was Vater in die Hände nahm geriet. Er war einfach tüchtig. Er besass eine gute Vorstellungskraft und Beobachtungsgabe, denn wenn ich mich recht entsinne, brauchte er nicht einmal Pläne für seine Arbeit.

Dieses Bild meines werkenden Vaters ist tief in mir haften geblieben. Dass er sich etwas zutraute, ohne es formell erlernt zu haben, hat mich beeindruckt. Um etwas zu realisieren, braucht man nicht unbedingt eine Ausbildung. Man muss es einfach wagen, denn „Probieren geht über Studieren", das war seine Lebensphilosophie. Die Erinnerung an Vater half mir stets, Handarbeit nicht als etwas Minderwertiges anzusehen. Im Gegenteil, bei ihm hatte sie etwas Nobles, fast Künstlerisches. Mir war die Beschäftigung mit der Hand als Ausgleich zur Kopfarbeit stets ein echtes Bedürfnis, obwohl ich es nie zu seiner Meisterschaft gebracht habe.

Wir hatten unseren Vater einfach unvoreingenommen, auf kindliche Art gern, weil wir wussten, was wir an ihm hatten. Sepp drückt es so aus: „Für mich blieb Vater immer der Vater. Er hat für uns gesorgt, wir hatten zu essen, ein Heim, alles funktionierte soweit reibungslos. Wir erwarteten auch nicht mehr von ihm, wussten, wir hatten nicht viel Geld, aber es war hart verdient".

Vater war sogar einmal Lebensretter. Hätte er nicht rechtzeitig eingegriffen, wäre Martin wahrscheinlich nicht mehr am Leben. Diese Tat hat mein Bruder Vater nie vergessen, sie hat ihm geholfen, negative Erinnerungen an ihn auszugleichen. Jedes Jahr konnten wir auf unserem Hof eine grosse Menge Obst ernten. Einen Teil davon brachten wir zu einem Nachbarn, der eine handbetriebene Mosterei besass. Das war auch 1952 der Fall. Eines Tages im September hatten Vater, Martin und ich eine Fuhrladung dorthin gebracht und gemostet. Danach ging Vater zahlen, während Martin und ich den gepressten Trester aus der Trotte in eine grosse halbvolle Tonne schaufelten. Der geistig etwas zurückgebliebene Knecht des Nachbarn, dem wir bei dieser Arbeit halfen, hatte das Gefühl, man müsse im Tresterfass noch etwas Platz schaffen, damit alles hineinpasse. Deshalb befahl er meinem Bruder, ins Fass zu steigen, um den schon mehrtägigen Trester mit Füssen zu stampfen. Martin tat das ohne Widerrede, er war klein und wendig. Doch der Alkoholdampf betäubte ihn augenblicklich. Glücklicherweise kam Vater rechtzeitig zurück und befreite seinen bewusstlosen Sohn aus der misslichen Lage. „Als ich zu mir kam, sah ich in meiner Verwirrung Musikanten neben Vater herlaufen. Möglich, dass es Schutzengel waren", erinnert sich Martin.

Zumindest in den früheren Jahren nahm *Däädi* sich Zeit für seine Kinder. Er machte mit ihnen Ausflüge mit dem Postauto ins Schächental und auf den Urnerboden, mit der Luftseilbahn aufs Haldi oder hinten im Veloanhänger nach Erstfeld. Dass solche intimen Beziehungsmomente später seltene Sternstunden waren, bringt Hanni zum Ausdruck: „Richtig habe ich Vater nur erlebt, wenn er mich jeweils nach Steinen in die Ferien begleitete. Morgens marschierten wir mit dem Koffer zum Bahnhof Altdorf, am Abend fuhr er allein zurück. Er lebte dann komplett auf, er kam gerne nach Steinen und wäre am liebsten dort geblieben. Da erfuhr ich ihn immer sehr positiv. Sonst hatte ich als Kind keine Beziehung zu ihm, ich weiss nicht, ob er eine zu uns hatte".

Tatsächlich zog Vaters Berufswechsel einschneidende Änderungen nach sich, die schleichend auf ihn übergriffen. Sie betrafen vor allem den Platz, den er in der Familie einnahm, und wie er sich mit seinen Kindern abgab. Seit er seinen Lohn als Bauarbeiter verdiente, lebte er selbstverständlich nicht mehr den ganzen Tag in unserer Nähe, wie das als Bauer der Fall gewesen sein muss. Manchmal kam er fürs Mittagessen nach Hause, fuhr dann aber gleich wieder mit seinem Velo weg. Er besass einen alten „Göppel" ohne Übersetzung und Handbremse, nur mit Rücktritt.

Wenn die Baustellen das Heimkommen nicht erlaubten, was nun häufig vorkam, blieb Vater manchmal ganze Wochen fort. Die Abende und Nächte verbrachte er in Barackenlagern. Dort sassen die Werktätigen nach getaner Arbeit zusammen, um zu klönen, Karten zu spielen und zu trinken. Wenn er dann am Samstagnachmittag nach Hause kam, war er totmüde und wollte Ruhe haben. Wir Kinder mussten still sein. Er wollte kein Kindergeschrei hören. Es hat uns bestimmt verwirrt und beängstigt, dass wir als Störenfriede empfunden wurden.

Doch nicht bloss die längeren Absenzen hatten Folgen. Mit der Zeit machte sich bei Vater auch der Verschleiss der körperlichen und emotionalen Kräfte bemerkbar. Er brauchte nun etwas häufiger den Zug aus der Flasche. Es fiel ihm schwerer und schwerer, seiner Familie die nötige Aufmerksamkeit zu schenken. Es schien, als könnte er diese Last nicht auch noch tragen. Er zog sich zunehmend zurück, verbrachte mehr Zeit in seiner Werkstatt oder ging zu Kunden, um einen Auftrag zu erledigen. Am Sonntag nach dem Essen machte er sein Mittagsschläfchen. Damit er seine Ruhe hatte, gingen wir draussen spielen und mit Mutter spazieren. Nicht, dass er sich gänzlich aus unserem Leben verabschiedet hätte. Doch vor allem aus der Erziehung zog er sich zurück. Die überliess er weitgehend seiner Frau.

Wie hat das auf uns Kinder gewirkt? Haben alle es so wahrgenommen? Einige urteilen heute, sie hätten nicht viel von Vater gehabt, er sei mehr abwesend als anwesend gewesen. Er sei sicher ein guter Vater gewesen, aber auf Distanz. Wenn ich in mich hineinhorche, fühle ich dort ebenfalls, er habe mir manchmal gefehlt. Aber ich bin mir nicht sicher, ob das schon als Kind so war. In der Umgebung, in der wir lebten, war seine Art sich zu verhalten nicht unüblich. Ich jedenfalls kannte viele Beispiele, wo das genauso ablief. Deshalb habe ich mich möglicherweise erst in späteren Jahren daran gestossen.

MANCHMAL VERZWEIFELTE SIE FAST

Unter den gegebenen Umständen wuchs Mutter notgedrungen in die Rolle des tatsächlichen Oberhaupts der Hausgemeinschaft hinein. Sie war die starke Frau hinter dem Mann, welche die Familie zusammenhielt, schaute, dass alles lief. Das merkten wir Kinder sehr wohl, selbst in jungen Jahren. Wir sind mit ihr aufgewachsen. Sie war ständig um uns herum, von Morgen bis Abend, ihr konnten wir nicht ausweichen, ihr mussten wir gehorchen.

Selbstverständlich duzten wir Mutter, wie das nun allgemein

üblich war; das gleiche galt auch für Vater. Wir redeten sie mit *Mammä* an. Auch andern gegenüber sprachen wir meist so von ihr, nicht von *isiri Müätr*. Für uns drückte das *Mammä*, nüchtern und ohne Überschwänglichkeit, treffend aus, was wir für sie von Herzen empfanden: Zuneigung, Vertrautheit, warme Gefühle. Erst als wir unsere eigenen Familien gegründet hatten, kam Bewunderung und Hochachtung hinzu. Was sie nicht alles geleistet hat! Sie hat immer gekrampft, sie konnte schaffen wie kaum jemand. Gewiss, sie war noch jung und kräftig und gewöhnt zu arbeiten. Doch alle Bekannten lobten Mutter für ihre tadellose Haushaltführung und wie gut sie für die Familie sorgte. Als Kinder fanden wir das selbstverständlich, erst im Rückblick wundern wir uns, wie sie das alles fertig gebracht hat und fragen uns, ob wir fähig gewesen wären, es ihr gleichzutun.

Jetzt zeigte sich, dass Marie einmal in eine ausgezeichnete Haushaltschule gegangen war. Sie hatte sich in ihren Lehr- und Wanderjahren als Dienstmädchen zahlreiche Fähigkeiten angeeignet, die sie als Hausfrau geschickt und mit Schaffenskraft umsetzte.

Mutter legte grossen Wert auf Sauberkeit, in der Wohnung, bei der Wäsche, der Kleidung. Zudem zog sie immer schöne Blumen und zierte die Fenster mit prachtvollen Geranien. Das alte Haus in Ordnung zu halten war keine einfache Sache. Unmöglich, alles feinsäuberlich zu verstauen, die Wohnverhältnisse waren zu eng. Staub und Dreck blieben überall haften und liessen sich nur mühsam entfernen. Es gab auch viel zu waschen. Vater wollte jeden Tag saubere Socken anziehen und dreckige Windeln gab's nahezu jederzeit. Solche Wäsche erledigte Mutter jeden Werktag in der Küche. Kam dazu, dass mehrere Buben das Bett nässten, weshalb es häufig Bettzeug zu reinigen gab. Auch hatten wir Knaben viel im Holzschopf, Stall und Freien zu tun, wo man notgedrungener Weise schmutzige Kleider bekam. Schon deshalb war regelmässig Grosswäsche angesagt. Wenn es soweit war, erhielt Sepp den Auftrag, Tante Regina zu benachrichtigen, sie solle helfen kommen. Unten in der Waschküche wurde der grosse Waschkessel eingeheizt und die Lauge zum Erhitzen gebracht. Die schmutzigen Wäschestücke weichte man vorher ein und schrubbte sie auf einem Waschbrett, bevor man sie in den Kessel legte. Mit einem Holzpaddel wurde der Inhalt umgerührt, bis er nach einiger Zeit siedend heiss herausgezogen und zur Spülung in einen Zuber mit kaltem Wasser geworfen wurde. Die schwerste Arbeit war danach, das triefend nasse Zeug auszuwringen. Für die grossen Leintücher brauchte es zwei Personen. Dann erst konnte man die Wäsche an der frischen Luft zum Trocknen aufhängen und anschliessend bügeln. Alle diese Arbeitsgänge mussten von Hand erledigt werden. Es gab noch keine Waschmaschine. Ende der Fünfzigerjahre wurde wenigstens eine kleine, freistehende Schleuder angeschafft, womit das manuelle Auspressen des Wassers entfiel und der Trocknungsprozess beschleunigt wurde.

Dank Mutters Fertigkeiten als Schneiderin und Strickerin trugen wir Kinder immer tadellose Kleider. Sie legte grossen Wert darauf, dass ihre Familie in der Öffentlichkeit stets gute Fasson machte. Dafür tat sie alles, mit allen Mitteln, die ihr zur Verfügung standen. Mit einem Mann auf dem Bau und so vielen Kindern gab es ständig etwas zu nähen, flicken, stopfen und *lismä*.

So kam *Mammä* kaum aus dem Haus heraus, um sich zu vergnügen und Freundschaften zu pflegen und musste auf vieles verzichten. Auch sie hätte es geschätzt, manchmal auszugehen. Sie hat immer gesagt, sie wäre als junge Frau furchtbar gerne der Trachtengruppe Erstfeld beigetreten. Vater war dagegen, er war nicht bereit, seine Kinder zu hüten. So besass sie von Anfang an wenig Spielraum.

Dafür überliess Dominik ihr die Finanzverwaltung. Das war keine Besonderheit unseres Haushalts, sondern weiterum üblich. Vater gab ihr sein Löhnchen und bekam einen kleinen Anteil als Sackgeld zurück. Brauchte er mehr, verdiente er es mit Kundenaufträgen. *Mammä* schaffte es regelmässig, das knappe Geld so einzuteilen, dass es bis zum neuen Zahltag langte. Sie hatte die Gnade, aus wenig etwas zu machen. Da kam ihr die Sparsamkeit zugute, die sie ihren Eltern abgeschaut hatte.

In den Jahren, als Vaters Lohn trotzdem nicht reichte, weil immer mehr Kinder da waren und niemand sonst verdiente, besorgte Mutter sich von der Armee Heimarbeit. Ich sehe sie heute noch vor mir, wie sie abendelang, manchmal bis Mitternacht, in der Wohnstube Soldatenhemden näht. Das zehrte an ihren Kräften, sie wirkte danach müde und reagierte gereizt. Sie übernahm auch Auslieferungsaufträge von Versandfirmen. Regelmässig kamen ganze Landungen von Waren bei uns an, die Bewohner von Schattdorf bestellt hatten. Von Verlagen erhielten wir zudem *Heftli* zum Verteilen. Wir Kinder hatten die Aufgabe, diese Artikel bei den Bestellern vorbeizubringen und den geschuldeten Betrag einzuziehen. So kamen wir im Dorf herum und konnten feststellen, dass die meisten Leute in ähnlich einfachen Verhältnissen lebten wie wir. Mit der Schlussabrechnung war es dann jeweils so eine Sache. Mutter zählte die Beträge auf einem Papier zusammen. Sie besass keine Rechenmaschine. Regelmässig kam ein Punkt, wo sie feststellte, dass etwas nicht stimmte, was sie fast zur Verzweiflung trieb. Am Schluss hatte aber doch immer alles seine Richtigkeit und sie konnte den kleinen Anteil ausscheiden, der ihr als Verdienst zustand.

Sobald die Älteren gross genug waren, erwartete sie dann auch von ihnen, dass sie beim Verdienen mithalfen, etwa als Ausläufer in einer Bäckerei oder als Knechtlein bei Bauern. Zudem besassen wir den Landwirtschaftsbetrieb, der ein wenig Pacht abwarf, von der allerdings auch die Hypo-Zinsen zu berappen waren. Der Bauernhof ermöglichte ein schönes Mass an Selbstversorgung. Wir hatten billige Milch, konnten das Obst nutzen und Gärten anlegen. Mutter verstand es, soviel als möglich selber zu produzieren.

Ob all dieser Arbeit leuchtet es ein, dass *Mammä* sich nicht immer intensiv um jedes Kind kümmern konnte. Ihr blieb gar nichts anderes übrig, als dem Aspekt der Versorgungsgemeinschaft den Vorrang zu geben. Wir konnten sie also nicht einfach so für uns in Anspruch nehmen, wie es Kinder heutigen Tags von ihren Eltern erwarten. Wo hätte sie die Zeit und Kraft hernehmen sollen, auf jedes Glückserlebnis, Wehwehchen und „Sörgelchen" von jedem ihrer elf Kinder einzugehen? Bestimmt hätte sich dann der eine oder die andere benachteiligt gefühlt! Beim Kommunikationsstil, der sich so in der Familie herausbildete, ging es deshalb weniger darum, über sich selbst und miteinander zu sprechen, als um Praktisches zu regeln. Mutter liess ihre Kinder auch nicht bei jeder Gelegenheit spüren, wie gern sie sie hatte. Sie war sparsam mit Lob und in Sachen Zärtlichkeit eher spröde. Wenn uns wirklich etwas plagte oder wir Rat brauchten, hatte sie aber doch ein Ohr für jeden. Sie war stets um uns besorgt, wenn uns etwas zugestossen war oder wir uns nicht wohl fühlten. Mehrere von uns waren gesundheitlich anfällig, an den Augen, im Hals, auf der Lunge, und Kinderkrankheiten oder Erkältungen hatten wir selbstverständlich auch. Dann war sie immer zur Stelle. Sie pflegte uns mit Hingabe, meistens mit Hausmittelchen, und wenn nötig rief sie den Doktor oder schickte uns zu ihm.

Vater war ein Durchschnittschrist. Er ging in die Kirche, soweit das vorgeschrieben war, erfüllte seine Osterpflicht und äusserte kein abschätziges Wort über die Geistlichkeit. Mehr jedoch tat er nicht. Immerhin respektierte er kommentarlos, dass seine Gattin sehr religiös war. Sie war von ganzem Herzen praktizierende Katholikin, die es mit den Vorschriften Roms genau nahm. Sie ging auch während der Woche in die Kirche, meistens in die Frühmesse. Das war eine der seltenen Gelegenheiten, bei der ich sie für mich alleine hatte. Weil ich Altardiener war, nahmen wir den Weg oft in vertrauter Zweisamkeit unter die Füsse. Bald nach dem Weltkrieg trat sie dem franziskanischen Dritten Orden bei. Ich habe sie aber nicht als eine frömmlerische Person in Erinnerung. Sie ging nicht wegen der Leute in die Kirche, sondern weil es ihr ein inneres Bedürfnis war. Ihr war nicht der Pfarrer wichtig, sondern der Herrgott, obwohl sie mit einigen Geistlichen enge Beziehungen pflegte. Die Religion gab ihrem Leben in schweren Stunden Halt und Sinn. Sie brauchte den Schutz Gottes und das Vertrauen in ihn, sie baute auf die Hilfe der Heiligen und Schutzengel. Sie drohte uns aber nicht mit Hölle und Teufel. Ich denke, sie glaubte mehr an einen barmherzigen als an einen strafenden Gott.

Im Grunde genommen war Mutter ein liebevoller, gutmütiger Mensch, doch sie besass kein fröhliches, humorvolles Naturell. Ein paar Geschwister haben erzählt, dass sie in jenen Jahren oft weinte, wenn sie wieder einmal am Ende ihrer Kräfte war und sich über ihr Leben beklagte. Ich selber kann mich nicht an sowas entsinnen. Doch während meiner ganzen Kindheit und Jugend hat Mutter immer sehr ernst auf mich gewirkt. Ihr Gesicht und Auftreten waren selten entspannt, weil sie sich grosse Sorgen machte, wie sie die Familie über die Runden bringen könne.

Manchmal soll sie daran fast verzweifelt sein. Vielleicht brachen bei ihr Existenzängste durch, die sie aus ihrer Kindheit kannte. Ihre Familie hatte oft den Gürtel eng schnallen müssen. Vom Charakter her war sie eh ein ängstlicher Mensch.

Sie fühlte sich aber auch häufig von ihrem Mann im Stich gelassen. Sie warf ihm zwar nie vor, er verdiene zu wenig, weil sie sah, dass er sein Bestmöglichstes tat, und zeigte Verständnis dafür, dass offenbar nicht mehr drin lag. Aber sie litt stark unter den finanziellen Nöten und der materiellen Unsicherheit, mit der sie zurechtkommen musste. Als Finanzverwalterin besass sie den besseren Überblick als Vater, der sowieso in dieser Beziehung sorgloser war und mit Geld weniger haushälterisch umging. Auf dem Bau war er gewohnt, den Durst mit alkoholischen Getränken zu löschen, dann und wann halt auch mit mehr als nötig. Damit befand er sich in guter Gesellschaft, in seiner Umgebung hielten es viele so. Mutter vergönnte ihm sein Schöppchen nicht. Am Sonntag durfte er sein Glas Valpolicella oder Montagner haben. Doch sie fand, er überschreite oft das rechte Mass. Sie konnte nicht einsehen, warum er Geld für etwas brauchte, das sie sowieso Mühe hatte zu billigen, während sie selber jeden Rappen zählen musste. Sie deutete das als Charakterschwäche, Zügellosigkeit und moralischen Verstoss gegen die Eheverpflichtung, sich umeinander zu kümmern. Deshalb schickte sie einmal Sepp zum Pfarrer mit der Bitte, er solle Vater ins Gewissen reden. Ihrer Meinung nach war die Geistlichkeit die richtige Adresse dafür, denn sie war ja beauftragt zu lehren, was zu gottgefälliger guter Lebensführung gehörte. Sie hätte es auch lieber gehabt, ihr Mann würde sich ein wenig mehr mit seinen Kindern abgeben als für andere Leute Fenster zu flicken. Für sie trug er schliesslich die Hauptverantwortung für die grosse Kinderzahl. Das hat sie beharrlich betont.

Als *Mammä* hat sie zwar alle von uns selbstverständlich ins Herz geschlossen, als Mutter, als Gebärerin, hätte sie sich aber auch mit weniger Kindern zufrieden gegeben.

Obwohl niemand von uns in jenen Jahren Zeuge heftiger Streiterei zwischen den Eltern wurde – lieber schwiegen sie einander an als sich anzuschreien –, hat Mutters Haltung Vater eher in die Isolierung getrieben. Männer liessen sich in jenen Tag ungern von ihren Frauen Vorhaltungen machen. Schliesslich waren sie das Oberhaupt der Familie. Anstatt seinen Lohn sofort nach Hause zu bringen, blieb er dann und wann etwas länger im Wirtshaus, um mit seinen Arbeitskollegen zu „plagieren". In derartigen Situationen kam er aus sich heraus, unterhielt die Runde mit lustigen Anekdoten und liess sie sich mit einem Freibier vergüten. Einmal merkte er erst zuhause, dass er sein Lohnsäckchen liegen gelassen hatte. Für Mutter fiel eine Welt zusammen, sie hatte Schulden im Laden, weil wir die Einkäufe immer bis zum Zahltag anschreiben liessen. Glücklicherweise hatte niemand das Geld eingesteckt und so kam alles wieder in Ordnung. Aber der Schrecken blieb.

Vater fühlte sich in solchen Situationen von seiner Frau unfair behandelt, doch statt sich zu rechtfertigen, zog er sich zurück oder ging bei Kunden werkeln. Er machte sich ja selber Vorwürfe, dass er seiner Familie kein sorgenfreieres Dasein bieten konnte, obwohl er dafür schwerstens schuftete. Doch klagen ging ihm auf die Nerven. Er selbst hat sich nie über sein Schicksal beschwert. Schmerzen hielt er wortlos aus. Diesbezüglich enttäuschte ihn seine Frau. Auf ihren Geburtstag anspielend, konnte er dann abschätzig bemerken, die arme Seele müsse halt wieder einmal jammern.

Im Nachhinein gesehen zahlten die Eltern einen hohen Preis für *Däädis* berufliche Veränderung, selbst wenn es ihm als Bauer finanziell nicht besser ergangen wäre. Manchmal wussten beide weder ein noch aus.

In meiner persönlichen Erinnerung jedoch sieht es anders aus. Ich habe die Jahre, die wir als Familie im Gadenhaus verbrachten, als schöne Zeit erlebt. Ich hatte eine behütete Kindheit, brauchte mir wenig Sorgen zu machen, fühlte mich wohl und aufgehoben im Kreis der Meinen. Zudem erhielt ich ständig mehr Verantwortung, je grösser ich wurde. Und ich erfuhr, wie sich der Blick auf die grosse Welt leise aber stetig einen Spalt breit vor mir öffnete. Nach meinem Dafürhalten ging es somit ständig aufwärts. Schon deshalb fand ich es wahrscheinlich unerheblich, dass die Eltern nicht immer reibungslos miteinander auskamen. Viel lieber nahm ich ihre dauernde Ermunterung wahr zu lernen. Ich glaubte zu verstehen, dass Vater und Mutter eine wichtige Lektion ihres Lebens an uns weitergeben wollten. Vater hat uns vorgelebt, dass es im Endergebnis nicht immer das Beste ist, in seinen angestammten Wurzeln zu verharren. Sicher, seine neuen Flügel hat er nicht immer gut einzusetzen vermocht, er und seine Frau waren ungenügend auf das, was auf sie zukam, vorbereitet.

Beide Eltern haben sich aber mit Kräften dafür eingesetzt, dass es uns diesbezüglich einmal besser ergehen würde.

Einfache Verhältnisse

Bis in die Sechzigerjahre führte die Familie ein äusserst anspruchsloses und genügsames Dasein. Den Gürtel eng schnallen und aus der Not eine Tugend machen war nicht Worthülse, sondern Alltagsrealität. Das fiel nicht immer leicht, auch wenn in den Erinnerungen ein wenig Nostalgie mitschwingt nach der Zeit, als es noch keinen Modezwang, erst wenige Markenartikel und noch nicht die Qual der Wahl im Supermarkt gab. Doch wir mussten einander Platz einräumen, die Wohnverhältnisse wollten es so.

Trotzdem war mein Haus meine Burg. Ich empfand das Gadenhaus meiner frühen Jahre als Hort der Geborgenheit. Meine Burg strahlte Wärme und Gemeinschaft aus. Ich fühlte mich drinnen und draussen wohl und gut aufgehoben, denn zum Haus gehörten noch zwei Ställe, ein grösseres Stück Wiesland, ein Wäldchen am Gangbach, zwei Bäche und viele Obstbäume. Dass der Wohnraum eng und ärmlich eingerichtet war, störte mich nicht, das war normal. Platz, um Esswaren, Vorräte, Kleider und Spielzeug zu versorgen, war spärlich vorhanden. Mutter schimpfte oft mit uns, wenn wir unsere Siebensachen herumliegen liessen. Viel davon besassen wir nicht, aber putzen und aufräumen war trotzdem Pflicht. Verwandte haben erzählt, dass sie jeweils beim Besuch über die Sauberkeit und Ordnung staunten, die bei uns herrschte. Zweimal im Jahr, im Frühling und Herbst, wurden alle Schränke leer gemacht und gereinigt, die Böden gefegt und gewienert und die Matratzen nach draussen getragen und ausgeklopft. Danach duftete alles wieder ein paar Tage herrlich frisch.

Im Haus drin spielte sich das Leben in wenigen Räumen ab: Küche, Wohnstube, Elternschlafzimmer und zwei Schlafkammern im oberen Stock.

Rechts neben der Tür, durch die man vom Treppenhaus her die Küche betrat, befanden sich der Schüttstein und eine Geschirrablage. Aus dem Hahn floss nur kaltes Wasser. Daneben stand ein eiserner holzbefeuerter Kochherd mit Backofen und eingelassenem Wasserbehälter, aus dem man Warmwasser fürs Geschirrwaschen schöpfte. Das Herdfeuer hatte mehrere Funktionen. Es diente zum Kochen, Backen, Dörren, Warmmachen von Wasser und Heizen. Die Öffnung über dem Feuer, auf der die Speisen zubereitet wurden, konnte mit gusseisernen Ringen vergrössert oder verkleinert werden. Die richtige Temperatur zu erzielen war Kunst. Ob wohl der Kochherd deshalb *Kunscht* genannt wurde? Griffbereit hinter dem Herd hingen grosse, russige Pfannen und verschiedene Utensilien. An der gegenüberliegenden Wand war ein Küchenschrank angebracht. Nach Osten hin grenzte der Raum an ein Fenster, durch das die Morgensonne drang. Darunter befand sich ein Kasten mit Brennholz. In der linken Ecke gegenüber der Eingangstür stand der Tisch. Auf ihm nahm die Familie, dicht gedrängt, die täglichen Mahlzeiten ein. Er diente auch als Arbeitsfläche zum Rüsten von Speisen und Erledigen der Schulaufgaben.

Mammä war eine gute Köchin, wir hatten nie das Gefühl, schlecht zu essen. Hungern brauchten wir nicht, doch die Kost war einfach. Gegessen wurde, was auf den Tisch kam, *gschnäderfrääsig* sein kam nicht gut an. Dieses Privileg hatte nur Vater. Er mochte Reis, Fisch, Schaffleisch und Poulet nicht und war auch kein Freund von Gemüse. In seiner Kindheit hatte es weder Huhn noch Fisch noch „Grünfutter" gegeben. Weil er Schwerarbeit erledigen musste, erhielt er hingegen manchmal als Einziger ein Stück Fleisch oder eine Wurst vorgesetzt. Wir Kleinen neideten es ihm nicht, wir fanden, das habe er verdient. Unsere Teller wurden meist leer, an Appetit fehlte es selten. Wenn etwas knapp bemessen war, übten wir uns wohl oder übel im Teilen.

Die Familie versorgte sich weitgehend selbst. Die Einkaufsmöglichkeiten im Dorf waren sowieso beschränkt. Es gab Metzgereien, Bäckereien, Tante-Emma-Läden und einen Konsum, aber keinen

Supermarkt, kein Einkaufszentrum – noch lange nicht. Regelmässig eingekauft wurden nur Zucker, Mehl, Reis, Polenta und (Schwarz-) Brot, letzteres in grossen Mengen. Wir hatten Äpfel, Birnen, Kirschen, Holunder und Gemüse vom Garten. Besonders gut schmeckten die roten Berner Rosen, die wir Verena-Äpfel nannten, weil sie um den 1. September, dem Verena-Tag, reif waren, und die Theilersbirnen, die Mutter dörrte. Sie machte auch viel Kompott. Jeden Herbst sterilisierte sie grosse Mengen Süssmost und füllte ihn in Zweiliter-Chiantiflaschen ab, eine für jeden Sonntag, das musste für alle reichen. Im Garten wuchs eigentlich alles: Salat, Bohnen, *Chabis*, Karotten, Tomaten, schöne Zwiebeln, Rhabarber, Kartoffeln, usw. Äpfel und Kartoffeln wurden im Keller des Gasthauses Brückli gelagert. Dort hausten auch grosse Ratten, weshalb es Überwindung brauchte, hineinzugehen. Jedes Jahr wurde eine Sau gemästet. Wenn der Störmetzger kam, war Festtag. Danach gab's Delikatessen wie Schwartenmagen und *Gräibichüächä*. *Gräibi* sind die Krümel, die vom ausgelassenen Schweinefett übrigbleiben. Weil die wenigsten Einwohner einen Kühlschrank besassen, wurde in Schattdorf in den Fünfzigerjahren ein Kühlhaus gebaut, das Fächer vermietete. Dort wurde das Schweinefleisch tiefgefroren eingelagert. Manchmal kauften die Eltern noch von Schächentalern eine grössere Menge Rinds- oder Kalbsfleisch, das ebenfalls dort landete. Wir hatten auch Hühner.

Zum Frühstück assen wir Brot mit Konfitüre oder Birnell, ohne Butter. Birnell ist ein Brotaufstrich aus Birnendicksaft, den man damals eimerweise auf der Gemeinde bestellen konnte. Mutter war überzeugt, dass Holunderkonfitüre vor Erkältung schützt. Deshalb wurde sie in grossen Mengen hergestellt. Die Früchte lieferten zwei Bäume neben dem Haus am Gangbach. Den Anken, den wir dann und wann von Verwandten bezogen, sott Mutter ein. Wenn kein Brot da war, gab's zum Frühstück Rösti. Dazu tranken wir Milch mit Zichorienkaffee (Franck Aroma). Zum *Znini* und *Zvieri* erhielten wir ein grosses Stück Brot mit einem Apfel. Am Abend wurden Suppe, *Gschwellti, Vo-*

gelhaiw oder Milchreis mit Zimt vorgesetzt. Sonntags kam am Mittag der schon erwähnte Braten mit *Härdepfelstock* auf den Tisch, im Sommer zusätzlich grüner Salat, den wir mit Zucker bestreuten. Am Montag Polenta mit der Sauce vom Sonntag, am Samstag häufig Fleischsuppe oder Siedfleisch mit Euter. Ein anderes beliebtes Gericht waren Kügeli aus Wurstbrät. Regelmässig Fleisch hatten wir aber nur an Sonn- und Feiertagen. Freitag war sowieso fleischlos, das war kirchliche Vorschrift. Vielleicht war das der Tag, an dem Mutter im Herbst und Winter getrocknete Kastanien in einer Mehlsauce weichkochte. Wegen dem „Aufwind", der danach entstand, gingen wir am Nachmittag mit gemischten Gefühlen zur Schule. Am Karfreitag gab's paniertes Fischfilet. Festtage wie Weihnachten, Fasnacht, Ostern und Kilbi waren mit kulinarischen Spezialitäten verbunden. Schokolade, Mandarinen, Erdnüsse und *Biräweggä* gehörten zu Weihnachten, Orangen zur Fasnacht. Mutter machte jeweils eine Waschzeine voll Fasnacht-Küchlein. Für Ostern färbten wir Eier. *Zigerchrapfä,* „Chabis mit Schaffleisch" und Pastete gehörten zur Kilbi.

Die Küche war auch der Ort für die tägliche Körperhygiene. Das morgendliche Waschritual mit dem kalten Hahnenwasser erledigten wir rasch, wie Katzen, die das Wasser scheuen. Einmal in der Woche hingegen, am Samstag und vor Feiertagen, stand eine gründliche Körperreinigung auf dem Programm. Winters in der Küche, und sobald die Temperatur es erlaubte, in der Waschküche. Dafür wurde Wasser vorgeheizt und in einen Zuber gegossen, in dem dann meist mehrere nacheinander badeten. Die Unterhosen hatten wir anzubehalten. Völlige Nacktheit schickte sich selbst für Kleinkinder nicht.

In der Küche lauerten auch Gefahren. Hanni erzählt, sie habe einmal fast einen Brand verursacht. Mutter sei in der Waschküche beschäftigt gewesen und habe sie beauftragt, Kaffee zu machen. Doch das Anfeuern des Herdes wollte nicht klappen. Jemand habe sie deshalb gehänselt, sie könne nicht einmal richtig Feuer machen, was sie nicht auf sich sitzen lassen wollte. Sie habe deshalb Sprit auf die

schwelenden Scheiter gegossen, worauf die Flasche Feuer fing. Vor
Schreck warf sie diese in die Holzkiste, über der Vorhänge hingen, und
rannte schreiend in die Waschküche zu Mutter, „die Küche brennt".
Auch von Verbrennungen berichten Hanni und Franz. Hanni erzählt,
sie sei etwa sechs gewesen, als Mutter einmal auf einem Spritkocher
Hirsebrei wärmte, den sie umrühren sollte. Dabei kippte das Pfänn-
chen und der heisse Schleim verbrannte ihre beiden Beine. Weil sie
nicht mehr gehen konnte, durfte sie sich mit dem Kinderwagen herumkutschieren lassen. Ähnliches passierte Franz als *Pfidäri* sogar
zwei Mal. Das erste Mal überschütte er sich mit heissem Wasser den
Unterarm, das zweite Mal mit Fleischsuppe den Oberarm, weil er jeweils eine Pfanne mit siedender Flüssigkeit vom Herd riss. Die Narben
sind immer noch sichtbar.

Auch die Wohnstube war spärlich möbliert. Trotzdem war sie heime-
lig. Im Zentrum thronte ein grosser Tisch mit zahlreichen Stühlen. Auf
ihm wurden die Festessen serviert, Gäste bedient und Jassrunden
oder Würfelspiele veranstaltet. Wir benützten ihn, um unsere Hausaufgaben zu erledigen, und Mutter sass daran, wenn sie strickte oder
Löcher in den Wollsocken stopfte. In der Stube erledigte sie auch das
Bügeln, nähte mit einer fussbetriebenen Nähmaschine Kleider und
verrichtete Heimarbeit. Auf der Seite zum Elternschlafzimmer stand
ein kleines Kanapee, auf das man sich gemütlich hinsetzen konnte,
wenn nicht gerade jemand darauf ein Schläfchen machte. Wir hatten
weder Telefon noch Fernsehgerät. Mussten die Eltern telefonieren,
konnten sie es im nahen Gasthaus tun, wo sie auch telefonisch erreichbar waren. Einen Radioapparat besassen wir erst ab Ende der
Fünfzigerjahre. Er war ein Geschenk der Wirtsleute von nebenan. Von
da an sass die ganze Familie oft in der Stube zusammen, um berndeut-
schen Hörspielen von Gotthelf, Sportreportagen oder Wunschkonzer-
ten zu lauschen. Schliesslich war in einer Ecke ein Herrgottswinkel
mit Kreuz und geweihten Stechpalmen angebracht, und irgendwo

hing eine grosse Pendeluhr.

Was das *Biäzä* anbelangt: Die Älteren können sich gut daran erinnern, wie selten jemand in der Familie ein neues Kleidungsstück in Empfang nehmen durfte. Das musste danach jahrelang halten und auch noch – von Mutter immer wieder geflickt und zurechtgeschneidert – vom nächsten oder sogar über- und übernächsten Geschwister getragen werden. Ausserdem waren manche – meist ebenfalls schon getragene – *Gwändli* Geschenke von befreundeten Familien oder der Winterhilfe. Für Mutter bedeutete das eine grosse Entlastung. An uns verdienten Kleidergeschäfte nicht gross. Wir praktizierten Recycling lange bevor es „in" war.

Modisch gekleidet waren wir nicht. Aber *Mammä* legte Wert darauf, dass das, was wir trugen, sauber war und keine Löcher hatte. Uns passte aber nicht alles. So waren lange Hosen noch nicht üblich. Die Knaben hatten kurze an, die Mädchen Röcke, im Sommer wie im Winter. Um nicht zu frieren, musste man wollene Strümpfe anziehen. Damit diese nicht nach unten rutschten, wurden sie mit elastischen Bändern an einem Strumpfhalter, *Gschtältli* genannt, festgemacht. *Gschtältli* und Strümpfe kratzten, und man fror trotzdem. Auch das Schuhwerk ist nicht in bester Erinnerung. Oft hatten wir an den Füssen *Kartatschä*, Schuhe mit Holzböden, die Lärm machten und gar nicht elegant aussahen. Allerdings liefen wir zuhause in den wärmeren Jahreszeiten immer barfuss herum. Für mich war der Frühlingstag, an dem ich jeweils zum ersten Mal wieder die lästigen Strümpfe und Schuhe ausziehen konnte, ein wahres Fest. Wie ein Rind, das nach langen Wintermonaten im Stall auf die Wiese weiden gehen darf, hüpfte und rannte ich mit Freudensprüngen ins Freie, um dort erneut das herrliche Gefühl von baren Fusssohlen auf der Erde zu geniessen.

Die Schlafkammern, wo die grösseren Kinder die Nacht verbrachten, waren schmal. Platz war nur für zwei Betten, in denen wir oft zu mehreren schliefen. Als Kind empfand ich es schön, mit einem Brüderlein

die Schlafstatt zu teilen. Vor dem Einschlafen schwatzten wir miteinander und erzählten uns Geschichten. Die älteren Geschwister hatten
das Privileg, in das vom bereits schlafenden Geschwisterchen wohlig
vorgewärmte Bett zu schlüpfen. Trudi hielt es umgekehrt. Abends sei
sie jeweils zuerst bei Hanni ins Bett gekrochen, bis dann die Grösseren kamen und ihr nichts anderes übrigblieb, als zu Marietta in das
noch leere, kalte Bett zu wechseln. „Wir hatten ja noch keine Säckchen aus Kirschsteinen. Im Winter war es kalt, deshalb haben wir uns
gegenseitig angewärmt". Freilich waren mehrere Buben Bettnässer,
kein Wunder, wir kamen ja oft durchnässt nach Hause und froren auch
sonst recht häufig. Das Bettnässen machte die Nacht auch für den
Mitschläfer ungemütlich. Die Missetäter schämten sich jeweils zu-
tiefst über das Missgeschick und mussten Mutters strafenden Blick
über sich ergehen lassen. Vor Prügeln hingegen brauchten sie sich
deswegen nicht zu fürchten.

      Das Schlafzimmer der Eltern gehörte Vater und Mutter. Kinder
hatten dort nichts zu suchen, ausser die ganz Kleinen. Sie schliefen
hier, bis sie gross genug waren, allein die Treppe zu den Schlafkammern hochzusteigen. So war es für Mutter einfacher, sie nachts zu
stillen und zu umsorgen. Im Elternschlafzimmer stand ausserdem der
einzige Kleiderschrank, wo auch Bettwäsche und Dokumente aufbewahrt wurden.

Solche Wohnverhältnisse waren normal. Schon daher stiessen wir
uns als Kind nicht daran. Solange man klein ist, fühlt man sich eh
wohler, wenn man nahe beieinander ist. Allerdings beklagte sich auch
niemand, wenn das eine oder andere Geschwister längere Zeit nicht
zuhause war. Das schaffte Platz für die Daheimgebliebenen. Doch in
der Pubertät, dem Alter, wo Heranwachsende langsam eigenständige Individuen werden wollen, begannen wir, unter der fehlenden In-
timsphäre zu leiden und darunter, dass man nirgends private Sachen
verstauen konnte. Der einzige Ort im Haus, wo es möglich war allein

zu sein, war das WC oben im Treppenhaus. Ich selber störte mich anfangs im Internat nicht daran, Schlafsaal und Studienraum mit vielen anderen zu teilen. Ich war es gewohnt, mit zahlreichen Menschen im selben Raum zu leben. Ich fand es aber toll, endlich ein eigenes Bett, Schäftchen und Schreibpult zu haben.

Die steigende Kinderzahl und die engen Wohnverhältnisse hielten Mutter allerdings nicht davon ab, zeitweilig Gäste zu beherbergen oder Kinder von Bekannten oder Verwandten ferienhalber oder zur Pflege aufzunehmen. 1960 gehörte auch Grossmutter Maria fast ein Jahr lang zum Haushalt. Stets hilfsbereit wie sie war, hatte sich Mutter bereit erklärt, sie aufzunehmen. Grossmutter lebte seit Jahren bei Regina und kam regelmässig bei ihrem Sohn Xaver Milch holen. Schaute sie bei uns vorbei, hatte sie meist ein paar *Güätzli* für uns Kinder dabei. Wohl auch an jenem Tag, als das Foto gegenüber entstand, eines der seltenen übrigens, wo auch Mutter drauf ist. *Mammä* sitzt mit dem kleinen Paul auf dem Schoss, Sepp, Hanni, Trudi, zwei Nachbarmädchen und Grossmutter im Hinterhof zwischen Treppenhaus, Stall und Gangbach.

Grossmutter Maria war eine urchige Person. Bis ins hohe Alter liebte sie es, geistig frisch, einen geselligen Jass zu klopfen und dabei originelle, träfe Sprüche zum Besten zu geben. Sie hatte ein verhutzeltes Gesicht, trug oft ein Kopftuch und mehrere fast knöchellange Röcke übereinander. Sie rauchte passioniert Pfeife. Ich kann mich erinnern, dass sie das noch an ihrem neunzigsten Geburtstag tat. Die ganze Verwandtschaft hatte sich ihr zu Ehren im engen Häuschen von Tante Regina versammelt. Nach heutiger Zählweise war es zwar erst der neunundachtzigste, damals wollte es halt der Brauch noch so, dass man das begonnene und nicht das vollendete Lebensjahr feierte.

Ein Jahr danach wurde Grossmutter pflegebedürftiger, bei Regina ging es nicht mehr. Deshalb verbrachte sie ihre letzten Lebensmonate bei uns. Die Eltern hatten für sie ein Bett in ihr Schlafzimmer gestellt. Ihre geistigen und körperlichen Kräfte nahmen von Tag zu

Grossmutter Maria auf Besuch, Sommer 1953

Tag ab, Altersdemenz machte sich bemerkbar. Sie konnte keine fünf Minuten mehr ruhig sitzen bleiben. In ihrer Not rief sie immer wieder nach ihrem Sohn, wiewohl der meist nicht da war. Sie sah auch nicht mehr gut. Im September brach sie sich den Schenkelhalsknochen, als sie wieder einmal vom Bett aufgestanden und in die Stube gekommen war und dabei umfiel. Mutter war froh, dass Vaters Schächentaler Geschwister gerade zu Besuch waren, so konnten sie ihr nichts vorwerfen. Von diesem Schlag erholte sich Grossmutter nicht mehr. Sie hütete fortan das Bett, unruhig und wirres Zeug redend. Offensichtlich plagte sie etwas. Mutter rief darum einen Priester, der ihr die Beichte abnahm. Danach soll er gesagt haben, es sei jetzt alles gut. Wenige

Tage später, im Oktober 1960, entschlief Grossmutter. Ihre letzte Ruhestatt fand sie in Spiringen.

Keine Frage: Der Wohnraum war knapp bemessen. Allerdings waren wir nicht genötigt, die meiste Zeit im Haus zuzubringen, sodass wir uns nicht ständig auf den Füssen herumtraten. In Wirklichkeit hielten wir uns grossenteils draussen auf. Wir wohnten ja auf einem Bauernhof. Wir weilten viel im Freien, im Stall oder im Heuschober. Vor dem Haus befand sich ein Brunnen mit einem Platz, auf dem wir spielten. Wir sassen gern im kleinen Hinterhof zwischen Gangbach und Wohnhaus, oder vergnügten uns am Gangbach, im Wäldchen entlang der Gangbachwehre, wo im Frühling grosse Mengen Maiglöckchen blühten, auf dem Wiesland, am Dorfbächlein. Das war unser Reich, hier streiften wir herum, wenn es uns drinnen zu eng wurde. Wir mussten aber auch viel draussen arbeiten. Manchmal vergassen wir dabei, dass Mutter es nicht gerne sah, wenn wir mit dreckigen und zerrissenen Kleidern nach Hause kamen.

GESCHWISTERBEZIEHUNGEN

Wie aber steht es mit den Geschwistern? Wie haben wir uns gegenseitig in Erinnerung? Ich brauchte ziemlich lange, bis mir klar wurde, was für einen zentralen Platz die Geschwister in unserer Familiengeschichte und im Leben jedes Einzelnen einnehmen. Wenn ich es genau betrachte, ist die Beziehung zu meinen älteren Brüdern und Schwestern die zeitlich ausgedehnteste meines Lebens. Sie dauert jetzt schon über siebzig Jahre. Sie besteht fort, obwohl meine Herkunftsfamilie in ihrer herkömmlichen Gestalt der Vergangenheit angehört. In veränderter Form führen wir Geschwister sie weiter. Schon von daher verdient das Thema Geschwister meine besondere Aufmerksamkeit.

Psychologen und Familientherapeuten fassen heute das Zusammenspiel unter Brüdern und Schwestern als eine gestalterische

Kraft in der Persönlichkeitsentwicklung auf, die der Eltern-Kind-Beziehung gleichwertig ist. Der Geschwisterstatus ist eine eigenständige Lebenserfahrung von grosser Bedeutung. Geschwister bieten einander ein langjähriges Trainingsfeld für zwischenmenschliche Beziehungen und ein Lernfeld im Umgang mit ambivalenten Gefühlen, mit Nähe und Vertrautheit, Konkurrenz und Ablehnung, Konflikt und Versöhnung. Geburtenrangfolge, Geschlecht, Altersabstand, Kinderzahl, gesellschaftliche Normen oder die Eltern üben einen grossen Einfluss darauf aus. In einer Vielkinderfamilie gilt das natürlich ganz besonders.

Tatsächlich hat das Zusammenspiel unter uns Geschwistern der Familie von Anfang an den Stempel aufgedrückt. Heutige Menschen stellen sich gerne vor, dass Kinderreichtum die individuelle Persönlichkeitsentwicklung behindert. Sie denken, dass die Qualität der Eltern-Kind-Beziehung darunter leidet. Diese wird daran gemessen, ob jedes Kind persönlich so betreut und gefördert wird, wie es seinen Eigenschaften entspricht. Einverstanden: Sowas zu leisten wäre für meine Eltern eine Herkulesaufgabe gewesen. Allein schon die materielle Versorgungssicherung beanspruchte einen Grossteil ihrer Kräfte. Doch ich habe tatsächlich die meiste Zeit nicht mit ihnen, sondern mit Brüdern und Schwestern verbracht. Ich möchte an ein paar Beispielen schildern, wie sich das für mich und meine Geschwister abgespielt hat.

Die Zusammensetzung der Geschwister, mit denen ich lebte, hat sich mehrmals geändert. Das zeigt beispielsweise ein im Spätherbst 1954 aufgenommenes Familienfoto. Mutter wollte den sechs Monate alten Franz mit Vater und Geschwistern verewigen. Für die Aufnahme hatte sie einen Platz unterhalb der Birnbäume vor dem Nachbarhaus ausgewählt. Vater sitzt auf einem Schemel, einen abgebrannten Stumpen im Mundwinkel. Im Vergleich zu früher sieht er mitgenommen aus. Auf den Knien trägt er den in weissen Babykleidern gewandeten Jüngs-

Vater mit sieben Kindern 1954

ten, vor sich hält er Klein-Paul fest, um ihn am Wegrennen zu hindern. Neben ihm stehen Hanni und Trudi. Beide sind fast gleich angezogen. Hanni scheint zu wissen, wie man in eine Kamera schaut, während Trudi verlegen mit der linken Hand den Mund verdeckt. Vreni dahinter lächelt gekonnt, sie wirkt schon wie ein Fräulein, obwohl sie erst zwölfeinhalb ist. Am Gruppenrand posieren Martin und ich. Martin steht hinter mir. Er ist ein wenig kleiner. Er hat den richtigen Moment verpasst, den Mund zu schliessen. Ich selber schaue etwas unsicher drein, mit seitlich geneigtem Kopf, in kurzen Hosen, Wollstrümpfen und einem farbig gemusterten Jäckchen, das wohl Mutter gestrickt hat. Ich war damals neun. Zwei Familienmitglieder fehlen auf dem Bild. Marietta absolviert in Fribourg ihr Welschlandjahr und Sepp ist im Internat. Sie sind mir räumlich entrückt, gehören temporär nicht mehr direkt zu meiner Lebensgemeinschaft. Auch aus meinen Kindheitserinnerungen sind sie verschwunden. Ich kann mich nicht entsinnen, was für eine Rolle sie in dieser Zeit für mich gespielt haben.

Wenn ich an meine Kindertage zurückdenke, staune ich denn auch, an wie wenige Geschwister ich genaue Erinnerungen habe. Es sind nur drei oder vier, die mir altersmässig nahestehen. Die anderen tauchen in meinem Gedächtnis erst in späteren Jahren auf. Was die Jüngsten betrifft, gibt es eine einfache Erklärung. Als sie auf die Welt kamen, ging ich schon zur Schule oder war bereits weg. Deshalb hatte ich wenig mit ihnen zu tun, denn ich hatte andere Verpflichtungen. Mit umgekehrten Vorzeichen dürfte dasselbe für meine Beziehung zu den Ältesten gelten. Sie gingen ihrerseits in die Schule, als ich Kleinkind war, und danach waren sie weg oder in der Lehre. Der Altersabstand war also bei meinem Aufwachsen eine einflussreiche Grösse. In diesem Alter entscheiden wenige Jahre über Nähe und Distanz. Emotional von Bedeutung waren für mich nur die mehr oder weniger gleichaltrigen Brüder und Schwestern. Mit ihnen stand ich tagtäglich im Kontakt.

Genauer betrachtet hatte ich sogar nur mit einem eine engere Beziehung: mit meinem zwei Jahre älteren Bruder Martin. Wir bildeten ein fast unzertrennliches Duo. Wir schliefen im selben Bett, wenn Sepp da war. Ich trug seine Kleider nach, zumindest bis ich ihn körperlich übertraf. Er half mir die lateinischen Formeln auswendiglernen, als ich nach der Erstkommunion, seinem Beispiel folgend, Ministrant wurde. Wir hatten dieselben Lehrer, wenn auch nie gleichzeitig. Wir erhielten oft die gleichen Arbeiten aufgetragen, wie das dramatische Ereignis beim Mosten belegt. Wir besorgten auch gemeinsam nach der Schule Stallarbeiten bei Bauern.

Die Beziehung verlief jedoch nicht immer harmonisch. Wir sollen öfters heftig miteinander gestritten haben. Bei der wichtigsten Episode war ich erst vier oder fünf, deshalb kenne ich sie nur vom Hörensagen. Martin sagt, er wisse noch gut, wie wir beide uns einmal um eine Axt stritten. Vater spaltete hinter dem Haus Holz und wir hatten den Auftrag, es aufzulesen und in den Holzschopf zu tragen. In einer Pause wollte Martin sich ebenfalls im Spalten üben. Ich hatte denselben Gedanken. Wir stritten uns um das Beil, Martin gewann das Duell. Irgendwie fiel die Axt mit Wucht auf meinen rechten grossen Zeh. Martin soll als Kind sehr jähzornig gewesen sein, er habe häufig gequengelt und gerne den Kommandanten gespielt, erzählen Geschwister. Als Vierter sah er sich genötigt, sich mit derartigen Mitteln Achtung zu verschaffen. Er selber erinnert sich, dass er sich sehr amüsant geben konnte, was auch auf Fotos zum Ausdruck kommt, die ihn im Kindsalter zeigen. Amüsiert war ich dieses Mal sicher nicht, doch obwohl ich grosse Schmerzen gehabt haben muss, hinterliess die Tat bei mir keine bleibende seelische Narbe, nur eine körperliche Spur, einen gespaltenen grossen Nagel. Martin musste mich zur Strafe in einem Leiterwägelchen herumkutschieren, bis die Wunde verheilt war.

Trotz aller Zankerei sah ich in Martin mehr den Komplizen als den Rivalen. Wir bildeten ein kindlich verschworenes Pärchen, das sich gegenseitig stützt und von den anderen absondert. Ich besass in ihm ein Vorbild, mit dem ich mich einigermassen parallel entwickelte. Dass er einen kleinen altersmässigen Vorsprung hatte, war reizvoll. So konnte er mir mit seinen Erfahrungen helfen, ohne dass ich ihn als Autorität anerkennen musste.

An Hanni und Trudi erinnere ich mich schon weniger. Das hängt damit zusammen, dass die beiden ebenfalls ein eigenes Paar bildeten. Ein Umstand, der von Mutter gefördert wurde, wie die Bekleidung auf dem Foto gezeigt hat. Es kam sogar vor, dass sie zusammen ein Weihnachtsgeschenk erhielten. Hanni erzählt, sie hätten einmal gemeinsam einen Verkaufsladen bekommen, den Martin und ich dann kurz und klein auseinander genommen hätten. Dass sie ein Pärchen waren, ist beiden noch sehr präsent. Für Trudi hatte das auch eine unangenehme Seite. Ihr grösseres Schwesterlein sei ihr gegenüber recht dominant und erzieherisch aufgetreten. Sie sei ständig mit ihr verglichen worden und sie hätte sich benachteiligt gefühlt, wenn Hanni zu ihrer Patin in die Ferien gehen durfte, während sie zuhause bleiben musste. Sie hätten auch oft miteinander gezankt. Sie habe deshalb einen grossen Drang entwickelt, Wege zu finden, sich selber zu behaupten, und habe gelernt, nicht negativ aufzufallen, um ihr Los nicht zusätzlich zu erschweren.

Eine ähnliche Beziehung hatten Marietta und Vreni. Auch sie bildeten demonstrativ ein Paar. Auf den ältesten Fotos sind beide durchwegs gleich gekleidet. Auch sie standen sich altersmässig nah und hatten das gleiche Geschlecht, was die Paarbildung fördert. Marietta und Vreni sind sich einig, dass sie als Kinder nicht das harmonischste Verhältnis zueinander hatten. Darunter litt vor allem Vreni. Sie sagt, Marietta sei eifersüchtig auf sie gewesen, weil sie, Vreni, etwas grösser, dunkelhaariger und hübscher gewesen sei, und habe sie deshalb oft „geplagt". Sie mochte es auch nicht, von Mutter ständig mit ihrer grösseren Schwester verglichen zu werden.

Hanni erinnert sich ebenfalls mehr an Trudi als an Martin und mich. Die Erklärung liefert sie selbst: „Was hätte ich mit diesen Buben gewollt?" In der Tat gab es in unserer Familie viele Trennwände zwischen Knaben und Mädchen, nicht bloss zwischen den Schlafkammern. Mutter sah es nicht gern, wenn wir einander zu nahe kamen. Beim Geschirrwaschen waren abwechslungsweise die einen, dann die anderen dran. Es gab Buben- und Mädchenämtchen. Die ersten waren fürs Holz zuständig: Fällen, sägen, spalten und in der *Holzwittärä* stapeln. Auch das Füttern der Sau gehörte zu ihren Pflichten. Die Mädchen wurden für Hausarbeiten herangezogen. Den Kartoffelacker jäteten dagegen alle gemeinsam. Auch ausserhalb der Familie bekamen wir den „kleinen Unterschied" zu spüren. In der Kirche war für das weibliche Geschlecht kein Platz vorne im Altarraum, Mädchen durften nicht ministrieren. In der Schule gab es Mädchen- und Bubenklassen. Hauswirtschaft gehörte nur zum Lernstoff der Mädchen. In all diesen Hinsichten lebten wir in verschiedenen Welten.

An die Ältesten habe ich keine Erinnerung. Sie haben bestimmt eine Rolle in meinem Leben gespielt, aber ich kann sie nur erahnen. Älteren Kindern wird nachgesagt, dass sie zu einer besonders innigen

Bindung an die Eltern tendieren, weil sie als Erste sozusagen konkur-
renzlos die elterliche Zuneigung und Aufmerksamkeit erfahren. Sie
verspüren deshalb in sich ein starkes Verlangen, sich speziell brav zu
verhalten, Verantwortung zu übernehmen und zu brillieren. Sie werden aber auch mehr in die Pflicht genommen. Gerade in einer Vielkinderfamilie.

Das entspricht ganz Mariettas Erfahrung. Sie denkt, dass sie
wahrscheinlich sehnlicher erwartet worden sei als andere. Sie habe
auch das Privileg gehabt, öfters neue Kleider anzuziehen. Sie war
dafür schon früh angehalten, im Haushalt mit Hand anzulegen. Sie
wuchs zu einem kleinen Hausmütterchen heran, das strickt, flickt, die
schmutzige Wäsche vorwäscht, die Geschwister hütet und schaut,
dass alle recht rauskommen. Sie hatte von Kindsbeinen an das Bedürfnis, sich vorbildlich zu verhalten und entwickelte ein grosses
Verantwortungsgefühl, sodass wir Jüngere sie ein wenig als Regen-
tin wahrnahmen. Wir verliehen ihr den – liebgemeinten – Spitznamen
Tanti, hoben sie also auf die Generationenstufe der Mutter. Das war
nicht aus der Luft gegriffen. Auf Fotos, die sie im späteren Teenagealter zeigen, trägt Marietta Kleider, die sie viel älter erscheinen lassen,
als sie war.

Auch Sepp war von früh an gewöhnt, kleine und grössere Aufgaben zu übernehmen. Ihm fiel die Rolle des Trendsetters zu, „wohl
oder übel", wie er meint. Davon profitierte ich als Nachgeborener.
Ich konnte in Pfade treten, die er vorgespurt hatte. Er selber definiert
sich als Einzelgänger, als jemand, der sich gerne ein bisschen einigelt.
Möglicherweise hat das damit zu tun, dass er zwischen zwei Schwestern aufwuchs, die nicht besonders gut miteinander auskamen, was
ihn zum Abseitsstehen animiert haben mag. Von allen sieben Ältesten
ist er der einzige, der mit keinem Geschwister ein Pärchen bildete. Vreni scheint ihn ein wenig genervt zu haben, sonst würde er sich kaum
daran erinnern, dass er sie einmal aus Zorn ins Dorfbächlein schubs-
te.

Die Familie meiner Kindheit, soweit sie in meinem Gedächtnis haften geblieben ist, unterschied sich somit in mancher Hinsicht nur unwesentlich von einer Kleinfamilie. Ich habe auch nicht das Gefühl, dass die grosse Geschwisterzahl entwicklungshemmend auf mich gewirkt hat, sondern eher, dass sie dazu betrug, mich um grundlegende Erfahrungen reicher zu machen, deren Kleinfamilienkinder nicht oder erst spät teilhaftig werden können. Ich durfte schon von Kindsbeinen an Ämtchen übernehmen und erhielt immer mehr Verantwortung übertragen, was mir die Möglichkeit bot, an ihnen ohne Erwachsenenaufsicht im Austausch mit meinen Geschwistern zu wachsen. Weil die Eltern nicht überall sein konnten, mussten sie uns vertrauen. Mein tägliches Leben war voll von Freiräumen für die Persönlichkeitsentwicklung. Ich hatte haufenweise Möglichkeiten, mich mit meinesgleichen im Streiten zu üben, ohne dass daraus tiefgreifende, bleibende Zerwürfnisse entstanden wären. Ich lernte, mich auf andere zu verlassen, ihnen Platz einzuräumen, mit ihnen zu teilen. Viele Geschwister gehabt zu haben, erscheint mir im Nachhinein auch aus einem anderen Grund als Vorteil gegenüber der Zweikinderfamilie, die heute die Regel ist. Ich brauchte nicht allen Brüdern und Schwestern nahe zu sein und mit ihnen gleich gut auszukommen, sondern konnte wählen, ohne dass das für mich negative Konsequenzen wie Scherereien oder das Gefühl des Nicht-Akzeptiert-Seins gehabt hätte. Ausserdem hatte ich die Möglichkeit, ältere Geschwister nachzuahmen, von den Eltern Gleichbehandlung zu fordern, gegenüber den jüngeren zu lernen, helfend und beratend beizustehen und als Vorbild zu dienen.

GUTE MENSCHEN WERDEN

Die grosse Kinderzahl führte bei uns nicht zu Futterneid und nachhaltigem Geschwisterzwist. Das ist zu einem guten Teil das Verdienst der Erziehung, die uns die Eltern angedeihen liessen. Dass sie dabei auch Fehler machten oder nicht immer konsequent handelten, kann ich ihnen nicht verargen. Sie orientierten sich an ihrer eigenen Erziehung und an zeitgemässen gesellschaftlich-religiösen Normen. Doch sie wollten von ganzem Herzen, dass aus uns einmal gute, rechtschaffene Menschen würden.

Erzogen wurden wir weitgehend von Mutter – und ein bisschen von den Geschwistern. Vater mischte sich selten ein, was Mutter nicht immer gerne sah, besonders, wenn sie mit Ungehorsamen und Widerborstigen nicht zurande kam. Sie forderte ihn dann auf, ein Machtwort zu sprechen oder strafend einzugreifen, was er nur widerwillig tat. Beide straften nicht gern, vor allem nicht körperlich. Wir wurden nie verprügelt. Aber als Kind erhielten wir schon mal einen *Fuditätsch* oder eine Ohrfeige. Mädchen zog Mutter auch mal an den Zöpfen. Damals regte sich niemand über Körperstrafen auf, wenn sie ein bestimmtes Mass nicht überschritten.

Mutter führte im Grunde genommen ein strenges Regime. Das musste sie, um sich bei der grossen Kinderschar durchzusetzen. Wie sie es selber erfahren hatte, baute sie weniger auf Lob und Ermunterung, dafür umso mehr auf Ermahnen, Befehle, Autoritätsentscheide und Verbieten. Sie wollte, dass ihr die Kinder diskussionslos gehorchten, sie als moralisches Vorbild ernst nahmen. Sie erwartete von jedem, dass er sich gut aufführt und seinen Beitrag leistet. Sie forderte das mit Worten, schimpfte, wenn sie nicht durchdrang, oder schickte die kleinen Sünder mit knurrenden Magen ins Bett. Wenn sie ihr Pulver ergebnislos verschossen hatte, brach sie in Tränen aus, das wirkte. Das war aber weniger ein Ausdruck von Hilflosigkeit als von Erschöpfung.

Mammä hegte nicht die unrealistische Vorstellung, dass Kinder keine Dummheiten machen, etwa aus lauter Gaudi mit dem Geschwisterlein im Kinderwagen ein Rennen veranstalten, bis er umkippt, wie das Martin einmal tat. Oder dass das Zusammenleben von Kindern immer friedlich verlaufen muss. Sie wusste aus eigener Erfahrung, dass Zank, Rivalität, Neid und Eifersucht normale, alltägliche Erscheinungen unter Geschwistern sind, vor allem, wenn man so eng aufeinander lebt. Deshalb mischte sie sich kaum ein, wenn ihre Kinder miteinander stritten. Sie sollten selber eine Lösung finden. Natürlich hatte sie oft einfach keine Zeit dafür. Trotzdem tat sie eigentlich das Richtige. Denn Streit, Vergönnen oder Sich-Aneinander-Messen sind unverzichtbare Bestandteile des natürlichen kindlichen Reifungsprozesses. Sie sollten nicht unterdrückt, sondern nur kanalisiert werden.

Nur, waren *Mammä* alle Kinder gleich lieb, hat sie alle gleichmässig streng behandelt? Im Grossen und Ganzen machte sie keinen Unterschied. Aber die Frommen, Braven und Angepassten hatten es bei ihr leichter. Sie mochte nicht, wenn jemand aus der Reihe tanzte, fordernd auftrat, rebellierte oder den *Schtolzgiggel* spielte. Bei solchem Verhalten zeigte sie sich wenig nachsichtig.

Ausserdem legte Mutter bei Mädchen strengere Massstäbe an als bei Buben. Sie hatte genaue Vorstellungen, was sich für sie schickte, Vorstellungen, die mit dem Zeitgeist übereinstimmten. Mädchen konnten sich weniger frei ausserhalb der Familie bewegen als Buben. Diesen war mehr erlaubt zu machen, was sie wollten. Bei ihnen hiess es zum Beispiel nur: „Fang nicht zu früh etwas mit den Mädchen an". Den Mädchen dagegen wurde vorgeschrieben, wie sie sich anständig und schicklich zu kleiden hatten. Sie durften keine kurzen Röcke tragen. Sie erhielten auch nicht die Erlaubnis, ohne die Begleitung eines vertrauenswürdigen männlichen Chaperons in den Ausgang zu gehen, selbst als sie schon volljährig waren. Es störte nicht, wenn der Begleiter ein paar Jährchen jünger war als sie! Vor dem Keuschheitsgebot waren alle gleich, aber die Mädchen noch einen schönen Tick gleicher. Mutter hatte eine Heidenangst davor, dass eine ihrer Töchter unehelich schwanger werden würde. Sie musste befürchten, dass sie dann selber schlecht dastand und ihr Kind in den Ruf eines Flittchens geriet.

Mich wundert es deshalb nicht, dass es durchwegs Mädchen unter meinen Geschwistern sind, die Mutter besonders streng in Erinnerung haben. Vreni berichtet, Mutter habe viel mit ihr geschimpft, schon als sie noch klein war. Sie hätte ihr auch nicht helfen dürfen. „Wenn ich ihr zur Hand gehen wollte, etwa beim Kochen, was ich gerne getan hätte, wies sie mich zurück, das habe sie schneller allein gemacht, du kannst es ja eh nicht". Vreni war weniger angepasst als ihre ältere Schwester. Statt im Haus zu helfen, sei sie lieber mit ihren Brüdern draussen *umägschtriälät* und habe mit ihnen im nahen Eschenwäldchen *Niäla* geraucht, bis ihr schlecht geworden sei. Vreni war einfach anders gelagert als Marietta. Es wäre Aufgabe der Eltern gewesen, ihre Eigenart zu akzeptieren und sie ihren Anlagen entsprechend zu fördern. Nur, eine solche Idee passte nicht in die Zeit meiner Eltern.

Für uns Kinder war die elterliche Erziehung vor allem deshalb glaubhaft, weil Vater und Mutter darauf achteten, allen die gleichen Möglichkeiten zu bieten. Niemand sollte es besser haben, niemand sich bevorzugt oder benachteiligt fühlen, solange jeder sich einordnete und seine Pflicht erfüllte. Dieses Prinzip zogen sie im Allgemeinen strikt durch. Mutter schaute genau darauf, dass alles gerecht verteilt wurde. Doch diese Grundhaltung liess sich bei elf Kindern natürlich nicht ohne kleinere Abweichungen umsetzen. Sowohl Vater wie Mutter hatten insgeheim ihre Lieblinge, auch wenn sie das nie zugegeben hätten. Mit einigen tat sich Mutter offensichtlich schwerer als mit andern.

Das Prinzip der Gleichbehandlung galt vor allem für die Ausbildung. Buben wie Mädchen sollten etwas lernen dürfen, sofern sie es wollten, möglichst was ihnen vorschwebte. In dieser Beziehung waren unsere Eltern ihrer Zeit weit voraus. Für sie war Lernen der Schlüssel zum Erfolg im Leben. Damit drückten sie ihre tiefe Überzeugung und Zuversicht aus, dass auch arme Leute es zu etwas bringen können, solange sie konsequent auf ihre eigene Kraft, ihr Talent und ihr Können setzen und opportunistisch jede Gelegenheit, die sich bietet, beim Schopf packen. Wer lernt, macht sich den Wandel der Zeit zum

Verbündeten, statt sich gegen ihn zu wehren. Unsere Eltern wollten, dass wir etwas lernten, damit wir fähig würden, dereinst in der Welt unseren Mann oder unsere Frau zu stehen und ehrliche, geradlinige Menschen würden.

Das Ziel der Eltern war es, uns zu selbständigen Persönlichkeiten zu erziehen. Für sie gehörte dazu, dass wir begriffen, dass es sich nicht schickte zu betteln, sich öffentlich zu beklagen und von andern abhängig zu sein, selbst wenn man sehr arm war. Das bedingte, dass man stets darauf achtete, zum Geld zu schauen und sich nach der Decke zu strecken, dass man nicht über den Verhältnissen lebte und keine unnötigen Schulden machte. Unsere Eltern waren frei von Berührungsängsten gegenüber Leuten, die mehr besassen. Reiche beneideten sie nicht. Sie verurteilten jedoch verschwenderisches Gehabe, etwa Geld achtlos auszugeben oder damit aufzuschneiden. In ihrem Wertmassstab mussten Reichtum und Ansehen mit Leistung und tugendhafter, christlicher Lebensführung erworben, einem guten Zweck dienen und geteilt werden.

Der wichtigste Wert, den vor allem Mutter uns anerziehen wollte, hiess „brav sein". Was das genau beinhaltete, ist schwer zu erklären, denn es handelte sich um eine vielschichtige, facettenreiche Angelegenheit. Brav war für sie jemand, der sich als guter, frommer Christ aufführte: Der in die Kirche geht, beichtet, die Messe besucht, den Herz-Jesu-Freitag nicht vergisst, die zehn Gebote befolgt, also beispielsweise nicht stiehlt, lügt, usw. Zum brav sein gehörten Tugenden wie Hilfsbereitschaft oder das Einhalten von moralischen Vorschriften wie zum Beispiel vor der Ehe keinen Sex haben. Selber wenig besitzen enthob nicht davon, anderen zu helfen; für Mutter war das Christenpflicht. Wir sollten uns auch stets bemühen, „recht zu tun", das heisst keinen Blödsinn machen, etwas Dummes anstellen, so dass sie dann Reklamationen gehabt hätte. Brav sein beinhaltete letztlich für sie auch, dass wir uns an gängige Normen und Regeln hielten. Sie war sehr darauf bedacht, dass wir bescheiden, freundlich und höflich auftraten. Wir sollten nicht unangenehm auffallen. Anpassung war ein grundlegendes Erziehungsprinzip: nicht aus der Reihe tanzen, aufbegehren, reklamieren, kritisieren, sich als „Mehrbessere" aufführen. Querulanten waren für sie schlechte Menschen. Bei Differenzen sollten wir auf andere zugehen und den Ausgleich suchen, nicht Krach schlagen oder auf unser Recht pochen.

Die Erziehung, die wir erhielten, war jedoch mehr auf die Gruppe als auf das Individuum ausgerichtet. Wir durften nicht bedenkenlos darauf bauen, uns jederzeit persönlich von den Eltern beraten lassen zu können. Deshalb mussten wir häufig selbst den Weg finden. Vor allem in späteren Jahren suchten wir, wenn uns etwas plagte, vermehrt Rat und Hilfe ausserhalb der Familie, zum Beispiel bei Schulfreunden und –freundinnen oder Erwachsenen, zu denen wir Zutrauen gefasst hatten.

Dazu gehörte alles, was mit „Liebe" zu tun hatte. Das war ein speziell heikles Thema, ein Tabu, über das die Eltern nicht redeten. Sie beliessen es bei Ermahnungen, die andeuteten, dass man sich daran versündigen und damit selber erniedrigen konnte, schwiegen sich jedoch ansonsten geniert darüber aus. Martin beschlagnahmte Mutter sogar einmal ein Aufklärungsbuch, das sie bei ihm entdeckte. Für sie war so etwas verwerflich. Sie lag damit voll im gesellschaftlichen Trend. Über Sex sprach man nur verklausuliert, tuschelnd oder heimlich. Die Schamgrenze war ausserordentlich hoch angesetzt. So wie man Nacktheit unter den Kleidern versteckte, war Sex etwas, das im Verborgenen zu geschehen hatte und dort auch bleiben sollte. Er gehörte zum Nachtbereich des Menschen, voll von Verlockungen, die unweigerlich zum moralischen Zerfall führten, wenn man den Trieb nicht zügelte und in die rechten Bahnen lenkte. So argumentierten die Sittenwächter in Kirche und Behörden. Wir Kinder waren uns selber überlassen, unseren Körper zu erforschen und Wege zu finden, um zu verstehen, was mit uns geschah, wenn die Mädchen die erste

Periode hatten oder die Buben einen Samenerguss. Das geheimnisvolle Schweigen half wenig, die erotische Anziehung des anderen Geschlechts, der wir uns als Pubertierende auf einmal ausgesetzt sahen, in die persönliche Entwicklung zu integrieren und sie als natürliche, schöne Regung und kraftvolle Ressource unserer Liebesfähigkeit zu begreifen. Sie ins Sündhafte und Schmutzige zu deuten, schaffte sie nicht aus der Welt, sondern verlieh ihr höchstens den Reiz des Verbotenen.

Je älter wir Kinder wurden, desto weniger waren allerdings die Eltern unsere einzigen Vorbilder und Erzieher. Verwandte, Ferien, Kirche und Schule sorgten dafür, dass auch andere Einflüsse unseren Horizont zu erweitern begannen. Wir lebten jedoch noch weitgehend in einer kleinen Welt ohne Radio, TV, Tageszeitungen, und selbstverständlich ohne Internetkonnektivität. Die weite Welt blieb also vorläufig aussen vor.

7 AUFBRUCH ZU NEUEN REALITÄTEN

AUSZEITEN VON DAHEIM

Kurz nach Ende der Sommerferien 1955 erhielt Martin als Fünftkläss-ler in der Schule die Aufgabe, in einem Aufsatz sein eindrucksvollstes Ferienerlebnis zu schildern. Er gab ihm den Titel „Das war ein schö-ner Tag". Darin beschrieb er, wie er die Nachbarn bei ihrem Umzug ins heimatliche Toggenburg begleiten durfte. Sie hatten beschlossen, ihr Wirtsleben im Gasthaus Brückli gegen eine Pension dort einzu-tauschen. Martin durfte die Fahrt auf einem mit Brennholz beladenen Lastwagen mitmachen. Er sass hinten auf der Ladebrücke, auf dem Hinweg über Sattel und Ricken hoch oben auf dem Holzhaufen. Es war die bis dahin weiteste Reise seines Lebens. Für ihn war es ein so ausserordentliches Erlebnis, dass er den Aufsatz aufbewahrte. Dar-unter steht die Bestnote, eine blanke Eins.

Tatsächlich war so ein Ausflug etwas höchst Ungewöhnliches. Bis in die Adoleszenz hinein spielte sich das Leben unserer Familie grossenteils im Umkreis von ein paar Quadratkilometern ab. Möglich-keiten, über diese begrenzte Alltagswelt hinauszukommen, gab es selten. Nur einmal fuhren wir als ganze Familie in die Ferien, aller-dings ohne Vater. Im Sommer 1946 weilte Mutter mit ihren Kindern bei Grossmutter Maria und Onkel Xaver im Obermattli. Ich war noch kein

Jahr alt und schlief in einer Wiege. Das Ferienexperiment wurde nicht wiederholt, irgendetwas hatte Mutter nicht gepasst. Meine Eltern besassen nie ein Auto oder einen Fahrausweis. Mit Bus, Bahn oder Schiff zu reisen war teuer. Um über die Kantonsgrenzen hinauszugelangen, bedurfte es meist einer Einladung, wie sie Martin erhalten hatte. Marietta durfte einmal mit ihrer Firmpatin mit dem Schiff von Flüelen nach Luzern fahren. Ich konnte nach der Erstkommunion mit meinem *Gschpaanä* Ruedi im Opel seines Vaters – einer der wenigen im Dorf, der ein Auto besass – eine Passfahrt über den Klausen nach Linthal machen. Als wir auf dem Urnerboden den Grenzstein nach Glarus erreicht hatten, fragte ich, ob wir jetzt in Frankreich seien.

Die Situation änderte sich erst nach der Primarschule, weil Ausbildung und Erwerbsleben dann manchmal längere Reisen erforderlich machten.

Abgesehen von Nachbarn unterhielten wir kaum engere Beziehungen zu anderen Familien. Am ehesten gingen wir Verwandte besuchen. Vater und Mutter stammten beide aus einer grossen Familie, sie hatten zahlreiche Onkel, Tanten, Brüder, Schwestern, Cousins und Kusinen. Dass sie über einen weitläufigen Verwandtenkreis verfügten, ahnten wir an der Unmenge Neujahrskärtchen, die wir jedes Jahr schrieben und erhielten. Regelmässige Beziehungen pflegten die Eltern aber nur mit ihren Müttern, Geschwistern und ein paar Personen aus der weiteren Verwandtschaft, die in der Nähe wohnten. Dazu gehörte insbesondere eine Handvoll *Häirechä* und *Riädmättler*.

Vater waren seine Brüder und Schwestern wichtig. Sie schauten oft bei uns vorbei, und die Bauern unter ihnen schickten landwirtschaftliche Produkte. Er selber besuchte sie ebenfalls gern, wobei wir ihn oft begleiten durften. Vor allem in den Vierziger- und Fünfzigerjahren kam das häufig vor. Die Getschwiler Kilbi war jeweils so eine Gelegenheit für ein Zusammentreffen. Manchmal blieben wir Kinder auch länger und schliefen bei einem Onkel oder einer Tante.

So verbrachten Vreni, Martin und ich, jeweils im sechsten Altersjahr, vor Weihnachten ein paar Wochen im Obermattli. Vreni weiss noch, wie sie mit Onkel Xaver an einem Sonntag zur Getschwilerkapelle hinuntermarschierte, um die Messe zu besuchen. Der Onkel stapfte mit seinen Wadenbinden durch den Schnee voraus, „wie ein Rehlein", während sie mit ihren kurzen Beinen alle Mühe hatte zu folgen. Martin erinnert sich an „Veeris" Schafe und die grossen Schneemengen. So viel Schnee wie im Obermattli, das auf tausendsechshundert Metern liegt, fiel in Schattdorf halt nie. Mir ist vor allem der erste Abend im Gedächtnis geblieben, als ich allein in einem dunklen Kämmerchen schlafen sollte. Mir war so elend zu Mute, dass ich erst mit Heulen aufhörte, als der Onkel entnervt seinen Plan auszugehen aufgab und zuhause blieb. Er hat es mir wohl verziehen, denn ich kann mich an viel Schönes danach erinnern.

Auch mit Mutters Geschwistern waren wir eng verbunden. Fast alle wohnten in Erstfeld oder Schattdorf, was es vereinfachte, sich gegenseitig zu besuchen. Am häufigsten gingen wir zu ihrer ältesten Schwester nach Ripshausen, auch weil Grossmutter Severina bei ihr lebte. Der Abstecher dorthin an Drei Königen war sogar ein Fixum im jährlichen Besuchskalender. An diesem Tag gingen wir immer mit Baumnüssen beschenkt heim.

Jedes Kind hatte überdies unter der Verwandtschaft eine oder mehrere persönliche Bezugspersonen, da es für die Taufe einen Götti und eine Gotte, für die Firmung einen Paten oder eine Patin brauchte, je nach Geschlecht des Firmlings. Heute bevorzugt man dafür Freunde, damals jedoch war es üblich, diese Rolle Verwandten zu übertragen. Lebten sich noch, waren zuerst die Grosseltern an der Reihe. Sie starben dann oft, ehe das Patenkind gross geworden war. Marietta ist das mit ihrem Götti passiert. Danach folgten Onkel und Tanten, übers Kreuz je einer und eine aus der anderen Familie. Wenn dieses Reservoir leer war, kamen andere Verwandte der Eltern zum Zug, Schwager, Kusinen, Nichten und Neffen – oder die eigenen Kinder, wie bei Markus, der Marietta zur Gotte hatte. Wenn die Pateneltern nicht zur Taufe erscheinen konnten, ersetzte man sie stellvertretend für diesen Tag durch einen *Schlottergetti* oder eine *Schlottergottä*.

Der Sinn der Patenschaft bestand darin, bei einem vorzeitigen Tod der Eltern für die christliche Erziehung der Waisen zu sorgen. Für uns Kleinen stand etwas anderes im Vordergrund: Wir erwarteten von den Pateneltern, dass wir sie besuchen durften und von ihnen besucht wurden, ihre besondere Aufmerksamkeit genossen und an Weihnachten oder auf Neujahr eine *Helsätä*, sowie zur Feier von speziellen Ereignissen einen *Helsbatzä* bekamen. Nicht alle Geschwister haben es diesbezüglich gleich gut getroffen, was die Bevorteilten dann und wann in Form von Neid zu spüren bekamen. Einige sahen ihre Paten kaum oder blieben ihnen fremd, andere entwickelten zu ihnen eine intensive Beziehung.

Ich war mit meinen Paten zufrieden, besonders mit der Gotte. Tante Regina besass ein „munzig" kleines Häuschen in der Nähe des Schulhauses, mit Gartenzwergen davor, die gut dazu passten. Während den Pausen ging ich oft zu ihr, um mich von ihr verwöhnen zu lassen. Regina war kinderlos. Ihre Tür stand nicht bloss für mich offen. Sie war hilfsbereit, die Gastfreundschaft in Person und nie einem Schwatz abgeneigt. Wer bei ihr vorbeikam, erhielt immer einen Kaffee und etwas zum *Habärä* vorgesetzt.

Besonders gut hatten es Hanni und Franz. Schon von früh an verbrachte Hanni die meisten Schulferien im Sommer, die damals drei Monate dauerten, bei ihrer Patin in Steinen. Ein paar Jahre danach wiederholte sich das für Franz, der seinen Götti, Tante Maries Ehemann, verehrte. Onkel Kaspar war politisch in Kanton und Gemeinde engagiert und „ein Baum von Mann, einer mit Power", wie Franz sich erinnert. Meine zwei Geschwister machten bei ihren Pateneltern „goldige Ferien", obwohl meine Schwester jeweils mit Läusen nach Hause kam. Wahrscheinlich stammten sie von den Hühnern.

Hanni sagt, sie sei extrem verwöhnt worden, nicht bloss von der Gotte, sondern von der ganzen Familie. Sie sah in den Eltern ein Bilderbuch-Ehepaar, das ganz anders funktionierte als Vater und Mutter. „Sie führten gemeinsam einen Bauernhof, stritten nie miteinander, ergänzten sich gegenseitig, jeder machte seine Arbeit, keiner schwatzte dem andern drein". Die „Steiner" wurden ihre zweite Familie, bis ins Erwachsenenalter. Musik war bei ihnen gross geschrieben, anders als bei uns, wo Musisches keine Rolle spielte. Kaspar sang im Kirchenchor. Ein Sohn war Mitglied einer Ländlerkapelle und ein anderer besass alte Schallplatten mit Opern, deren Lieder Hanni mitsang. Wenn sie am Ende der Ferien von Steinen zurückkam, sang sie diese auch daheim. Wir hätten ihr dann jeweils bedeutet, sie spinne. Doch Hanni sang auch danach viele Jahre begeistert in Chören, sie hatte eine schöne Stimme. In Steinen war sie das kleine „Nachzüglerli", das man überallhin mitnahm. Ein Cousin brachte ihr das Schiessen mit Bleikügelchen auf Scheiben bei. Sie schlug sich ganz gut. Die Buben neckten sie deswegen, sowas gehörte sich nicht für Mädchen. Sie sah, wie die Familie zusammenhielt, wie gut sie untereinander kommunizierte und es lustig hatte, wenn am Sonntag alle beisammen waren. Einen Sommer lang durfte sie nicht nach Steinen, weil man sie dort zu stark verwöhne. Sie musste zu einer entfernt verwandten Familie nach Weggis, um drei Buben zu hüten. Diese besass eine Schweinemästerei. Ein Teil des Saufutters bestand aus Küchenabfällen eines nahen Hotels. Zuerst jedoch musste noch Essbares fürs Mittagessen herausgefischt werden. Schon deswegen fand Hanni diesen Sommer fürchterlich. Das Jahr danach fuhr sie wieder nach Steinen.

Doch nicht bloss Hanni und Franz, sondern alle Geschwister wurden über den Sommer wochenlang irgendwo auswärts platziert, als „Knecht" oder „Dienstmädchen" in den „Ferien". Die meisten Platzierungen fädelte Mutter ein. Sie brauchte die Entlastung. So hatte sie ein paar hungrige Mäuler weniger am Tisch, konnte Streithähne zeitweilig trennen und durfte am Ende den Batzen entgegennehmen, den wir als Löhnchen nach Hause brachten. Viele dieser Aufenthalte sind noch lebhaft in Erinnerung. Die scheinbar belanglosen Details, die im Gedächtnis hängen geblieben sind, lassen erahnen, was uns, weit weg von der Familie, besonders beeindruckte. Wir sahen, wie es auswärts zu und her ging. Manches gefiel, manches weniger. Das half, unser Leben daheim mit neuen Augen zu sehen. Zudem entdeckten wir an uns Vorlieben und Fähigkeiten, von denen wir keine Ahnung gehabt hatten.

Marietta beispielsweise weilte Anfang der Fünfzigerjahre drei Sommer als Kindermädchen bei Onkel Karl im Obermattli und Holzerbergli. Weil sie Angst hatte, schlief sie nicht gerne allein in ihrer Kammer. In dieser Zeit lernte sie Hafersuppe kochen, musste aber auch mit Schafwolle Socken stricken, wobei die blöden Nadeln wegen der harten Wolle häufig brachen, und die Heimkuh auslassen, obwohl sie mit Vieh nicht umzugehen wusste. Am Herz-Jesu-Freitag ging sie jeweils zu Fuss runter nach Unterschächen in die Kirche und kaufte danach ein. Zurück durfte sie mit dem Postauto fahren. Von Urigen marschierte sie dann mit dem Einkauf und einem Vierpfundbrot, das der Bäcker bei einem Nachbarn hinterlegt hatte, ins Obermattli. Die folgenden zwei Sommer verbrachte sie im Solothurnischen bei einer Bäckersfamilie, wo sie zwei Buben hütete. Für die drei Monate erhielt sie hundert Franken, ein ganz schöner Batzen Geld, den sie natürlich nicht behalten durfte.

Martin ging als Erstklässler bei unserem Hofpächter auf die Alp. Zuerst verbrachten sie ein paar Wochen auf dem Urnerboden. Anfangs Juli erfolgte der Umzug auf den Aussenstafel Oberalp. Martin wollte unbedingt zu Fuss mit den Kühen mitmarschieren und bettelte so lange, bis man es ihm erlaubte. Der Aufbruch erfolgte mitten in der Nacht. Zuerst ging's den steilen Weg hoch auf den Klausenpass bis zur Balm, wo bei Morgendämmerung eine längere Rast eingelegt wurde. „Mir fielen fast die Augen zu", erinnert er sich. Doch das

Schlimmste stand noch bevor: Der Weg über die steile Balmwand hinunter, wonach die Kühe oberhalb des Stäubifalls über ein abenteuerliches Brückchen getrieben werden mussten. Nach rund zehn Stunden erreichte die Herde um die Mittagszeit den Stafel. Martin war totmüde, an diesem Abend ging er gern ins Bett. Doch auch danach blieben ihm lange Fussmärsche nicht erspart. Solange die Älpler auf Oberalp weilten, besuchten sie jeweils den Sonntaggottesdienst in der kleinen Kapelle auf dem Klausenpass, je zwei Stunden hin und zwei zurück. Dass er ein ausdauernder Berggänger geworden war, bewies er als Fünftklässler. Weil ihm sein neuer Sommerplatz auf dem Urnerboden nicht passte, lief er nach ein paar Tagen klammheimlich davon nach Hause, einen Teil der Strecke zu Fuss. Dagegen gefiel es ihm auf dem Hof im Sankt-Gallischen, wo er als Realschüler einen Sommer verbrachte, so gut, dass er erst nach Schulanfang heimkehrte.

Ich war ebenfalls drei Sommer „Knecht" bei einer Tante und ihren Söhnen auf dem Urnerboden. Gleich zu Beginn des Aufenthalts erhielt ich jeweils ein paar „Sennenzoggel" verpasst. Das sind Holzböden, die innen ausgehöhlte sind, sodass der nackte Fuss, von zwei Querriemen festgehalten, hineinpasst. Ich fühlte mich von der ersten Stunde an pudelwohl. Abends sass ich oft mit einem Cousin am nahen Wildbach und hörte ihm beim Handorgelspiel zu. Ich beobachtete, wie man Käse macht, und drehte das Butterfass. Vor dem Stier, der zum Sennten gehörte, hatte ich einen Heidenrespekt. Die Alphütte im Aussenstafel war klein und baufällig. Sie enthielt ein einziges Bett. Alle ausser der Tante übernachteten darum auf dem Heuboden eines nahen Ställchens, dessen Dach leckte. Um nicht nass zu werden, spannte man einfach einen Schirm übers Geläger. Sonntags verkaufte ich an der Passstrasse Alpenrosen. Den Kunden sagte ich jeweils, *„lär chennät gäh was'r wennt"*. Das war so üblich. Die paar Fränklein, die ich verdiente, gab ich daheim nicht ab, sie waren mein Sackgeld. Im Herbst schickte mich Mutter jeweils zu Dr. Diethelm nach Altdorf Entwurmungsmittel holen. Die Gefahr, einen Bandwurm aufgelesen zu haben, war halt gross. Später verbrachte ich zwei Sommer als Hüterbub und Heuer in Realp. So lernte ich mit Sense und Wetzstein umzugehen. Wenn ich im Herbst nach Hause kam, wurde ich ausgelacht, weil mein Dialekt eine „Urschner"-Färbung angenommen hatte. Weil ich den Sommer über arbeiten musste, durfte ich an Weihnachten in Realp eine Woche Skiferien machen. Der jüngste Sohn der Familie versuchte, mir den Parallelschwung beizubringen. Er war ein ausgezeichneter Stilist auf Skiern. Ich war allerdings kein gelehriger Schüler, der Schwung wollte nicht recht gelingen. Oder lag es an den Skiern? Jedenfalls hat es Jahre später doch noch geklappt.

Sepp weilte einen Sommer in Kastanienbaum auf einem seeangrenzenden Hof. Im Betrieb gab es auch Pferde, mit denen er nicht zurechtkam. Eines schlug mal aus und traf ihn mit den Hinterbeinen, glücklicherweise ohne ihn zu verletzten. Seither hütet er sich vor Rössern. An Wochenenden schaute er jeweils über den See, um die Autoschlangen bei Stansstad zu beobachten, die sich dort wegen der Hebebrücke bildeten, wenn Schiffe durchfuhren.

Trudi musste in der Primarschulzeit daheim bleiben, um beim Heuen und im Haushalt zu helfen. In den beiden Sekundarschuljahren arbeitete sie auf Vermittlung des Seraphischen Liebeswerks als Hausgehilfin in einer Käserei im Sankt-Gallischen, wo sie einen Buben hütete. In der Freizeit zog sie oft mit der Dorfjugend herum oder nähte mit ihnen Knöpfe auf Briefchen, ganze Schachteln voll, die dann verkauft wurden. Diese Heimarbeit machten dort alle Kinder den Sommer über. Sie ass auch zum ersten Mal Bananen, grosse Mengen, in Naturjoghurt. Sie traute sich lange nicht zu sagen, dass sie das nicht gern hatte. Sie verhielt sich, wie sie es von daheim gewohnt war. Sie ass, was man ihr vorsetzte und passte sich den Essensgewohnheiten des Hauses an.

DIE GEHEIMNISVOLLE UND ERSCHRECKENDE WELT DES HEILIGEN

Fast die gesamte Bevölkerung von Uri war römisch-katholisch. Die Kirche war die wirkmächtigste richtungsweisende Instanz, ausser- und innerhalb der Familie, die das Denken und Handeln der Menschen lenkte. Sich ihrem Einfluss zu entziehen war fast unmöglich.

Die Zeichen des Glaubens waren omnipräsent, sogar in Haus und Stall. Der weltliche Kalender ordnete sich weitgehend dem kirchlichen unter. Dieser legte eine dichte Abfolge von jährlich wiederkehrenden Festen und Festzeiten fest. Kirchen, Klöster, Kapellen, Bildstöcklein, Kreuze, Priester in Soutanen und Nonnen im Kloster-Habit verliehen den Dörfern ein unübersehbar katholisches Gepräge. Die Kirche stand nicht bloss baulich mitten im oder über dem Dorf. Sie regelte auch das Leben von der Geburt bis zum Tod. Der Glockenschlag vom Kirchturm herab prägte den Tagesablauf. Die Kirche hielt für alle Altersstufen Kongregationen und Vereine bereit und war auch im Bildungswesen, in Politik und Presse tonangebend. Sie verstand sich als Bollwerk gegen die sittlichen Gefahren, die von der Moderne ausgingen, der sie mit Massenreligiosität, Prozessionen, Wallfahrten, Stundengebet und Marienkult entgegentrat. Das Wort des Pfarrers und der Geistlichkeit hatte Gewicht. Ihre Lehre stand nahezu unwidersprochen da, weil sie die Menschen im Innersten traf: Sie war es, die letztendlich sagte, wer ein guter Mensch ist, und das mit ewiger Heilswürdigkeit gleichsetzte. Das war eine ernste Angelegenheit, nichts zum Spassen.

In diesem Glauben bin ich grossgeworden. Das Zweite Vatikanische Konzil hatte noch nicht stattgefunden. Ich fand mich als Kind mit einer Welt des Heiligen konfrontiert, die voller Geheimnisse war und Ehrfurcht erregte. Sie zog mich an, weil sie einen Heilsweg versprach, der für alle Menschen gültig war, denn es hiess, er beruhe auf ewigen Wahrheiten. Ich schätzte mich glücklich, zu den auserwählten Menschen zu gehören, denen sie offenbart waren, ohne zu ermessen, welche Anmassung das bedeutete. Die kirchliche Lehre verlieh meinem Leben Sinn und Ziel, erfüllte mich aber auch mit Furcht davor, an den hohen sittlichen und moralischen Ansprüchen zu scheitern, die sie an mich stellte. Ich war mir natürlich nicht bewusst, dass sie mit ihren barocken Ritualen, Bräuchen und Symbolen eine zeitgebundene Form der Religiosität darstellte.

Heute hat die Kirche weitgehend ihren kollektiven Einfluss eingebüsst. Religion ist Privatsache geworden. Das ist eine Folge des Strukturwandels in der Gesellschaft. Je mehr die Gemeinschaften sich nach aussen öffneten, sich wirtschaftlich diversifizierten, individualistischer wurden, und es den Menschen mit Vernunft, Wissenschaft und Technik gelang, die Natur zu verstehen und mit irdischen Kräften zu beherrschen, desto weniger waren sie bereit, Glaubenssätze unhinterfragt zu übernehmen. Der moderne Mensch kann vergleichen, will, wenn schon, eine glaubwürdige Kirche, nicht eine, die sich an Moralvorstellungen klammert, die für ihn keinen Sinn mehr machen, und Liebe, Barmherzigkeit und Demut predigt, ohne sie vorzuleben.

Als Kinder durchliefen wir mehrere Initiationsriten, die uns Schritt für Schritt einen altersgemässen Platz in der Glaubensgemeinschaft zuweisen sollten. Der erste folgte gleich nach der Geburt. Durch die Taufe wurden wir die Erbsünde los und zu Christenmenschen gemacht. In der katholischen Kirche gehörte dazu das Entzünden einer Taufkerze am Osterlicht des Altares. Sie sollte den Täufling ein Leben lang begleiten, das Licht seinen Weg erhellen und an bestimmten Tagen wieder brennen. Mutter bewahrte sie wie Reliquien auf. Wir erhielten in der Taufe auch einen Namenspatron, den wir als persönlichen Fürsprecher im Himmel anrufen durften. Traditionsgemäss wurden wir nämlich alle auf den Namen eines oder einer Heiligen getauft. Am Patronatsfest feierten wir Namenstag. Dieser war wichtiger als der Geburtstag.

Mit neun Jahren durfte jedes von uns zum ersten Mal die heilige Kommunion empfangen, normalerweise am ersten Sonntag nach Ostern, dem sogenannten Weissen Sonntag. Das war jeweils ein aussergewöhnlicher Tag. Die ganze Familie nahm an den Feierlichkeiten teil und fühlte sich geehrt. Paten und Patinnen wurden eingeladen. In feierlicher Prozession zogen die Erstkommunikanten in die Kirche ein, jeder und jedes mit einem Gespanen und festlich angezogen. Mädchen trugen ein weisses Kleid mit Schleier, Buben eine neue schwarze Kleidung mit Krawatte oder Fliege und einen weissen Bändel am linken Arm. Am Mittag wurde zuhause ein gutes Essen aufgetischt. Das Dessert schmeckte besonders, weil es das selten gab. Am Nach-

Trudis Weisser Sonntag 1957

mittag erfolgte in der Kirche die feierliche Erneuerung des Taufgelübdes mit brennender Taufkerze.

Ein Erinnerungsfoto gehörte natürlich dazu. Das von Trudis Weissem Sonntag nahm Mutter auf. Es zeigt die Erstkommunikantin im weissen Kleid, das vor ihr schon Marietta, Vreni und Hanni getragen hatten, mit ihrem Gespänchen, einem Mädchen aus der Nachbarschaft, die rechte Hand auf dem Herz, die linke die Taufkerze haltend, zusammen mit ihrer Patin, Vater und acht Geschwistern. Im Hintergrund sieht man die Stallfront des Gadenhauses mit dem offenen Tor zum Heuschober. Paul und Franz sind gleich gekleidet. Auch sie bildeten ein sich altersmässig nahestehendes, gleichgeschlechtliches Geschwisterpärchen. Sepp, der Gymnasiast, hat eine Krawatte an. Ich trage immer noch das Jäckchen vom Foto von 1954. Sonntagskleider mussten halt mehrere Jahre halten. Doch weil es Frühling war, durfte ich Kniesocken statt Wollstrümpfe tragen.

Die Erstkommunion machte uns zu Lehrlingen des Christentums. Von nun an durften wir die Kommunion empfangen – mit nüchternem Magen, das war Vorschrift – und zur Beichte gehen. Die Buben konnten Altardiener werden. Dafür mussten wir nun an allen Gottesdiensten teilnehmen, die Pflicht waren, und die sonntägliche Christenlehre besuchen. Der Abschluss des Prozesses, durch den wir junge Menschen zu vollwertigen Christen wurden, war – nach bestandener Prüfung dessen, was vom Katechismus hängen geblieben war – die Firmung. Sie fand alle fünf bis sieben Jahre statt und wurde vom Bischof erteilt. Mit einem leichten Backenstreich bezeugte er die Aufnahme in die Gemeinschaft der erwachsenen Christen. Die Paten hatten dabei den Firmlingen die rechte Hand auf die Schulter zu legen.

Doch wir waren schon von klein auf an die Präsenz christlicher Symbole gewöhnt. Zuhause gab es Kreuze, Rosenkränze, Weihwassergefässe und Heiligenbildchen. Wir beteten am Tisch und vor dem Zubettgehen.

Vor allem aber freuten wir uns an Festen und Bräuchen mit religiösem Hintergrund. Besonders viel Wärme strahlte jeweils daheim die gute Stube aus, wenn dort der herrlich geschmückte Christbaum stand. Überhaupt war Weihnachten, das Fest der Geburt Christi, das schönste im Jahr. Die Vorfreude im Advent war riesig, der Heilige

Abend wurde mit Spannung erwartet. Bis ins Schulalter hinein glaubten wir fest ans Christkind. Auch der *Samichläüs* war für uns eine geheimnisvolle Figur. Er schaute zwar nie bei uns vorbei. Doch sobald es dunkel geworden war, hockten wir Kleinen uns ein paar Tage vor seinem Fest im Vorraum oben im Treppenhaus hin, öffneten das Fenster und riefen laut und inbrünstig „Samichlaus zu Ehren, hilf den armen Seelen". Wenn dann plötzlich ein Säckchen mit Nüssen, Äpfeln oder Lebkuchen durchs Fenster geflogen kam, wussten wir, er hat uns gehört.

Kurz vor Weihnachten erhielten die Buben den Auftrag, in einem nahen Wäldchen ein Tännlein zu schneiden. Das Ritual am Heiligen Abend verlief, wie Mutter es im Oberwiler erlebt hatte. Am späteren Nachmittag machte Vater manchmal mit den Kleinen einen Spaziergang. Danach wurden sie ins Bett geschickt, wo sie den bibbernden Erwartungen zum Trotz regelmässig einschliefen. Mutter und die Grossen schmückten nun das Bäumchen, verzierten es mit farbigen Kugeln, in Silberpapier eingewickelten Schokoladenstücklein und Wachskerzen. Die Schokoladen durften wir jeweils an Dreikönigen essen. Mir schmeckten vor allem die mit Nougat gefüllten Mäuschen. Dann wurden die Krippe unter dem Baum eingerichtet und die schön verpackten Geschenke hingelegt. Jetzt war es soweit. Mit einem Glöckchen in der Hand ging eines der Älteren die Treppe zu den Schlafkammern hoch und riss die Geschwister aus ihren Träumen. Alle freuten sich an dem herrlich leuchtenden und wohlig nach Tannnadeln duftenden Baum und an den Geschenken, obwohl es nur wenige waren. Ich kann mich gut an die Wollstrümpfe erinnern, die ich Jahr für Jahr von meiner Patin erhielt. Die Mandarinen und Erdnüsse, die sie ebenfalls schenkte, schmeckten umso besser. Doch zuerst las Mutter die Weihnachtsgeschichte vor und die Grossen sagten ein Gedicht auf, wonach alle „Stille Nacht, heilige Nacht" sangen. In späteren Jahren, nachdem das Nüchternheitsgebot vor der Kommunion aufgehoben worden war, gab's Wienerli und Kartoffelsalat zum

Nachtessen. Die Grossen durften mit Mutter in die Mitternachtsmesse gehen.

Selbstverständlich gehörte ich zu dieser Gruppe, seit ich Altardiener war. Dieses Amt hatte in der Familie Tradition. Alle Buben übten es aus. Ich ging gern in die Kirche und war mit grossem Ernst und Eifer Ministrant. Das Ämtchen verlieh ein Quäntchen öffentliche Aufmerksamkeit und wirkte sich positiv auf die Anerkennung der Familie in der Dorfbevölkerung aus. Ich machte es auch deswegen gern, weil ich sonst kaum Gelegenheit hatte, ausserhalb der Schule mit Meinesgleichen zusammen zu sein. Wir Älteren durften noch nicht Mitglied eines Sportklubs, der Pfadfinder oder des Blaurings werden. Die Eltern erlaubten es nicht, da es mit Kosten verbunden war.

 Vor allem aber faszinierte es mich, an vorderster Front an geheimnisvoll wirkenden religiösen Zeremonien und Ritualen teilzunehmen. Wie sie Alltägliches mit Übersinnlichem verbanden, hatte etwas Magisches an sich. Besonders schön waren die Bittgänge und Flurprozessionen während der Kreuzwoche nach Ostern und an Fronleichnam, die jeweils mit wehenden Fahnen und buntem Gepränge durchgeführt wurden. An der Standeswallfahrt vom 25. April zur Jagdmattkapelle in Erstfeld ging immer die Schattdorfer Fahne voraus. An bestimmten Tagen wurden Gegenstände des Alltagsgebrauchs gesegnet, Salz, Wasser, Mehl, Brot, Kerzen, Teekräuter, um sie mit übersinnlichen Kräften zu versehen. So hiess es, das am Ignatiusfest am 31. Juli geweihte Ignatiuswasser sei gut gegen Krankheiten aller Art, insbesondere Augenleiden, helfe aber auch bei schweren Geburten, Feuersgefahr – oder heftigen Versuchungen.

 In ihren Amtshandlungen verwendete die Kirche noch meist die Sakralsprache Latein, die das Volk nicht verstand. Das unterstrich das Mysteriöse des Geschehens. Im tridentinischen Messritus, der bis in die Mitte der Sechzigerjahre Gültigkeit hatte, wandte der Priester überdies den Gläubigen den Rücken zu, den Blick auf den Altar, das

Symbol des Heiligen und Göttlichen gerichtet. Oft wurde die Messe auch still gefeiert. Der Offiziant murmelte etwas vor sich hin, sodass die Gläubigen den Eindruck erhielten, er spräche mit einem unsichtbaren Jenseits. Nur das Bimmeln der Messdiener-Glöckchen unterbrach die Stille. Ich liebte aber besonders die levitierten, vom Kirchenchor klangvoll verschönten Hochämter an hohen Festtagen, in denen ich das Weihrauchfass schwang.

An Dienstagen im Advent stieg ich gerne früh am Morgen, wenn alles noch dunkel war, aus dem warmen Bett, um bei der Rorate-Frühmesse zu ministrieren. Dort wird in der Antiphon „Rorate coeli" – „Tauet Himmel von oben, ihr Wolken regnet den Gerechten" – das tiefe Verlangen der Schöpfung nach der Ankunft des Erlösers besungen.

Ein jeweils besonders ergreifendes Ereignis war die Karwoche. Am Palmsonntag wurde mit Stechpalmen, die wir im Bodenwäldchen bei Seedorf holten, Jesus' triumphaler Einzug in Jerusalem nachempfunden. Am Hohen Donnerstag entblösste der Priester nach dem Hochamt den Altar und entfernte das Allerheiligste. Danach wurden die Glocken "nach Rom geschickt". An ihrer Stelle ertönte ein düsteres Rätschen, das schaudervoll zum Geschehen auf Golgatha passte. In der Osternacht durften wir wieder aufatmen, wenn der Priester vor der Kirche am lodernden Feuer die grosse Osterkerze entzündete und sie in die dunkle Kirche hineintrug, wobei er dreimal, in immer höherer Tonlage, die frohe Botschaft der Auferstehung verkündete, in dem er jubelnd Christus als das Licht der Erde pries.

Wenn ich an diese Zeit zurückdenke, staune ich, wie oft wir in die Kirche gingen, sogar an Werktagen. Der tägliche Messbesuch vor der Schule war für katholische Kinder, also für praktisch alle im Dorf, obligatorisch. Lehrerschaft und Geistlichkeit wachten darüber, dass niemand schwänzte. Auch abends ging man oft in die Kirche um zu beten, im Mai zur Maiandacht, im Oktober zum Rosenkranz. Der Sonntag war ganz für die Kirche da, er war noch nicht durch Freizeitaktivitäten verweltlicht. Die Sonntagsruhe war eine ernstzunehmende Angelegenheit und der Messebesuch eine Pflicht, die man bloss am Sonntag erfüllen konnte. Arbeiten war lediglich in Ausnahmefällen erlaubt, die einer kirchlichen Genehmigung bedurften. Selbst die Bauern brauchten fürs Heuen und Emden eine Sondererlaubnis von der Kanzel herab. Jedermann ging bestens gekleidet in die Kirche, die Sonntagskleider unterschieden sich klar von denen, die man am Werktag trug. Wir Kinder waren es gewohnt, neben der Messe noch die Christenlehre und manchmal die Abendandacht zu besuchen. Zwei bis drei Kirchgänge am Sonntag waren keine Seltenheit.

Wahrscheinlich fanden wir das dann und wann schon etwas des Guten zu viel und hätten lieber mehr Zeit gehabt, uns zu vergnügen. Vreni war wohl nicht die Einzige, die es störte, dass man musste. Sie sagt auch, dass die Leute ihr oft falsch vorkamen, voneherum fromm in die Kirche gehen und hintenherum über andere lästern. Ausserdem mochte sie nicht, was der Pfarrer über ungetaufte Negerlein erzählte, dass in die Hölle komme, wer nicht katholisch sei und nicht in die Kirche gehe.

Doch die meisten von uns rebellierten kaum gegen den auferlegten Zwang, weil wir wussten, es geht allen gleich, und dazu war es schon immer so gewesen. Wir besassen ja keine Vergleichsmöglichkeiten. Wir fanden es auch normal, dass weibliche Wesen im Altarraum nichts zu suchen hatten und dass Frauen und Männer in der Kirche getrennt voneinander knieten, die Männer auf der rechten, die Frauen auf der linken Seite. Da der katholische Glaube der alleinseligmachende war, begegneten wir den Reformierten mit einer gewissen Scheu, denn eigentlich konnten selbst sie nicht in den Himmel kommen, obwohl sie auch Christen waren. Das hinderte unsere Familie allerdings nicht daran, die Setzlinge in einer Gärtnerei einzukaufen, deren Besitzer einer evangelikalen Gemeinschaft angehörte. Dass gerade wir das Glück hatten, zu den Rechtgläubigen zu gehören, schrieben wir einer gütigen Fügung Gottes zu. Deshalb war es ja auch Christenpflicht, in die Mission zu gehen, um Heidenseelen zu retten. Im Religionsunterricht wurden wir mit Glaubenssätzen indoktriniert, die wir auswendig zu lernen hatten. Glauben bestand darin, eine Sammlung dogmatisch festgelegter Lehrmeinungen fürwahr zu halten. In meinem kindlich-unkritischen Gemüt regte sich noch kein Verlangen, das zu hinterfragen.

Am stärksten beeindruckte mich, dass man für ewig ins Unglück geraten konnte, wenn man Gottes Gebote missachtete. Diese Gefahr sei gross, hiess es, denn der Mensch sei von Natur aus ein schwaches, sündhaftes Wesen, das den Verlockungen von Gottes Widersacher, dem Teufel, immer wieder unterliege. Der Gott, den man uns predigte, war alleswissend, strafend und allenfalls, eher nebenbei, auch barmherzig und mitfühlend. Die Welt war voll von angsteinflössenden Geistern, herumirrenden armen Seelen, Dämonen, Teufeln und Höllengeschöpfen, die für mich ebenso reell waren wie Schutzengel und Heilige, die mir helfend beistehen konnten.

Doch es gab eine Möglichkeit, als sündiger Mensch ins Reine zu kommen: die regelmässige Beichte. Mutter bestand darauf, dass wir wenigstens einmal im Monat den Beichtstuhl aufsuchten. Damals gab es noch keine Bussandachten mit Generalabsolution, sondern nur die Ohrenbeichte. Wenn es wieder einmal so weit war, erforschten wir zuerst auf der Kirchenbank kniend unser Gewissen, wonach` wir im Beichtstuhl durch ein Gitter hindurch dem Priester unser Sündenregister zuflüsterten und ihn in Gottesnamen um Busse und Vergebung baten. Ich wusste nie so recht was sagen, denn was sollte ich mir unter Sünde vorstellen? Doch ich wusste, Gott sieht alles, er listet selbst kleinste Vergehen auf. Nur wer wirklich ein reines Gewissen hat, ist seiner Gnade würdig. Wer mit einer Todsünde stirbt, landet sogar schnurstracks für alle Ewigkeit in der Hölle. Das war eine furchterregende Vorstellung. Deshalb fand ich immer etwas zu beichten. Irgendwas hatte ich ja sicher *boosgät*, wie jedes normale Kind. Die Absolution wirkte jeweils Wunder: mir war danach immer federleicht zumute. Die als Busse auferlegten Gebete verrichtete ich gerne. Denn ich wusste, jetzt kann ich höchstens im Fegfeuer landen. Dort kommen die hin, die nur mit weniger schweren, lässlichen, statt mit Todsünden belastet sterben. Daraus konnte man mit Hilfe der Lebenden erlöst werden, wenn sie für einen beteten und Ablässe erwarben. Ablässe hatten in jener Zeit Hochkonjunktur, sie galten als probates Mittel, Schlimmeres zu verhindern. Um sie zu erwerben, brauchte man bloss bestimmte Regeln einzuhalten.

Erst viele Jahre später wird mir dieser mit Höllenqualen drohende, zürnende Buchhaltergott abhandenkommen. Ein nachhaltig wirkender Effekt des immer wiederkehrenden Beichtrituals jedoch war, dass es in mir noch lange ein ständiges Gefühl des Ungenügens erzeugte, als ob ich mich für etwas zu schämen bräuchte.

Ein anderes, jährlich wiederkehrendes Ereignis hat ebenfalls einen entscheidenden Einfluss auf meinen persönlichen Werdegang ausgeübt: der Missionssonntag im Oktober. Dazu wurde immer ein Vertreter einer katholischen, missionarisch tätigen Gesellschaft oder Ordensgemeinschaft eingeladen. Er predigte im Hochamt und hielt am Nachmittag einen Lichtbildvortrag, zu dem die Schulkinder eingeladen waren. Als Entgelt erhielt er den im Gottesdienst gesammelten Opfergroschen. 1952 war ein Vertreter der Weissen Väter dran. Sein Auftreten muss mich Erstklässler sehr beeindruckt haben, denn die Weissen Väter mit ihren wallenden Bärten und blendendweissen Soutanen, die in den Wüsten Afrikas muslimische Nomaden bekehrten, wurden meine Helden. Ich träumte schon bald davon, einer von ihnen zu werden. Wahrscheinlich hat auch das Vorbild meines grossen Bruders Sepp einen Beitrag dazu geleistet. Er trat ein Jahr danach ins Progymnasium der Bethlehem-Missionare ein, um einmal Priester zu werden.

Oder war es nur der unbewusste Wunsch gewesen, aus der kleinräumigen heimatlichen Welt auszubrechen, die mir trotz aller

Nestwärme manchmal doch anfing, eng zu werden? Ich wusste aber, wollte ich mein Ziel erreichen, musste ich ein guter Schüler sein.

DIE SCHULE, STEIGBÜGEL DER ZUKUNFT

Kurz nach Ostern 1946 kam Bewegung ins Leben der kleinen Marietta, meiner ältesten Schwester. Der Frühling war ins Land gezogen. Für die Primarschüler von Schattdorf kündigte er traditionsgemäss den Beginn eines neuen Schuljahres an. Auch Marietta wird fortan zu ihnen gehören. Sie eröffnete damit einen Geschwisterreigen, der erst viele Jahre später beendet sein wird. Den Weg an ihrem ersten Schultag über Weingarten und Hergergässli zum auf der Anhöhe thronenden alten Schulhaus mit dem charakteristischen Walmdach musste sie allerdings ohne Mutter unter die Füsse nehmen. Diese konnte es sich nicht leisten, die vier jüngeren Geschwisterchen allein zuhause zu lassen. An ihrer statt hatte sich ein älteres Nachbarmädchen anerboten, sie mitzunehmen. Unterrichtet wurde Marietta immer von Barmherzigen Schwestern vom Heiligen Kreuz, einer Kongregation, deren Mutterhaus das Kloster Ingenbohl ist. In der ersten Klasse waren Buben und Mädchen zusammen, unten im Suppenlokal des Schulhauses. In den folgenden Klassen wurden die Kinder nach Geschlechtern getrennt. Es zeigte sich rasch, dass Marietta keine Mühe hatte, dem Unterricht zu folgen. Selbst im Schönschreiben erhielt sie gute Noten, etwas, worauf noch ganz besonders Wert gelegt wurde, das aber vielen Kindern nicht gelingen wollte. Nur Rechnen hatte sie weniger gern. Marietta sagt, sie habe nie „Theater" mit den Schwestern gehabt. „Mir stehen manchmal die Haare zu Berge, wenn ich höre, was andere über die Schulzeit erzählen."

Deshalb überrascht es nicht, dass Marietta im Frühjahr 1952, am Ende der sechsten Klasse, die Aufnahmeprüfung in die Sekundarschule Altdorf bestand. Sie wundert sich bis heute, wer angeregt hatte, sie solle an der Prüfung teilnehmen. Von ihr sei es auf jeden Fall nicht gekommen. Vielleicht hätten der Pfarrer oder die Klassenschwester gedacht, Mädchen müssten mehr gefördert werden. Möglicherwiese hätten auch die Eltern dahintergestanden. Sie selber sah dem neuen Lebensabschnitt mit zwiespältigen Gefühlen entgegen. Sie hatte Angst, mit ihren unmodischen Kleidern aufzufallen. Im Winter trug sie Kartatschen an den Füssen. Sie besass nur ein altes Fahrrad und verstaute das Schulmaterial in einer einfachen Tasche. Eine Mappe besass sie nicht. Doch die Mitschülerinnen rümpften nicht die Nase. Den Unterricht erteilten Klosterfrauen aus Menzingen. Marietta sagt, sie habe zwei schöne Sekundarschuljahre verbracht.

Ein Jahr nach Marietta war die Reihe an Sepp, mit der Schule zu beginnen. In den ersten zwei Klassen waren Buben und Mädchen zusammen, den Unterricht erteilte eine Lehrschwester. Danach kamen die Buben zu Lehrern. Abgesehen vom Schönschreiben erhielt Sepp in allen Fächern gute Noten. Rechnen hatte er besonders gern. Bald nach der Erstkommunion wurde er Ministrant. Irgendwann in der sechsten Klasse erhielten die Eltern Besuch von einem Pater, der aus Bürglen stammte. Er war Direktor des Progymnasiums der Schweizerischen Missionsgesellschaft Bethlehem in Rebstein im Sankt-Galler Rheintal. Er hatte sich beim Pfarrer erkundigt, ob er Buben kenne, die für den Priesterberuf geeignet, interessiert und schulisch genügend wären. In jenen Jahren trugen die in der Schweiz ansässigen Missionsgesellschaften in den katholischen Gebieten einen richtigen Wettbewerb untereinander aus, um Nachwuchs zu rekrutieren. Der Pfarrer von Schattdorf, der unsere Familie gut kannte, dachte an Sepp. Vater und Mutter sträubten sich nicht dagegen, ihren Ältesten nach der sechsten Klasse ins Internat zu schicken, obwohl das – im Grunde genommen bescheidene – Pensionsgeld die Haushaltkasse ziemlich belastete. Sepp hatte auch nichts dagegen, ins Kleine Seminar zu gehen, wie man Schulen für Priesteranwärter seinerzeit nannte. Er hatte zwar bis anhin nie davon geträumt, Priester und Missionar zu werden, doch fand er das auf einmal ganz plausibel. Zudem war ihm klar, dass er sonst niemals würde studieren können.

Zwei banale Geschichten, hätten sie sich nicht vor über einem halben Jahrhundert zugetragen. Sie waren nicht bloss für meine zwei ältesten Geschwister wegweisend, sondern für alle nach ihnen. Denn für die Eltern war klar: Was sie den einen ermöglichten, durften sie den anderen nicht verwehren. Heutzutage ist es für Jugendliche normal, sich zum Teil bis weit über das zwanzigste Altersjahr hinaus in Ausbildung zu befinden. In den Fünfzigerjahren des vergangenen Jahrhunderts jedoch tickte die Welt in Uri noch ganz anders. Dass man sich nicht mit den obligatorischen sieben Primarschuljahren begnügte, sondern zusätzlich die Sekundarschule und danach eine eidgenössisch anerkannte Berufslehre oder gar eine akademische Ausbildung anschloss, war für Kinder von Arbeiter- oder Bauernfamilien ungewöhnlich. In die Sek gehen war ein Privileg, das nur wenigen zuteilwurde, selbst unter Buben. Als Marietta die Aufnahmeprüfung für die Sekundarschule machte, waren sie in ihrer Klasse nur zu zweit. Zudem gab es diese Schulstufe in Schattdorf noch gar nicht, obwohl das Dorf bereits über zweitausend Seelen zählte. Auch Sepp hätte nach Altdorf gehen müssen, um das Kollegium zu besuchen.

Ich weiss nicht, ob die Eltern mit ihren zwei Ältesten eine Strategie verfolgten und wie es herausgekommen wäre, wenn sie nicht so gute Schüler gewesen wären. Aber auch das bot dannzumal noch keine Gewähr, weiterlernen zu dürfen. So manche Eltern haben sich geweigert, ihren begabten Jungen zu erlauben, etwas länger die Schulbank zu drücken, und schickten sie sofort zum Verdienen. Besonders Mädchen hatten einen schweren Stand. Für sie hiess es meist, eine Lehre sei herausgeworfenes Geld, sie würden eh bald heiraten.

Deshalb ist es ein grosses Verdienst unserer Eltern, dass sie sich weder Marietta noch Sepp in den Weg stellten, obwohl sie das einiges kostete. Doch wahrscheinlich taten sie es aus Überzeugung, denn sie wussten intuitiv: Bildung macht unabhängig. Beide litten innerlich darunter, dass sie einst nur sechs Jahre die Schule besuchen durften und nicht wählen konnten, was sie werden wollten. „Vater wollte nicht, dass wir irgendwo als Mägde landeten", ist Hanni überzeugt. Aus diesem Grund setzten er und Mutter sich entschieden dafür ein, dass wir es einmal besser haben würden. Für sie war die Schule der Steigbügel zu einer vielversprechenderen Zukunft. Nicht dass sie wirklich Druck auf uns ausgeübt und unsere Schulleistungen streng kontrolliert hätten. Sie konnten uns auch keine Lernhilfe anbieten, dafür reichten ihre Zeit und vielleicht auch ihr eigenes Schulwissen nicht aus. Doch sie ermunterten uns ständig, „lernt, lernt", und erwarteten, dass wir unser Bestes gaben. Mutter achtete darauf, dass wir zuerst die Hausaufgaben machten, wenn wir nach Hause kamen. Beide Eltern schauten die Noten genau an. Meist unterschrieb Vater das Primarschulzeugnis, Mutter das Hauswirtschaftszeugnis der Mädchen. Wenn die Leistungen ihrer Meinung nach ungenügend waren, forderten sie uns auf, uns mehr anzustrengen. Für gute Noten wurde zwar niemand speziell gelobt, aber irgendwie bekamen wir schon zu spüren, dass man bei Vater und Mutter ein kleines Plus hatte, wenn man top war.

Tatsächlich haben nicht alle von uns die Primarschulzeit gleich erlebt. Die Talente in der Familie waren unterschiedlich verteilt, auch wenn alle mindestens guter Durchschnitt waren. Doch während ein paar mit Bestnoten glänzten, mussten andere sich mehr mühen oder wurden von unerkannten Lernproblemen behindert. Erschwerend kam hinzu, dass etliche gleichzeitig zur Schule gingen, was hiess, dass sie manchmal nacheinander bei der gleichen Lehrkraft die Schulbank drückten. Bei Jüngeren führte das zwangsläufig dazu, dass sie mit den Älteren verglichen wurden. Die Lehrer und Lehrerinnen machten kein Geheimnis daraus, sie taten das offen. Kein Kind hat sowas gern, man hat schon in diesem Alter ein grosses Bedürfnis, als eigenständige Person wahrgenommen zu werden und ein feines Gespür dafür, ob man an eigenen oder fremden Qualitäten gemessen wird. Trudi beispielsweise war wahrscheinlich Legasthenikerin. Diese Schwäche existierte in jener Zeit im Bewusstsein der Lehrerschaft noch nicht. Ihre Stärken waren Rechnen und Handarbeit, aber mit Lesen und Schreiben hatte sie ihre liebe Mühe. Die nur ein Jahr ältere Hanni dagegen wurde von den Lehrschwestern gerühmt, weil sie überall Spitze war. So war es selbstverständlich, dass sie nach der sechsten Klasse die Prüfung für die Sekundarschule bestand. Trudi dagegen entschied sich, erst nach der siebten anzutreten. Sie wusste, Hanni war dann weg, wenn sie die Sek anfing, und deshalb durfte sie hoffen, nicht mehr an ihrer grossen Schwester gemessen zu werden.

In der Primarschulzeit konnte sich dieses Vergleichen schon deswegen nachteilig auswirken, weil die Lehrerschaft entschied, wer sich für ein schulisches Weiterkommen eignete und wer nicht. Sie beurteilte nicht bloss die gegenwärtige Leistung, sondern fühlte sich auch berufen, die zukünftige vorauszusagen. Manche Schulkinder bekamen sie deshalb als Richter zu spüren, andere fanden in ihnen einflussreiche Fürsprecher. Wer weiterstudieren wollte, aber den Lehrkörper nicht auf seiner Seite hatte, durfte kaum hoffen, sich gegen ihn, die Eltern und die Schulbehörde durchzusetzen.

In unserer Familie gibt es Beispiele von Lehrern oder Lehrschwestern, die als Förderer und Beraterinnen entscheidend Schulkarrieren mitbeeinflusst haben. Vreni musste die gegenteilige Erfahrung machen. Sie durchlief sieben Klassen und wäre danach ebenfalls gern in die Sekundarschule gegangen. Doch ihr fehlte die Leichtigkeit beim Lernen. Sie ist überzeugt, dass sie trotzdem die Aufnahmeprüfung geschafft hätte, hätte sie antreten dürfen. Doch die Lehrerin verglich sie mit Marietta und fand sie schulisch zu schwach. Vielleicht war es Mutter, vielleicht Vater, der entschied, Vreni müsse jetzt arbeiten gehen. Bei ihrem dritten Kind wichen sie also für einmal von ihrem Prinzip ab, dass alle eine gute Ausbildung erhalten sollten. Sie glaubten lieber der Lehrerin und meinten, ihre Tochter könne ja später eine Lehre machen. Vreni hatte doppelt Pech: Sie stand ohne Fürsprecher da und darüber hinaus beendete sie die obligatorische Schulzeit genau zum Zeitpunkt, als die Familie den schlimmsten finanziellen Engpass durchmachte. Es waren bereits neun Kinder da, das zehnte war unterwegs. Niemand ausser Vater hatte einen regelmässigen Verdienst, und der war klein. Nur zwei oder drei Jahre später hätte die Situation bereits besser ausgesehen!

Eine Lehre machte meine Schwester später nie mehr – als einzige der Geschwister. Sie wollte es selber nicht mehr. Ohne Sek wäre es ohnehin schwierig geworden.

Gesamthaft gesehen hinterliessen die meisten Lehrer und Lehrerinnen bei mir keinen nachhaltigen Eindruck. Am spontansten fallen mir die Lehrmethoden ein, die damals gang und gäbe waren. Überhaupt unterschied sich zu meiner Zeit in dieser Hinsicht die Primarschule noch nur unmerklich von der, die meine Eltern gekannt hatten. Das pädagogische Rüstzeug des Lehrpersonals war recht bescheiden. Körperstrafen, Blossstellen der Schwachen oder Vorlauten vor der gesamten Klasse, Auswendiglernen, Kopfrechnen-Gymnastik und Frontalunterricht gehörten zum normalen Repertoire. Weil Lehrermangel herrschte, bat man einen schon pensionierten Lehrer, noch ein wenig auszuharren. Er praktizierte einen Unterrichtsstil alter Schule. Jeden Morgen mussten wir bei ihm zuerst das Einmaleins herunterleiern. Wenn einer einen Fehler machte oder stockte, hiess es dann: „Kerl, komm hervor!" Bei ihm sassen die Tatzen locker. Unbotmässigen befahl er, vorne vor der Klasse auf ein Lineal niederzuknien und auszuharren, bis er zufrieden war. Ich blieb während der ganzen Schulzeit von solchen Strafen verschont. Wäre es trotzdem geschehen, hätte ich mich nicht bei den Eltern beschweren können. Es hätte dann nur geheissen: „Du hast es sicher verdient". Der Erziehungsstil der Lehrerschaft erregte keinen Anstoss. Schule und Bevölkerung harmonierten gut miteinander. Lehrer und Lehrerinnen waren Autoritäten, denen man Respekt zollte. Man kritisierte sie nicht.

Die Klassen waren gross. Vierzig Schüler waren keine Seltenheit. In meinem ersten Schuljahr waren es sogar deutlich mehr. Wir erhielten den Unterricht im alten Pfrundhaus nahe der Kirche, Mädchen und Buben dicht gedrängt in einer engen Stube. Diese Notlösung hatte sich aufgedrängt, weil das alte Schulhaus nicht mehr ausreichte, die geburtenstarken Jahrgänge, die jetzt in die Schule kamen, aufzunehmen. Deshalb hatte man beschlossen, ein zusätzliches Schulhaus zu bauen, das erst ein Jahr darauf eingeweiht wurde. Beim Festakt durfte Martin den Zwerg von Uri spielen. Weil er eine Hand verstaucht hatte, musste er eine Schlinge tragen und konnte nur mit der anderen winken. Das alte Schulhaus wurde danach zum Knabenschulhaus umfunktioniert, das neue war für die Mädchen und später die Sekundarschule reserviert, die schliesslich gegen Ende des Jahrzehnts auch in Schattdorf eingeführt wurde. Zuerst für Mädchen, später auch für Buben!

Natürlich lernte ich Neues in der Schule, nämlich das Grundwissen in Schreiben, Lesen, Rechnen, vaterländischer Geschichte, Landeskunde, Religion, usw., das ich später brauchen würde. Mehr erwartete man nicht von der Schule. Für die meisten Jugendlichen reichte diese Basis aus, um ins Erwerbsleben einzusteigen. Die Primarschule führte mich nicht grundsätzlich in fremde Welten ein, sie hat mich nicht einmal richtig wissbegierig gemacht. Selbständig denken und forschen stand nicht auf dem Programm. Niemand ermunterte uns, Bücher zu lesen. Die Dorfschule hat mir bloss das geboten, was die Gesellschaft um mich herum von ihr haben wollte. Sie bläute mir auch die gleichen Tugenden ein wie Elternhaus und Kirche: Disziplin, Gehorsam, Fleiss, Sauberkeit, Respekt vor der Autorität, usw. Wie Sepp und ich bald erfahren werden, wird die Mittelschule ganz andere Anforderungen stellen.

Dennoch brachte die Schule ein wenig neuen Wind in unser Dasein. Sie gliederte uns in die Dorfgemeinschaft ein. Zwar mussten wir nach der Schule sobald als möglich heimkommen. Mutter sah es nicht gern, wenn wir auf dem Nachhauseweg herumlungerten. Ihrer Meinung nach würde das nur dazu verleiten Dummheiten zu machen, während daheim genügend Arbeit auf uns wartete. Doch wir gingen den Schulweg selten allein. Mit der Zeit fanden alle ein gleichaltriges Kind aus der Nachbarschaft, mit dem er oder sie sich besonders gut verstanden. So entwickelten sich die ersten Freundschaften.

Auch Sport und Spiel erhielten langsam Einzug in unser Leben, auch wenn die Gelegenheiten dazu selten waren. Aber das eine oder andere Mal ergab sich die Möglichkeit, sich ein wenig in Strassenfussball zu üben oder im Winter den Schlitten Marke „Davos" hervorzunehmen, um schneebedeckte Strassen und Hänge unsicher zu machen. Über die Schule konnte man sich auch für ein Paar Leihskier bewerben. Anfangs waren die Eltern nicht begeistert davon. Vater riet Sepp ab, weil er geeignete Hosen und Schuhe gebraucht hätte, was ins Geld gegangen wäre. Bei mir war das schon anders. Richtig fahren lernen konnte man allerdings mit diesen kantenlosen Holzbrettern mit Riemenbindung kaum. Wir stapften damit schmale Pisten in den Schnee und fuhren schnurgerade hinunter. Das höchste der Gefühle war, unten am Hang ohne umzufallen einen Stopper hinzukriegen. Elegant Kurven zu fahren und Schwünge zu machen lag einfach nicht drin.

DIE ÄLTESTEN PROBIEREN DIE FLÜGEL AUS

Die Mitte der Fünfzigerjahre markierte den Beginn einer neuen Phase in der Familie. Während die Kinderschar erst ihrem Vollbestand zustrebte, die Jüngeren der Reihe nach das Schulalter erreichten und in die Pubertät kamen, wurde es für die Ältesten bereits Zeit, sich Schritt für Schritt vom Elternhaus zu lösen. Dieser Prozess lief fast unmerklich ab, aber er hinterliess Spuren in der Familie. Diese wird zwar noch während Jahren eine Versorgungsgemeinschaft bleiben, deren Hauptaufgabe es war, sich der Heranwachsenden anzunehmen. Doch für ein paar Jahre werden die Eltern bei dieser Aufgabe nicht mehr auf sich allein gestellt sein, sondern von älteren Kindern unterstützt werden.

Vergleicht man die Entwicklungsgeschichte der Geschwister miteinander, lassen sich zwei deutlich verschiedene Lebensentwürfe ausmachen, die bereits beim Einstieg ins Erwerbsleben sichtbar werden. Die einen machten eine Berufslehre oder begannen sofort nach der Schule zu arbeiten, wonach sie relativ bald heirateten. Die anderen schlossen lange Studien ab, bevor sie eine Stelle suchten. Mit der Gründung einer eigenen Familie hatten sie es nicht eilig. Diese Unterschiede zeichneten sich schon in den Fünfzigerjahren ab, mit gegenteiligen Auswirkungen auf das Familienbudget. Drei der Ältesten schlugen den ersten Weg ein und waren bald in der Lage mitzuverdienen. Zwei andere gingen aufs Gymnasium, sie kosteten also oder steuerten wenig zur gemeinsamen Kasse bei. Diese grundverschiedenen Einstiegszenarien ins Erwachsenendasein widerspiegeln die Einstellung der Eltern, nach der jedes Kind sich entsprechend seinen Neigungen und Talenten entfalten sollte, wobei jedoch auch zeitgebundene Opportunitäten und wirtschaftliche Zwänge eine Rolle spielten.

Letzteres galt vor allem für Vreni. Dass sie als einzige in der Familie 1956 direkt nach der Primarschule zu arbeiten anfing, entsprach nicht ihrem Wunsch, sondern entstand aus der Not der Stunde. Sie wäre gerne noch länger in Ausbildung geblieben. Selber meint sie, der Entscheid der Eltern habe sie insofern nicht so hart getroffen, als sie ans Arbeiten gewöhnt gewesen sei. Schon als Kind sei sie im Sommer jeweils irgendwohin geschickt worden, als Haushalthilfe zu Verwandten auf der Alp, auf einen Bauernhof oder in ein Gasthaus, wo sie tagsüber in der Wirtsstube aushalf und abends in der Kegelbahn die Kegel stellte.

Die ersten beiden Jobs, die Vreni erhielt, endeten nicht gut.

An der einen Stelle fühlte sie sich ungerecht behandelt, weshalb sie nach den Weihnachtsferien einfach nicht mehr zurückkehrte. An der anderen wollte man sie nicht mehr, nachdem sie leichtsinnig mit einem erwachsenen Mann einen Ausflug unternommen hatte, was sich nach Ansicht des Arbeitgebers für ein junges Mädchen nicht gehörte. Dabei war ihrer Meinung nach nichts Unschickliches passiert. Vreni fiel es wohl nicht leicht, sich mit ihrer ungewollten Lage abzufinden. Sie wird sich wie ein kleiner Vogel vorgekommen sein, der aus dem Nest gestossen wurde, bevor er wirklich bereit war zu fliegen. Nach einer Zwischenstation in einem einheimischen Restaurant fand sie schliesslich im Herbst 1959 in Zürich eine Anstellung, die ihr gefiel. Sie durfte im Café eines uns bekannten Konditors den Büffet-Dienst versehen. Sie verdiente nicht viel, und der Lohn wurde direkt nach Hause überwiesen. Sie bekam nur ein wenig Sackgeld, und ein- bis zweimal im Monate schenkte man ihr ein Zugbillet, damit sie nach Schattdorf fahren konnte. Doch die Arbeit sagte ihr zu und sie lernte viel, weshalb sie blieb, bis sie volljährig war. Mit zwanzig beschloss sie, etwas Anderes zu wagen und ging in den Service, wobei sie häufig die Gastbetriebe wechselte. Der Zahltag fiel jetzt deutlich höher aus, doch sie musste den Lohn nicht mehr heimschicken. In einem Erstklasse-Speiserestaurant konnte sie eine richtige Service-Anlehre machen. Dazu gehörten stilvolle Bedienung, Fische am Tisch ausnehmen und tranchieren und solche Sachen. Zuerst arbeitete sie auf dem Land, doch sie merkte, dass sie sich dort irgendwie nicht mehr wohl fühlte, weshalb sie wieder in städtische Gebiete zog. Schliesslich landete sie Ende 1967 in Zug.

Die beiden anderen Stützen der Familie waren Marietta und Martin. Sie werden diese Rolle nach Vaters Tod noch einmal übernehmen. Ihr Lebenslauf weist viele Ähnlichkeiten auf. Beide wählten eine Ausbildung, die eigentlich nicht ihren Wunschvorstellungen entsprach, sondern einen Kompromiss zwischen persönlichen Vorlieben, Opportunitäten und Erwartungen der Eltern darstellte. Sie wussten um die prekären Familienfinanzen und sahen es als ihre Pflicht an, sobald als möglich helfend einzuspringen. Sie fanden Lehrstellen in der heimischen Umgebung, wohnten weiterhin daheim und gaben Mutter einen Grossteil des verdienten Geldes ab, bis sie auszogen und als erste Geschwister heirateten – mit jemand aus dem nahen Umkreis.

Nach Beendigung der Sekundarschule fuhr Marietta im September 1954 für ein Jahr nach Fribourg. Etwas mulmig war ihr dabei schon zumute. Es werden die einzigen zwölf Monate bleiben, während denen sie nicht in Schattdorf wohnte. Ein Sprachaufenthalt in der Westschweiz hatte seinerzeit für Deutschschweizer Mädchen Tradition, so wie es sich für junge Männer gehörte, die Rekrutenschule zu absolvieren. Drei andere Schwestern werden es Marietta nachmachen und dabei Ähnliches wie sie erleben. Sie wohnte mit anderen Deutschschweizerinnen als Volontärin in einem Pensionat, das von Ursulinen-Schwestern geführt wurde. Sie lebte sich gut ein, musste aber viel arbeiten und lernte kaum Französisch. Zwar erhielten alle Volontärinnen Sprachunterricht, büffelten Grammatik und Vokabular, aber ihnen fehlte die Gelegenheit, sich in Konversation zu üben. „Gewiss, wir hätten miteinander Französisch sprechen sollen, taten das aber selbstverständlich nicht immer". Ausgang bekamen sie kaum. Jede Woche erhielt Marietta von Mutter einen Brief. Wo *Mammä* nur die Zeit dafür hernahm? Offensichtlich fehlte ihr die älteste Tochter gewaltig. Einmal schrieb sogar Vater. Das erstaunt, denn er tat sowas nicht gern, weshalb denn auch niemand sonst von uns jemals einen Brief von ihm erhalten wird. Vater besass eine krakelige Handschrift, die so klobig wirkte wie seine Hände. Marietta kam am gleichen Tag heim wie er. Er hatte eben den letzten militärischen Wiederholungskurs absolviert.

Eigentlich wäre sie nun am liebsten Lehrerin geworden, was nicht einfach zu verwirklichen gewesen wäre. Sie hätte nach Ingenbohl gehen und Schulgeld bezahlen müssen, doch wahrscheinlich wäre es schon gegangen, wenn sie insistiert hätte. Ihr anderer Berufswunsch war Schneiderin, doch Lehrtöchter mussten ohne Lohn auskommen. Deshalb fing sie in Altdorf eine Verkäuferinnenlehre an. Da erhielt sie immerhin monatlich fünfzig Franken Lehrlingslohn. Zweieinhalb Jahre später legte sie die Prüfung ab. Die Lehre sei abwechslungsreich gewesen, sagt sie. Sie habe viel Nützliches gelernt und von einer Schneiderin im Geschäft profitiert, die ihr nebenbei die Grundfertigkeiten im Schneidern beibrachte. Nach Lehrende arbeitete sie bis zur Hochzeit im gleichen Geschäft weiter. Einmal wollte sie weg in den Aargau. Sie hatte dort einen Job in Aussicht, doch sie merkte, dass Mutter es nicht gerne gesehen hätte, wenn sie weggegangen wäre. Deshalb blieb sie. Bis zur Heirat gab sie einen Grossteil des Lohns ab. Das störte sie nicht, sie wusste, das war auch in anderen Familien so.

Auch Martin wäre gerne Lehrer geworden. Weil immer mehr Kinder zu unterrichten waren und Schulbildung an Bedeutung gewann, brauchte es ständig mehr Lehrpersonal und die Behörden mussten attraktivere Anstellungsbedingungen bieten. Martin machte 1957 die Aufnahmeprüfung ins Kollegium Altdorf, wo er zwei Jahr die Realschule besuchte. Er sah jedoch ein, dass die Lehrerausbildung die Familienfinanzen strapazieren würde, und da er auch in einigen Fächern nicht das erhoffte Niveau erreichte, entschied er sich für eine Schreinerlehre.

Zu dieser Wahl hatte ihn Vaters Vorbild angeregt. Der Berufsberater bestärkte ihn in seinem Entschluss. Vater vermittelte eine Lehrstelle in Altdorf. Die körperliche Betätigung verlangte dem heranwachsenden Jüngling einiges ab. Wenn er mittags nach Hause kam, verschlang er jeweils zuerst ein grosses Stück Schwarzbrot, ehe er sich zum Essen hinsetzte. Nach Lehrabschluss half er beim Ausbau des neuen Hauses und absolvierte danach die Rekrutenschule. Da er noch keine Stelle hatte, musste er sich mit zwei Franken Tagessold und einem kleinen Lohnausgleich begnügen, während die Arbeiter vom „Schächenwald" Lohnausfall erhielten. Das ärgerte ihn. Nach der Rekrutenschule arbeitete er vorerst im selben Betrieb wie Vater.

Martin wäre gerne in Uri sesshaft geblieben, doch er sah, dass der Verdienst hier deutlich schlechter war als auswärts. Deshalb entschloss er sich 1966 wegzugehen. Ab diesem Zeitpunkt brauchte er die Seinen nicht mehr mitzufinanzieren. Zudem begann er, sich auf die Meisterprüfung vorzubereiten. Schliesslich bewarb er sich bei der Stadt Zürich für eine Anstellung als Werklehrer der Abschlussklasse. So ging sein Wunschberuf auf Umwegen doch noch in Erfüllung.

Sepp und ich zogen mit nicht einmal dreizehn Jahren von Zuhause aus, weil wir Priester und Missionar werden wollten. Zuerst für zwei Jahre ins Progymnasium Rebstein im abgelegenen St. Galler Rheintal und danach für gut fünf Jahre ins Gymnasium Immensee, das deutlich näher lag. Ich hatte das Glück, dass für mein Studiengeld ein Sponsor aufkam. Im Internat lebten wir in einer fast ausschliesslich männlichen Gesellschaft. Der Kontakt mit daheim beschränkte sich auf die Ferienzeit sowie auf knapp gehaltene Briefe, die wir ins Bastköfferchen mit der schmutzigen Wäsche legten, die wir jeden Monat nach Hause schickten und sauber gewaschen und gebügelt zurückbekamen. Darin lag auch immer ein ebenso lakonischer Antwortbrief von Mutter, der kaum Neuigkeiten enthielt, und im Herbst etwas Obst. Dass wir einmal in den geistlichen Stand eintreten wollten, war ernst gemeint, doch schwang auch der Wunsch mit, studieren zu dürfen. Für talentierte Kinder ärmerer Familien war das vor allem in ländlichen Gebieten eine Art Königsweg zu einer akademischen Ausbildung. Jemandem, der Priester oder Nonne werden wollte und die schulischen Voraussetzungen mitbrachte, stellten sich gläubige katholische Eltern ungern in den Weg. Schliesslich war es eine von der Allgemeinheit gebührend gewürdigte Ehre, auf diese Weise Gott Kinder zu schenken! Weder Sepp noch ich hätte es gewagt, auf Vater und Mutter einzudringen, sie sollten uns lieber aufs Gymnasium in Altdorf schicken. Wir hätten auch keinen Berufswunsch gewusst, der das gerechtfertigt hätte.

Die zwei Studenten mit Käppi im Frühjahr 1960 inmitten der Familie. Im Hintergrund das Restaurant Brückli und die verschneiten Schächentaler Berge.

Sepp verliess als Erster 1953 das Elternhaus. Vater begleitete ihn mit der Bahn nach Arth-Goldau, wo er ihn dem Schuldirektor übergab, dem er noch rasch zweihundert Franken als Anzahlung fürs Pensionsgeld in die Hand drückte. Im Internat fühlte Sepp sich wohl, stellte jedoch fest, dass er da und dort schulische Defizite aufwies. Die Dorfschule hatte ihn ungenügend auf höhere Studien vorbereitet. Beispielsweise hatte er noch nie etwas von deutscher Grammatik gehört. Das Nachlernen erforderte viel Fleiss, wobei er sich auf sein ausgezeichnetes Gedächtnis verliess. Er hätte lieber die B-Matura gemacht, wo Englisch statt Altgriechisch unterrichtet wird. Doch der Rektor lehnte ab. Das sei etwas für Lernschwache. Wer nicht A-Matura machen könne, besitze auch nicht die Intelligenz für ein Studium danach. Die Sommerferien verbrachte er anfangs beim Götti im Schächental, danach arbeitete er in einer Fabrik und auf dem Bau, um das

Studium mitzufinanzieren. Im Juni 1960 bestand er die Matura. Darauf beschloss er, ins Priesterseminar der Missionsgesellschaft Bethlehem einzutreten, wo er das Noviziat machte und zwei Jahre Philosophie studierte. Die Kosten trug jetzt die Missionsgesellschaft. Somit brauchten die Eltern nicht mehr für ihn aufzukommen.

Fünf Jahre nach Sepp landete auch ich in Rebstein, nicht wie gewünscht im nahen Widnau bei den Weissen Vätern. Wer immer diesen Entscheid fällte, zog vermutlich den vom grossen Bruder erprobten Weg einem unsicheren Experiment vor. Die Fahrt im April 1958 ins ferne Rheintal war die weitaus längste Reise, die ich bisher angetreten hatte. Sie kündete den Beginn eines intellektuellen Abenteuers an, durch das mein überkommenes Weltbild, mit neuen Realitäten konfrontiert, bald erste Kratzer erhielt und immer mehr in Frage gestellt wurde.

Im Internat lief mein Leben von früh bis spät streng geregelt ab. Es bestand aus Studium, religiösen Übungen, Sport, Freizeit und Kameradschaft. Vor allem Sport und Kameradschaft hatte ich vorher selten pflegen können. Auf einmal nahmen sie einen wichtigen Platz ein. Das Studium hatte kaum noch etwas mit dem gemein, was ich von der Primarschule her kannte. Das lag an der humanistischen Ausrichtung der Bildung mit Fächern wie Latein und Altgriechisch, die mich in unbekannte geistige und kulturelle Sphären entführten. Vor allem aber machte mich der Unterricht nun wissbegierig. Die Missionsgesellschaft Bethlehem befand sich mitten im Umbruch. Sie versuchte sich der modernen Welt zu öffnen, ein Anliegen, das auch das Zweite Vatikanische Konzil vertrat, dessen Debatten wir in den oberen Klassen mitverfolgten. Wiewohl die meisten Lehrer Priester waren, erwiesen sie sich in der Regel als Pädagogen, die uns zum selbständigen Denken anregten. Etliche davon, vor allem im Obergymnasium, waren akademisch sehr gut ausgebildet und weltanschaulich unvoreingenommener als ihre Vorgänger. Sie luden uns ein, die persönliche Sicht der Dinge mit anderen Denkweisen zu vergleichen und an historischen Massstäben zu messen. Sprachen, Literatur und Geschichte liebte ich ganz besonders.

Zögerlich begann ich mich damit auseinanderzusetzen, dass die Überzeugungen meiner Kindheit nur eine von unzähligen Varianten darstellten, was Menschen weltweit je gedacht und für wahr gehalten haben. Weshalb also durften sie für sich in Anspruch nehmen, alleingültig zu sein? Auch der herkömmliche Christenglaube blieb bei mir nicht unhinterfragt. Der religiöse Alltag war intensiv. Er erschöpfte sich nicht mehr in den rituellen Praktiken, die ich als Messdiener mitgemacht und so schön gefunden hatte. Er bestand nun auch aus persönlichem Gebet, Meditation, Bibelstudium, geistlicher Lektüre und Exerzitien, die mich innerlich forderten. Ansichten, die ich bisher für unbestreitbar gehalten hatte, standen auf einmal auf wackligen Füssen da.

Zum ersten Mal strahlte die Welt meiner frühen Jahre nicht mehr die beruhigende Stabilität aus, die ich von Kindsbeinen an gekannt hatte. Ihre Flügel erwiesen sich nicht als so tragfähig, wie ich es einmal gemeint hatte.

8 HELLERE UND DUNKLERE JAHRE

NEUES HEIM UND NEUE ZEIT

Vor Weihnachten 1962 zog die Familie ins neue Heim um. Für sie begann ein Jahrzehnt, wo sich lichte Momente mit dunklen Schatten abwechselten.

Das Jahr 1962 war schon deswegen besonders, weil im Mai die Eltern die silberne Hochzeit feierten. Sie wollten das Ereignis würdig begehen. Deshalb wiederholten sie gemeinsam mit ihren Doppelhochzeitern den Flitterwochen-Ausflug nach Madonna del Sasso. Und sie vereinbarten wie an der Hochzeit einen Termin beim Fotografen. Diesmal sollte ein Familienfoto entstehen, welches das Ergebnis der Ehe dokumentierte. Alle waren am festgelegten Tag zuhause. Gemeinsam zogen wir im Gänsemarsch der Gotthardstrasse entlang zum Kollegium, neben dem das Fotostudio lag. Das Bild zeigt: Alle haben ihre besten Kleider und Schuhe an und sind frisch frisiert. Hannis Haar ist kurzgeschnitten, das hatte sie durchgesetzt, weil sie hoffte, so die lästigen „Steiner"-Läuse einfacher entfernen zu können. Vater und seine drei älteren Söhne kommen im dunklen Sonntagsanzug daher, zu dem selbstverständlich eine Krawatte gehörte. Sogar der noch nicht zehnjährige Paul trägt eine. Mutter und die Töchter sind in schicke Röcke mit passenden Blusen oder Zweiteiler gekleidet. Vreni hat als Einzige

Das Familienfoto von 1962.
Vordere Reihe von links nach rechts: Mutter mit Markus, Franz Xaver, Paul, Agnes und Vater.
Hintere Reihe: Trudi, Vreni, Martin, Sepp, ich, Hanni und Marietta.

sichtbar ein wenig Schmuck um den Hals, und die beiden Jüngsten haben weisse Kniesocken an. Die Kinder stehen um die sitzenden Eltern herum. Nur der knapp einjährige Markus nimmt auf Mutters Schoss Platz. Die Knaben und Jungmänner sind in die Mitte gerückt, wobei man Martins kleiner Statur mit einem Untersatz nachgeholfen hat. Die Damenwelt rundet das Bild auf beiden Seiten ab.

Es wird das einzige professionell aufgenommene Familienfoto bleiben. Schön eingerahmt wird es zuhause die gute Stube schmücken. *Mammä* will es dereinst auch im Altersheim nicht missen. Dort erhält es bis zu ihrem Lebensende einen Ehrenplatz an der Wand.

Zum Zeitpunkt des silbernen Ehejubiläums ist der Beschluss längst gefasst, ein Mehrfamilienhaus zu bauen. Die Pläne sind erstellt. Am östlichen Rand der bäuerlichen Liegenschaft, auf dem Weg zum Dorfbach, ist eine rund sechshundert Quadratmeter grosse Landparzelle als Bauplatz grundbuchamtlich ausgeschieden und ein Baukredit bei der Urner Kantonalbank notariell gesichert. Den ganzen Sommer 1962 über wird der Rohbau im Eiltempo vorangetrieben: Aushub, Betonieren der Grundmauern und des Untergeschosses, Aufrichten der Aussenwände im Riegelbau, Erstellen und Decken des Dachstuhls. Lange Zeit herrscht strahlend schönes, heisses Wetter, es ist jener Sommer, in dem ich zusammen mit Vater früh am Morgen zur Arbeit auf die Baustelle des Elektrizitätswerks Unterschächen fahre. Sobald der Rohbau fertig ist, erfolgt der Innenausbau. Die Arbeiten führen Handwerksbetriebe aus der Umgebung aus. Um Kosten zu sparen, nimmt Vater unbezahlten Urlaub und hilft, unterstützt von Martin, die letzten drei Monate mit. Mutter verbringt in dieser Zeit manch unruhige Nacht. Sie macht sich Sorgen, dass das Unterfangen die Familie in ein finanzielles Abenteuer stürzen wird. Vater gibt sich diesbezüglich lockerer. Wir hätten ja eine Hypothek bei der Bank, meint er, wenn er auf das Risiko angesprochen wird. Der Bau des neuen Heims wäre jedoch kaum zu realisieren gewesen, hätte nur Vater einen regelmässigen Verdienst gehabt. Das ist seit ein paar Jahren nicht mehr der Fall.

Der Umzug erfolgt rechtzeitig vor Weihnachten. Das Gadenhaus wird gegen einen bescheidenen Mietzins vermietet. Der Einzug ins neue Heim bringt ein total verändertes Wohngefühl mit sich. Wir merken rasch, was uns im alten Haus gefehlt hat. Die Räumlichkeiten, die jetzt zur Verfügung stehen, sind viel heller. Von überall her dringt Licht ein. Man kann in alle vier Himmelsrichtungen schauen und von zwei Balkonen aus die Aussicht geniessen. Zwar stösst der Blick fast rundum auf Berghänge, doch diese sind genügend weit weg und so farbenfroh mit Wäldern, Heimwesen und zackigen Gipfeln übersät, dass sie das Auge erfreuen statt aufs Gemüt zu schlagen. Die Innen-

Erste Weihnachten im neuen Haus.
Markus bestaunt den Christbaum.
Rechts unten die von Vater
gebastelte Krippe.

verkleidung aus Holz und die Zentralheizung strahlen wohlige Wärme aus. Man kann noch den frischen Anstrich riechen. Die Räume selbst haben keine palastartigen Ausmasse, doch sie sind gross und zahlreich genug, dass die Mitglieder unserer Vielkinderfamilie gut aneinander vorbeikommen und zusammenhocken können, ohne sich eingeengt vorzukommen.

Der erste Stock wird vermietet, die Untermieterfamilie zieht bald nach uns ein. Wir verfügen dennoch über zwei Stockwerke, die vorsorglich so mit Anschlüssen versehen sind, dass daraus Jahre später, nachdem alle Kinder weg sind, zwei voneinander getrennte Wohnungen entstehen werden.

Unten befinden sich die Wohnküche, ein WC mit Bad, das Elternschlafzimmer, die gute Stube, ein Schlaf- und ein Arbeitszimmer, alle um einen zentralen Vorraum herum. Dieser Stock ist das Reich der Eltern. In der Küche nimmt die Familie gemeinsam an einem Tisch mit Eckbank die täglichen Mahlzeiten ein, hier klopft sie manchen Jass. In der Wohnstube steht ein grosser Ausziehtisch, an dem die Festessen eingenommen werden. Ein Büffet für das gute Geschirr, die Pendeluhr, die schon im alten Haus hing, ein Fauteuil und ein Kanapee vervollständigen die Einrichtung. Später kommt ein Fernsehapparat hinzu, sodass sich nun oft alle hier versammeln, um gemeinsam Sendungen anzuschauen. Im Arbeitsraum, der auch Gästezimmer ist, findet bald eine Strickmaschine Platz, auf der Mutter Unmengen Pullover anfertigt. An der Wand hängt ein phosphoreszierendes Kreuz. Der leuchtende, gemarterte Körper des Gekreuzigten wird dereinst des Nachts meiner kleinen Tochter Angst und Schrecken einjagen, wenn sie bei unseren *Grosi*-Besuchen in diesem Zimmer schlafen muss. Neben der Eingangstür zum Treppenhaus ist ein Weihwassergefäss angebracht. So kann Mama allen Abschied nehmenden Kindern, auch noch im Erwachsenenalter, mit geweihtem Wasser ein flüchtiges Kreuz auf die Stirne zeichnen. Daneben hängt ein altmodischer Telefonapparat, die Nummern stellt man per Drehscheibe ein. Weil im Ort nicht genügend Leitungen vorhanden sind, müssen wir vorerst den Anschluss mit einem Nachbarn teilen. Es kommt vor, dass man mit Telefonieren zuwarten muss, bis er sein Gespräch beendet hat.

Im oberen Stock sind die Kinderschlafzimmer und ein WC untergebracht. Dazu kommen vier kleine Abstellräume unter der Dachschräge, von denen ich einen zu meinem Reich erküre. Er genügt mir, ich bin nur noch selten daheim. Die Zimmerbelegung passt sich der wechselnden Zusammensetzung der Familiengemeinschaft an. Eine Zeitlang wohnt hier auch ein „Zimmerherr" als Untermieter. Auch diese Räumlichkeiten betritt man über einen zentralen Vorraum. Wer will, kann sich über das Treppenhaus am unteren Stock vorbeischleichen und auf sein Zimmer zurückziehen, in der Hoffnung, dass die Eltern nichts merken, und sich so einem drohenden Donnerwetter oder der Stirne runzelnden mütterlichen Kontrolle entziehen. Über Platzmangel und fehlende Privatsphäre darf sich niemand mehr beklagen, zumindest im Vergleich zum Gadenhaus.

Die Garage im Kellerbereich wird vermietet. Vater hat jetzt endlich eine richtige Werkstatt, Mutter einen Waschraum, der den Namen verdient. Der Luftschutzkeller mit seinen dicken Mauern und schweren Eisentür wird zum Obst- und Getränkekeller umfunktioniert.

Auch die neuen Möbel tragen zum veränderten Lebensgefühl bei. Die Böden lassen sich leicht mit Staubsauger und Besen reinigen. Die Küche ist funktional eingerichtet. Mit dem Elektroherd kocht und backt man viel bequemer als mit dem russenden holzbefeuerten, und im Kühlschrank bleiben die Esswaren länger haltbar. Doch am meisten schätzen wir die sanitären Einrichtungen. Jetzt fliesst aus den Hähnen nicht mehr nur kaltes Wasser. Martin schwärmt immer noch vom wohligen Gefühl, das er empfand, als er zum ersten Mal im warmen Wasser der Badewanne sass. Man braucht sich auch nicht mehr zu überwinden, um intime Geschäfte zu verrichten, wie vorher im *Aptritt* im Gadenhaus, wo es unangenehm roch und man sich im Winter die Knochen abfror, im Sommer aber schwitzte.

Das Zweifamilienhaus entstand in einer Zeit, als auch im gesellschaftlichen Umfeld Altes durch Neues ersetzt wurde. Im Nachhinein erscheint dieser Zeitabschnitt als eine revolutionäre Bruchstelle, die mit der Zeit fast alles Herkömmliche auf den Kopf stellen wird. Zwar gab es in Uri keinen Mai 1968 wie in Frankreich, auch keine Studentenunruhen wie in Deutschland. Der Wandel ging hier schleichender vor sich, man ahnte ihn eher als man ihn wirklich wahrnahm. Tatsächlich kam es hier nicht urplötzlich zu einer totalen Umkehrung der Welten, Althergebrachtes und Neumodisches lebten lange einträchtig nebeneinander einher.

Die Triebfeder des Wandels lag in der Wirtschaft, die zum Höhenflug ansetzte. Erste Anzeichen allgemeinen Wohlstands machten sich bemerkbar, auch wenn in Uri Löhne und Arbeitsplätze noch lange hinterherhinkten. Eine Freizeit- und Konsumgesellschaft war im Entstehen, wie sie nie dagewesen war. Sekundarschule und Berufsbildung waren auf gutem Weg, selbstverständlich zu werden, genauso wie Ferien und Reisen. Endlich konnten Mädchen auch in Uri das Gymnasium und Lehrerseminar besuchen. Das Zweite Vatikanische Konzil brachte Bewegung in die katholische Kirche. Die für die Bevölkerung spürbarsten Neuerungen betrafen die Aufhebung des Nüchternheitsgebots vor der Kommunion und des fleischlosen Freitags, sowie die Umgestaltung der Liturgie, insbesondere der Messe, die der Priester nun dem Volk zugewandt in dessen Sprache feierte. Auch Mädchen durften ministrieren und Frauen die Kommunion austeilen – jetzt in die Hand und nicht mehr in den Mund. Die Antibabypille fing an, das Sexualverhalten vor allem der jüngeren Generation zu verändern. 1959 wurde das Frauenstimmrecht vom männlichen Stimmvolk der Schweiz noch wuchtig abgelehnt, doch ein erneuter Versuch zwölf Jahre später war mit Erfolg gekrönt. Uri lehnte allerdings auch diesmal zuerst ab. Es brauchte einen weiteren Urnengang, bis das Volk das Jahr darauf schliesslich zustimmte. Die Schattdorfer sagten auch diesmal mehrheitlich nein.

Ganz allgemein räumten im Urnerland überkommene Wertvorstellungen und Verhaltensweisen nicht widerstandslos das Feld, auch in unserer Familie nicht. Wir Jungen mussten noch vieles erkämpfen, was heute selbstverständlich ist. Der Schritt von den Gewohnheiten der alten Agrargesellschaft zum „Lifestyle" des modernen Technologiezeitalters vollzog sich nicht ohne Friktionen.

Dass Vater gleich nach der Fertigstellung des neuen Heims den Arbeitgeber wechselte, fügte sich gut in diese Veränderungen. Er fand eine Anstellung in einer Schreinerei, die nur ein paar hundert Meter von daheim entfernt lag. Mutter und die älteren Geschwister hatten ihn schon länger gedrängt, auf dem Bau aufzuhören, weil sie fanden, dass die Bedingungen dort für ihn nicht mehr förderlich waren. Befreundete Geister halfen, den Wechsel in die Wege zu leiten. Von nun an arbeitete er ganz in der Nähe, im Trockenen, und musste nicht mehr gewärtigen, längere Zeit auswärts auf Baustellen geschickt zu werden. Zudem verdiente er besser und hatte zum ersten Mal Anrecht auf Ferien.

DIE SIEBEN ÄLTEREN LÖSEN SICH VOM ELTERNHAUS

Siebenundzwanzig Jahre nach der Trauung der Eltern rief wieder ein Glöckchen die Familie zu einer Hochzeitsfeier. Es bimmelte vom Türmchen der etwas abseits von Morschach auf einem Hügel thronenden Marienkapelle der Pallottiner. Man schrieb Samstag, 23. Mai 1964. Es herrschte angenehm föhniges Frühlingswetter. Stolz umringten wir Brüder und Schwestern, festlich gekleidet, gemeinsam mit Vater, Mutter und anderen Gästen das Brautpaar. Um nichts in der Welt hätten wir das denkwürdige Geschehen verpassen wollen, denn schliesslich kommt es nicht jeden Tag vor, dass man seine älteste Schwester an den Traualtar begleiten darf. Sie ist die erste von uns, die heiratet. Doch ihre Hochzeit hatte nur noch wenig gemeinsam mit der unserer Eltern.

Marietta und ihr Bräutigam Ernst hatten sich vor zwei Jahren auf einem Musikfest kennengelernt. Ernst stammte ebenfalls aus einer grossen Schattdorfer Bauernfamilie. Er war Schreiner und arbeitete im selben Geschäft wie Vater und Martin. Knapp drei Monate vor der Trauung feierte das Paar im Zweifamilienhaus Verlobung und nahm danach an Exerzitien für Brautleute teil. Dennoch finden sie heute, sie seien auf ihre gemeinsame Lebensaufgabe mehr schlecht als recht vorbereitet gewesen. Wie schon zu Elternzeiten erschien ihr Heiratsaufgebot im Amtsblatt, doch die Verkündigung von der Kanzel herab war vor ein paar Jahren abgeschafft worden. Weil jetzt die meisten Gäste Lohnarbeiter und nicht mehr Bauern waren, war der Samstag unter der Bevölkerung zum beliebtesten Hochzeitstag geworden. An diesem Tag konnten sich die Geladenen am ehesten frei nehmen. Als Ort für die Trauung hatten Marietta und Ernst eine bekannte Hochzeitskapelle in der Nähe des Klosters Ingenbohl gewählt, in das Han-

Hochzeitsfoto von Marietta und Ernst

ni unterdessen eingetreten war. So konnte auch sie der Zeremonie beiwohnen, die von einem befreundeten Priester geleitet wurde. Die Messfeier, in die der Trauakt eingebettet war, fand nicht mehr in aller Stille frühmorgens vor wenigen Beteiligten statt, sondern vormittags vor einer grossen Gästeschar, die dazu mit einem gedruckten Kärtchen eingeladen worden war und von einem eigens gemieteten Autocar von Ort zu Ort chauffiert wurde.

Nach der Trauung ging's zuerst nach Brunnen ins Fotostudio. Das gehörte sich immer noch so. Doch die Atmosphäre auf dem Bild wirkt wesentlich entspannter als auf dem Foto der Eltern. Braut und Bräutigam schauen nicht mehr so ernst in die Welt. Der Fotograf hat sie aufgefordert, locker in die Kamera zu lächeln. Jetzt dominiert auch nicht mehr Schwarz, sondern ein hellerer Farbton. Die Braut steht ganz in weiss da, in einem fast bis auf den Boden reichenden, nur für diesen Tag gefertigten Hochzeitskleid, mit einem luftig ausladenden Schleier und einem Blumengebinde mit breiten, weissen Bändeln in der Hand. Die Krawatte von Ernst glänzt leicht silberig. Der Hut ist aus der Mode gekommen. Neben dem Brautpaar steht ein weissbeiniger Schemel mit einem gleichfarbigen Blumenarrangement darauf. Ein samtig anmutender Vorhang im Hintergrund rundet das Ganze ab.

Nach dem Fototermin fuhren wir alle zu einem nahen Gasthof, wo ein Festmahl auf uns wartete: Gemüsebouillon, Rahmschnitzel, Pommes Frites, Butterbohnen und Coupe Jacques. Es schmeckte, sowas kam daheim selten auf den Tisch. Ein Handorgelspieler sorgte für festliche Ländlerstimmung. Sepp amtete als Tafelmayor und mir fiel die Ehre zu, den ganzen Tag fotografisch festzuhalten. Die Bilder klebte Marietta später in ein Gedenkalbum. Nach dem Essen machte die Gesellschaft eine Rundfahrt durchs Zugerland, bis sie das Ereignis in einem Restaurant in Schattdorf mit einer kalten Fleischplatte und Tanz bis in alle Nacht hinein ausklingen liess. Die Brautleute hatten sich ihren Ehrentag einiges kosten lassen, aus eigener Tasche, wie sie mir versicherten. Auch die Flitterwoche liessen sie sich nicht entgehen: Ein paar Tage in Orsolina ob Locarno und ein Ausflug auf den Urnerboden mit der Vespa von Ernst. Nach der Hochzeit bezog das Paar bei einem Bruder von Ernst in Schattdorf eine Mietwohnung, wo in kurzen Abständen drei Kinder auf die Welt kamen. Danach zogen sie in ein neugebautes Eigenheim um, wo das vierte Kind geboren wurde.

Mariettas Hochzeit setzte unmissverständlich das Zeichen, dass auch in unserer Familie der Prozess in Gang gekommen war, dem normalerweise jede unterliegt. Irgendwann kommt der Punkt, wo die Kinder, eins nach dem andern, sich vom Elternhaus lösen, sich selbständig machen, einen Haushalt und eine eigene Familie gründen. Tatsächlich führten schon wenige Jahre danach andere Geschwister den Hochzeitsreigen fort.

Als nächster war Martin an der Reihe. Um seine Braut kennenzulernen hatte er nicht weit gehen müssen. Martha gehörte zur ersten Familie, die bei uns zur Untermiete wohnte. Martins Wegzug aus Uri erwies sich nicht als Hindernis für die keimende Liebschaft. Er schaffte sich als erster in der Familie ein Auto an, mit dem er so oft als möglich am Wochenende nach Hause fuhr. Davon profitierten auch wir. Ein Auto zu besitzen war immer noch etwas Aussergewöhnliches. Martin spielte gerne Familienchauffeur. Auf Martha musste er warten, bis sie ihr Welschlandjahr beendet hatte. Gleich danach feierten sie 1967 Verlobung. Marthas Mutter riet, die Sache nicht zu überstürzen, sie fand ihre Tochter noch zu jung. Dennoch wurde nach zwölf Monaten in der Pfarrkirche von Schattdorf geheiratet. Beim Festessen lachten alle Geladenen Tränen über die witzigen Beiträge des Tafelmayors. Die Hochzeitsreise machte das Brautpaar mit Martins Auto. Danach nahm es Wohnsitz im Zugerland. Auf den ersten Sohn brauchte es keine neun Monate zu warten. Er war bereits unterwegs, als sie sich das Jawort gaben. Mutter meinte zwar, sie hätten früher heiraten sollen, wenn sie schon nicht warten wollten. Doch sonst nahm niemand Anstoss daran. In kurzen Abständen folgten nochmals zwei Söhne.

1969 liess sich Vreni von ihrem Hochzeiter Franz an den Traualtar führen. Franz stammte aus Altdorf, hatte jedoch einmal ganz in
unserer Nähe in Schattdorf gewohnt. Er arbeitete als Automechaniker
in der Umgebung von Zug. Da er ein paar Monate unter Rückenproble-
men litt und nicht arbeiten konnte, war er manchmal im Bahnhofbüf-
fet Zug aufgetaucht, wo Vreni servierte. „Wir sahen uns beide an, wir
hatten das Gefühl, wir müssten uns eigentlich kennen. Schliesslich
sprach er mich darauf an, so kamen wir ins Gespräch", berichtete sie
über die erste Begegnung. Als sie heirateten, wohnten sie schon ein
halbes Jahr zusammen. Dennoch durften sie die Nacht vor der Hochzeit bei uns daheim nicht im gleichen Zimmer schlafen. Für Franz wurde das Gästebett im unteren Stock hergerichtet. Das gehörte sich so,
immer noch. Ein Jahr nach der Heirat kam ein Töchterlein auf die Welt.

Zum Zeitpunkt von Martins Verlobung wohnten auch die vier anderen
aus der Gruppe der Ältesten nicht mehr im Elternhaus. Sie dachten
aber noch nicht daran, eine eigene Familie zu gründen, denn sie befanden sich erst in der Ausbildung. Finanziell jedoch waren sie nicht
mehr von den Eltern abhängig. Es gab in der Familie sowieso so etwas
wie die Regel, wonach Volljährigkeit bedeutete, auf eigenen Füssen
stehen zu müssen. Wer danach weiterstudieren wollte, hatte das nötige Geld selber aufzubringen. Das traf auf Sepp und mich zu. Wir besuchten beide die Universität.

Sepp entschloss sich 1963, zuerst die Rekrutenschule nach-
zuholen und danach für ein Jahr das Priesterseminar zu verlassen,
hauptsächlich, weil ihm nach zehn Jahren Internat, „unter der Glocke",
etwas fehlte. Er fand, eigentlich wüsste er nicht viel vom Leben. Doch
es blieb nicht bei einem Jahr, er kehrte nie mehr ins Seminar zurück.
Er immatrikulierte sich an der Universität Bern. Als Studienrichtung
wählte er Soziologie unter Prof. Behrend, dessen entwicklungspoliti-
scher Ansatz ihm entsprach. Das Studium finanzierte er mit einem
kleinen Stipendium und einem grösseren zinslosen Darlehen des Kan-

tons Uri, das er später mühsam zurückbezahlte. Da das Geld nicht ausreichte, arbeitete er nebenbei, vor allem in den Ferien. Ende 1968 schloss er das Studium mit dem Lizenziat ab, wonach er für ein entwicklungspolitisches Hilfswerk arbeitete, bis er drei Jahre später in die Personalabteilung eines multinationalen Konzerns eintrat.

Ich selber bestand 1965 die Matura. In den letzten Jahren davor begann ich mich zu fragen, ob das Menschenbild und Lehramt der Kirche mit meiner gelebten Wirklichkeit übereinstimmten und ob ich wirklich willens wäre, mich ihr ein Leben lang als Priester zu unterwerfen. Die Zweifel nagten an mir, doch der Zwiespalt liess sich nicht aus dem Weg räumen. Das war eine harte Erfahrung. Nach wie vor hätte ich mich lieber von den kindlich erträumten Flügeln in die Zukunft tragen lassen. Letztendlich kam ich zur Einsicht, dass ich vom Priesterwerden Abstand nehmen und zu neuen Horizonten aufbrechen musste, wollte ich mir treu bleiben. Ein bisschen aus dem Paradies verstossen kam ich mir gleichwohl vor.

Nur wenige Wochen nach der Matura musste ich in die Rekrutenschule einrücken. Für die meisten Jugendlichen war das noch unvermeidlich. Volk und Politik bestanden auf der allgemeinen Dienstpflicht und einer grossen Milizarmee. In unserer Familie gab es weder Militärköpfe noch Dienstverweigerer, sondern nur Dienstuntaugliche, einfache Soldaten und einen Korporal. Alle taten einfach das, was verlangt war. Der Militärdienst als „Lebensschule" hat in unserer Familie eine nebensächliche Rolle gespielt.

Mir selber schlug der Militärtramp aufs Gemüt, weshalb man mich nach wenigen Wochen nach Hause schickte. Später wurde ich in den Hilfsdienst eingeteilt. Die vorzeitige Entlassung aus der RS passte zu meiner inneren Verfassung. Ich wusste nicht recht, wie es weitergehen sollte. Für mich stand einzig fest, dass ich Distanz brauchte und deshalb möglichst weit weg von der vertrauten Umgebung wollte. Zuerst dachte ich daran, vergleichende Sprachwissenschaft zu studieren, weshalb ich mich entschloss, nach Paris zu gehen. Das

Studium finanzierte ich fortan wie Sepp. Nach einem Jahr war mir klar, dass ich mich lieber mit konkreteren Inhalten als mit Philosophie und Weltliteratur befassen möchte. Immerhin hatte ich mich in Paris gründlich in die französische Sprache eingearbeitet. Das wollte ich nicht mehr aus der Hand geben. Deshalb entschied ich mich für eine Immatrikulation an der Universität Genf. Ich wählte dasselbe Studienfach wie Sepp, Soziologie, obwohl ich mich bisher kaum mit sozialen Fragen beschäftigt hatte und politisch uninteressiert war. In der Familie war Politik kaum und im Internat nur am Rand ein Thema gewesen. Die Möglichkeit, weiterhin im französischen Sprachraum zu bleiben, hatte für Genf den Ausschlag gegeben. Anfangs fuhr ich fast jedes Wochenende mit der Bahn nach Hause. Studenten erhielten Fahrkarten mit stark reduzierten Preisen. Da in der Innerschweiz akuter Lehrermangel herrschte, bekam ich mehrmals die Gelegenheit, für ein paar Wochen in Uri Stellvertretungen zu übernehmen. Das tat meiner Studienkasse gut und hielt mich in Kontakt mit meiner Heimat.

Hannis Vorsatz, Nonne zu werden, überraschte. Nach der Sekundarschule hatte sie ein Jahr bei Ingenbohler Lehrschwestern im welschen Freiburgischen verbracht, ohne viel Französisch zu lernen. Danach wohnte sie bei einer Familie in Altdorf und arbeitete als Haushalthilfe. Doch anfangs 1964 teilte sie den Eltern mit, sie habe sich beim Kloster Ingenbohl als Kandidatin angemeldet. Sie wollte wirklich Nonne werden, es war aber auch ein wenig eine Flucht nach vorne. Das Kloster bot ihr die Chance, eine Ausbildung zu erhalten. Allerdings konnte sie nicht selber wählen. In Wirklichkeit gab es nur zwei Möglichkeiten: entweder Krankenpflege, was Hanni nicht gepasst hätte, oder Lehrerin. Zum Glück entschieden sich die Vorgesetzten fürs Lehrerinnenseminar, das dem Kloster angegliedert war. Während der Ausbildung war Hanni kandidierendes Mitglied der Schwesterngemeinschaft. Wer sie treffen wollte, musste sie dort besuchen. Doch mit der Zeit bekam sie Mühe mit dem Klosterleben. 1968 absolvierte sie ein dreiwöchi-

Trudis Hochzeit 1970. Vater rechts aussen ist bereits von seiner Krankheit gezeichnet.
Trudi ist die einzige auf dem Foto, die immer noch lebt.

ges Schulpraktikum in Schattdorf, während dem sie daheim wohnte.
Nach der Rückkehr fanden die Oberen, sie könne das Seminar fer-
tigmachen, doch man empfehle ihr, danach das Kloster zu verlassen.
Nach Praktikumsjahr und Schlussprüfung fand sie sofort eine Stelle
als Lehrerin im Kanton Schwyz. Die von den Schwestern geforderte
Rückzahlung der kostenlos erhaltenen Ausbildung bestritt sie aus ihrem Lohn.

Damit hatte auch die dritte im Bund entschieden, schlussendlich doch nicht in den geistlichen Stand einzutreten. Die Eltern nahmen das hin, ohne eine Erklärung zu verlangen, auch wenn unser Entschluss Mutter ziemlich geschmerzt haben dürfte. Sie wäre sicher
gerne Priestermutter oder Mutter eine Klosterfrau geworden. Das
sagte sie aber nie, sie machte niemand einen Vorwurf. Vater und Mutter blieben einfach ihrer Linie treu, wonach jedes Kind der Schmied
seines Glückes sein solle und selber entscheiden müsse, was für

ihn oder sie das Beste sei. Eine tolle Einstellung, die alles andere als selbstverständlich war.

Trudis Heirat kam unerwartet. Nach Beendigung der Sekundarschule zog sie ins Welschland nach Genf. Auch sie machte die Erfahrung, dass sie dort mehr arbeiten musste, als dass sie Französisch lernte. Ausserdem litt sie unter der kalten Bise und unter schrecklichem Heimweh. Da sie Kinder liebte und in sich eine pflegerische Ader spürte, entschied sie sich danach für eine Ausbildung zur Kinderkrankenschwester. Dafür war sie aber noch zu jung, weshalb sie zuerst eine einjährige Haushaltlehre bei einer Familie in Altdorf machte. Darauf folgte ein Jahr als Hilfsschwester im Kantonsspital. Hier bekam sie ein kleines Gehalt plus Kost und Logis. Den Verdienst durfte sie behalten, dafür musste sie ihre Kleider selber kaufen. Im Nachhause gehen war sie wählerisch, weil Mutter immer eine Arbeit parat hatte. Im Frühling 1967 trat sie in Zug die Lehre an. Dort bestand sie drei Jahre später das Abschlussexamen. Danach hatte sie geplant, mit einer Freundin nach Basel zu ziehen. Daraus wurde nichts, weil sie in der Zwischenzeit den feschen Korporal Walter kennengelernt hatte und von ihm unvorsichtigerweise schwanger geworden war. In der Innerschweiz waren Verhütungsmittel noch schwer erhältlich. Mutter traf die Nachricht hart. Sowas hatte sie ständig befürchtet. Ihr half es nicht, dass die Einstellungen in der Gesellschaft inzwischen liberaler geworden waren. Vater nahm es weniger tragisch. Er sagte seiner Tochter, sie müsse deswegen nicht heiraten, man werde schon einen Weg finden, für das Kind zu sorgen.

Trudi blieb in Zug und entschloss sich zur Heirat. Sie wählte als erste in der Familie einen Ehepartner, der nicht aus Uri stammte. Das wird nach ihr die Regel bleiben. Sie war erst zweiundzwanzig. Die Trauung fand im November 1970 in der Bruderklausen-Kirche Altdorf statt. Trotz Schwangerschaft trug die Braut ein weisses Kleid und einen weissen Schleier. Niemand nahm mehr Anstoss daran. Für die

Hochzeitsfeier fuhr die ganze Gesellschaft in den Kanton Zug. Walter war im Aargauischen in einer wachsenden Ortschaft als Gemeindeschreiber angestellt. Dort konnte das Paar ein Haus kaufen. Bald darauf kam der erste Sohn zur Welt, der zweite zwei Jahre später.

DIE VIER JÜNGEREN BLEIBEN UNTER SICH

So kam es, dass die vier jüngeren Geschwister auf einmal allein mit den Eltern im Zweifamilienhaus wohnten. Ihren älteren Brüdern und Schwestern begegneten sie nur noch selten, wenn diese für kurze Besuche heim kamen. Einen guten Teil der Kindheit und die ganze Adoleszenz hindurch sahen sie sich nur noch Vater und Mutter gegenüber, die ihrerseits mit Problemen kämpften. An beiden war der Raubbau der Kräfte über all die Jahre hinweg nicht spurlos vorübergegangen. Mutter litt zudem stark unter den Wechseljahren. Sie legte an Gewicht zu und durchlief trübsinnige Phasen. Sie fühlte sich nicht mehr so stark wie früher und auch manchmal von ihren jüngsten Kindern überfordert. Diese kamen zu einem Zeitpunkt in die Pubertät, wo sich das Wertegefüge in der Gesellschaft kräftig zu verschieben begann, vor allem was das Konsumgebaren und die Stellung des Individuums anbelangte. Meine vier jüngeren Geschwister sahen sich mehr Anreizen und Verlockungen ausgesetzt, als die Grösseren es gekannt hatten. Obwohl sie es materiell etwas leichter hatten als diese, konnten sie sich trotzdem häufig weniger leisten als viele Altersgenossen. Auch jetzt noch musste Mutter jeden Rappen fünfmal umdrehen, bevor sie ihn ausgab.

So entstand zwischen den sieben Älteren und den vier Jüngeren ein Graben, der bis in die jüngere Vergangenheit nachgewirkt hat. Wir sind in zwei verschiedenen Welten und in einem gewissen Sinn auch mit anderen Eltern gross geworden. Deshalb kann ich nachvollziehen, wenn die Geschwister meinen, unsere Familie bestehe eigentlich aus zwei Teilen.

Tatsächlich wuchsen die Vier in einer speziellen Geschwister- und Familienkonstellation auf. Auf einmal sah sich Paul in die Rolle des Ältesten versetzt. Vom Charakter her gehörte er zur stilleren Sorte, eher ein Stubenhocker, der sich in der Welt der Bücher, Gedanken und Musik wohl fühlte. Er war ein braves, unauffälliges Kind, auch wenn er manchmal unvermittelt aufbrausen konnte, wenn er sich von jemand ungerecht behandelt oder in die Enge getrieben fühlte. Schulisch war er sehr begabt. Doch an seinem ersten Schultag hatte er sich tränenreich gegen sein Schicksal gewehrt. Er wäre lieber daheim geblieben. Ausserdem war er sehr auf seinen Vater bezogen, seit er diesem beim Krippenbasteln zugeschaut hatte. Er verstand sich auch gut mit seinem nur anderthalb Jahre jüngeren Bruder Franz, der aus einem anderen Holz geschnitzt war. Er half ihm bei den Schulaufgaben und schüttete ihm sein Herz aus. 1965 trat er in Schattdorf in die Sekundarschule ein. Die dritte Sek absolvierte er in Altdorf, wo sein Lehrer ihn sehr beeindruckte. Weil er ein guter Schüler war, ermunterte ihn dieser, ebenfalls Lehrer zu werden. Deshalb trat er 1968 ins neu gegründete Unterseminar Altdorf ein, wo er die ersten drei Klassen durchlief. Das Klima im Seminar soll „mässig" gewesen sein, aber Paul fand Anschluss an eine Gruppe Gleichgesinnter, mit denen er sich freundschaftlich verband. Die ganze Zeit über wohnte er weiterhin zu Hause.

Im Gegensatz zu Paul war Franz als Bub aufsässig. Als neuntes Kind hatte er Mühe, die Aufmerksamkeit, die er brauchte, zu erhalten. Darum dachte er wohl, dass er auftrumpfen müsse. Er sagt, Mutter habe ihn oft mit gutem Grund geohrfeigt oder zurechtgewiesen, weil er des Öfteren über die Schnur gehauen habe. Auch in der Schule habe er im Betragen nicht immer die besten Noten erhalten. Zudem hatte er ein grosses Bewegungsbedürfnis und brauchte Freiräume. Beim neuen Pächter arbeitete er mit Begeisterung in Hof und Stall mit. Schon als Zwölfjähriger durfte er Traktorfahren, obwohl er die Kupplung nur stehend durchzutreten vermochte. Er trat auch als

*Weisser Sonntag von Agnes 1965
mit den Eltern, den drei jüngeren
Geschwistern plus Martin, Trudi
und ich.
Im Hintergrund das neue Haus.*

erster der Geschwister einem Sportklub bei und verbrachte nun Woche für Woche viele Stunden auf dem Fussballplatz. Die Primarschule überstand er problemlos. Da er eine hochschultechnische Ausbildung anstrebte, entschied er sich 1967 für die Realschule im Kollegium Altdorf. Doch er tat sich schwer mit dem ungewohnten Schulsystem mit Fachlehrern, die nicht aufeinander abgestimmt unterrichteten. In der Primarschule hatte er immer nur einen Lehrer gehabt. Nach einem Jahr musste er einsehen, dass es so nicht weitergehen würde. Deshalb wechselte er zurück nach Schattdorf, wo man ihn sofort in die zweite Sekundarklasse eintreten liess. Die Sekundarstufe schloss er wie Paul mit guten Resultaten in Altdorf ab. Danach fand er 1970 eine Lehrstelle als Maschinenmechaniker in einem Altdorfer Grossbetrieb.

Agnes befand sich in einer unkomfortablen Lage: Sie wuchs zwischen drei Brüdern auf. Die zwei älteren Paul und Franz machten Front gegen sie. So hatte sie keine Chance, sich gegen das Brüderpärchen durchzusetzen. Mit Paul ins Gespräch zu kommen sei mühsam gewesen, und Franz habe sie richtig „genervt" und belästigt, erzählt sie. In der Schule ärgerte sie sich über einen Lehrer, der sie ständig mit Paul verglich. Sie wollte nicht mit ihm in den gleichen Topf geworfen werden. Von den anderen Geschwistern konnte Agnes keine Unterstützung erwarten, weil sie viel älter und meistens weg waren. Von Trudi, der nächstälteren Schwester, trennte sie mehr als acht Jahre.

Deshalb war sie enttäuscht, als Markus auf die Welt kam. Sie hätte lieber ein Mädchen gehabt, das sie dann einmal als Schwesterchen auf ihre Seite gezogen hätte. Stattdessen wurde sie von Mutter häufig dazu verknurrt, sich um das Baby zu kümmern, während Paul und Franz nie diesen Auftrag erhielten. Das fand sie ungerecht, weshalb es ihr nicht recht gelingen wollte, für ihr Brüderchen warme Gefühle zu entwickeln. Auch die Beziehung zur Mutter gestaltete sich schwierig. Sie erlebte sie als streng, nicht als mütterlich. „Sie wollte erziehen. Wenn man nicht machte, was sie für richtig hielt, konnte sie dann schon strafen, während ich, je älter ich wurde, bestrebt war, meinen eigenen Weg zu gehen, mir nicht dreinreden zu lassen", beschreibt sie die Entwicklung des gegenseitigen Verhältnisses. Natürlich spürte sie, dass es *Mammä* nicht gut ging, dass sie alle Hände voll zu tun hatte und deshalb von ihrem Töchterlein gerne ein wenig von ihren Mutterpflichten entlastet worden wäre. Aber welches zehnjährige Mädchen versteht das schon? Agnes' einziger Verbündeter in der Familie war Vater. Er sei zwar nicht besonders redselig gewesen, weshalb sie wenig mit ihm gesprochen habe. Doch er habe sie gerne mitgenommen, wenn er irgendwohin ging. „Von ihm konnte ich alles haben, er liess mich machen, im Gegensatz zu Mutter".

Wie das herrschende Familienklima auf Markus wirkte, weiss er nicht mehr. Er war noch klein. Für ihn begann erst Ende Sommer 1968 der (Schul-)Ernst des Lebens. In der Zwischenzeit hatte der Kanton Uri auf Herbstschulanfang umgestellt. Auch sonst richtete sich das Schulwesen auf die neue Zeit aus. Markus hatte nur noch einen Lehrer alten Stils, der sich mit Tatzen Respekt verschaffte, alle anderen waren modernere Pädagogen. Die Klassen waren nicht bloss anfangs, sondern auch in der sechsten geschlechtergemischt. Nach dieser mussten alle Schüler zur Aufnahmeprüfung für die Sekundarschule antraben. Das war jetzt obligatorisch. Wenn man bedenkt, dass das ein Vierteljahrhundert zuvor noch ein Privileg weniger gewesen war! Markus folgte dem Unterricht mit Leichtigkeit. Allem Anschein nach hat ihn auch nicht beeindruckt, dass es dann und wann zwischen seinen Geschwistern und unter den Eltern knisterte. Von Vater ist ihm geblieben, dass er ihn ein- oder zweimal zur Arbeit begleiten durfte. Auf dem Weg dahin soll *Däädi* das Fahrrad geschoben haben, obwohl es leicht abwärts ging, zurück sei er jedoch gefahren.

Hatte Vater es also nicht eilig, zur Arbeit zu gehen, und hörte dafür umso lieber auf? Vielleicht hat ihm die Umstellung vom Bau auf die Schreinerei doch etwas zu schaffen gemacht. Er war es sicher nicht gewohnt, sich stundenlang in einem geschlossenen Raum an Späne und Staub produzierenden Maschinen abzumühen. Seine Arbeit bestand jetzt darin, Bretter und Spanplatten zuzuschneiden. Möglich, dass er das ein wenig monoton und repetitiv fand. Ihm machte wohl auch Mühe, dass man jetzt seine Trinkgewohnheiten überwachte. Mit alkoholischen Getränken musste bei der Arbeit Mass gehalten werden, um keinen Unfall zu riskieren. So etwas ist schnell passiert, wenn man mit Maschinen hantiert. Aus seiner früheren Zeit hatte Vater aber Gewohnheiten mitgebracht, die ihm in Fleisch und Blut übergegangen waren. Er konnte nicht einfach über seinen Schatten springen. Auf dem Bau hatte man noch anders *gschiirät*, jedermann trank und niemand stiess sich daran. Der neue Arbeitgeber drohte mit Entlassung, wenn Dominik sich nicht den Betriebsgepflogenheiten anpasste. Deshalb schaute er manchmal einfach vor der Arbeit im Wirtshaus vorbei. Doch er überschritt nie die Grenze, wo er auffällig geworden und seiner nicht mehr mächtig gewesen wäre. Nur dass sein Körper mit der

Zeit weniger ertrug. Martin sah nicht gern, was bei seinem Vater vorging, und schämte sich. Das war mit ein Grund, weshalb er wegzog.

Mutter fiel es schwer, sich mit der Entwicklung der Dinge abzufinden. Die elf Schwangerschaften hatten sie ausgelaugt, die hormonelle Umstellung machte ihr zu schaffen und sie sah, dass es Vater nicht immer gut ging. Marietta, die alles aus der Nähe beobachtete, sagt, Mutter hätte bestimmt unter der Beziehung zu Vater gelitten. Sie sei manchmal drauf und dran gewesen zu gehen, jedenfalls habe sie das gesagt. „Wir selber haben viel weggeschaut, was wolltest du anderes, aber die Stimmung im Haus war nicht gut". Mutter hat demnach Vaters Probleme persönlich genommen. Doch ich glaube nicht, dass sie jemals ernsthaft eine Trennung ins Auge fasste. Nicht bloss, weil sie und ihre Kinder von Vater materiell abhängig waren. Frauen wie sie waren Gefangene der herrschenden Rollenteilung. Sie hätte es äussert schwer gehabt, sich nach einer Scheidung allein durchs Leben zu schlagen. Auch hätte Mutter das nicht mit dem Glauben vereinbaren können. Ich bin überzeugt, dass sie und ihr Mann immer noch genügend Respekt und Anerkennung füreinander übrig hatten, sodass für beide nie in Frage gekommen wäre, nicht bis ans Lebensende zu ihren gegenseitigen Verpflichtungen zu stehen. Mama sah in ihrem Mann auch nicht wirklich einen Trunksüchtigen, sondern bloss jemand, der sich nicht ausreichend beherrschte und so hie und da zur Flasche griff, obwohl das ihm nicht mehr gut tat. Deshalb überredete sie ihn, eine medikamentöse Kur zu machen, die ihm den Alkohol vergällen sollte.

DIE WETTERTANNE FÄLLT

Wenn ich an meinen Vater jener Jahre denke, kommt mir das Bild einer Wettertanne in den Sinn. Sie steht etwas knorrig auf einem Hang, seit Jahren. Man nimmt sie kaum mehr wahr, so sehr hat sich der Blick an sie gewöhnt. Obwohl von scharfen Luftzügen ständig im Wachstum behindert, strahlt sie kernige Widerstandskraft aus, stemmt sich trutzig gegen Wind und Wetter. Kein Sturm hat sie bisher ernsthaft zu erschüttern vermocht. Nur das Astwerk macht einen leicht ausgedünnten Eindruck, es bietet aber immer noch Schutz und Schatten. Doch eines Morgens steht der Baum nicht mehr da. Er liegt am Boden. Nicht vom Blitz getroffen oder von einer Lawine weggefegt. Er ist innen morsch geworden und in sich zusammengefallen. Auf einmal fehlt er nun dem Schauenden, wenn sein Blick den Hang hochwandert.

Ab 1969 begannen sich für Vater die Ereignisse zu überstürzen. Zuerst musste er sich wegen einer Thrombose behandeln lassen und Medikamente schlucken. Im Spital entfernte man ihm auch ein eingewachsenes Haar unten an der Wange, wobei viel Eiter zum Vorschein kommt. Doch man ging der Sache nicht weiter auf den Grund. Wenn sie später daran dachte, vermochte sich Mutter nicht gegen das Gefühl zu wehren, man habe da eine Gelegenheit verpasst, die Krankheit, die auf ihren Mann zukam, frühzeitig zu erkennen.

Nur ein Jahr danach entschloss sich Vater überraschend, den Hof zu verkaufen. Weshalb auf einmal? Kaufinteressenten wie Onkel Xaver hatte er immer gesagt, er denke nicht daran, sein Erbgut zu veräussern. Vielleicht hat ihn die Thrombose beeindruckt, sodass er fand, er müsse für alle Eventualitäten vorsorgen. Vielleicht hat er einfach von seinem ehemaligen Arbeitgeber, der vorhatte, das Grundstück als Bauland zu nutzen, ein so gutes Angebot erhalten, dass er die Gelegenheit beim Schopf packte. Tatsächlich handelten die Eltern mit diesem einen guten Preis aus, sodass der Kaufvertrag am 7. Februar 1970 unterzeichnet wurde. Alle Kinder gaben dafür schriftlich ihr Einverständnis. Fast die ganze Liegenschaft samt Gadenhaus wechselte die Hand. Nur das neue Haus und eine südlich angrenzende Parzelle blieben im Familienbesitz, weil Vater den Kauferlös in eine Immobilie investieren wollte. Einen Teil des Betrags liess er jedoch umgehend an seine Frau und seine Kinder ausbezahlen, wobei sein Sinn für ausgleichende Gerechtigkeit diejenigen, welche die Familie einmal mit ihrem

Lohn unterstützt hatten, etwas mehr begünstigte. Auch seinen Geschwistern, die ihm vor über vierzig Jahren den Hof als Erbteil überlassen hatten, schenkte er einen symbolischen Betrag.

Für die Familie begann ein neues Kapitel. Sie war auf einmal finanziell besser gestellt. *Däädi* allerdings profitierte nicht mehr davon. Seine Lebensuhr war, für alle unerwartet, daran abzulaufen. Mich tröstet allerdings der Gedanke, dass er, wohl ohne es zu ahnen, zum richtigen Zeitpunkt gehandelt hatte. Mit dem Entscheid, die Liegenschaft zu veräussern, nahm er der Familie eine schwere Verantwortung ab. Er regelte im Voraus den wichtigsten Teil seiner Hinterlassenschaft. Zudem machte er mit dem Handwechsel noch einmal deutlich, dass er seine Aufgabe als Versorger der Familie stets ernst genommen hatte. Darin hat er immerzu das Kernstück seiner Vaterpflicht gesehen. Das war es, was er nach seinem Dafürhalten seiner Frau vor dem Traualtar gelobt hatte: für sie allezeit zu sorgen. Mit dem Verkauf des Hofes hat er dieses Versprechen auf seine Art eingelöst, sogar über den Tod hinaus.

Wenn ich mich recht entsinne, erhielt Vater kurz danach den ärztlichen Bescheid, man habe bei ihm im Bereich der Unterkiefer- oder Unterzungenspeicheldrüsen einen bösartigen Tumor festgestellt, der operativ entfernt werden müsse. Heute stehen die Heilungschancen für diesen Krebs gut, es sei denn, es handle sich um eine besonders maligne Wucherung. Doch über ihre Ursachen tappen die Spezialisten im Dunkeln. Rauchen und Alkohol gelten jedenfalls nicht als Risikofaktoren; sie hätten auf ihn zugetroffen. War es das Einatmen von Formaldehyden, die in den Spanplatten enthalten sind, die er in der Schreinerei ohne Schutzmaske zuschnitt? Nach der Operation versuchten die Ärzte, der Krebszellen mittels Bestrahlung Herr zu werden. Vater wurde krankgeschrieben. Doch das Schicksal bestimmte, dass er nie mehr an seinen Arbeitsplatz zurückkehren werde. Die Wettertanne war innen morsch geworden.

Obwohl sie bereits einen kranken Ehemann pflegte, entschloss

Grossmutter Severina kurz vor ihrem Tod mit den drei Urgrosskindern Urs, Daniel und Christine.

sich Mutter, auf Frühlingsanfang 1970 Grossmutter Severina zu sich zu holen. Sie war hochbetagt, litt seit längerem an altersbedingten Gebresten und war bettlägerig. Sie lebte bis dahin bei ihrer ältesten Tochter, die der Entlastung gerne zustimmte. Mutter pflegte ihre Mutter einen Monat lang mit Hingabe, bis der Tod sie von ihrem Leiden erlöste. Der Arzt machte ihr nachher Komplimente über ihren aufopfernden Einsatz, was sie mit Genugtuung erfüllte. Natürlich fehlte ihr in diesen Wochen ein wenig die Zeit für ihre Kinder. Nicht alle hatten Verständnis dafür. Sie fanden, dass sie sie ebenso sehr gebraucht hätten.

Däädi verbrachte einen vergleichsweise geruhsamen Frühling und Sommer 1970 im Wechsel zwischen Familie und medizinischer Behandlung. Er freute sich, mit seinen Söhnen, von denen mehrere ein Auto angeschafft hatten, kleine Ausfahrten zu machen. Als ich mein Zimmer in Genf auflösen wollte, bat er mich, mitkommen zu dürfen. Die Fahrt hätte aber zeitlich mit einer Bestrahlung kollidiert und uns in Terminschwierigkeiten gebracht. Nachträglich reut es mich, ihm diese Freude ausgeschlagen zu haben. Er war, glaub ich, nie in der

Westschweiz gewesen. Viel Gelegenheit, mit ihm allein zu sein, sollte ich nicht mehr erhalten. Das erkrankte Gewebe heilte nie wieder. *Däädi* fiel immer mehr in sich zusammen, weil er nicht mehr richtig essen konnte. Er war meist zu Hause, trank Kaffee, sass auf dem Balkon, las Kioskheftchen, rauchte Zigaretten oder lag irgendwo. Er wurde immer schwächer, mochte nicht mehr recht, wenn auch die Kräfte dann und wann für einen Jass noch ausreichten. Drei Wochen vor Trudis Hochzeit ging es ihm so schlecht, dass er notfallmässig ins Spital eingewiesen werden musste. Doch er raffte sich noch einmal auf, um an der Feier teilzunehmen, war aber bereits deutlich von der Krankheit gezeichnet. Kurz vor seinem Tod besuchten ihn ein Nachbar und eine Bekannte aus dem Schächental, die ebenfalls schwer krank waren. Die drei rätselten miteinander, wer als erster gehen müsse. Die Besucher tippten auf *Domini*. Tatsächlich starben alle kurz nacheinander, die zwei allerdings zwei Tage vor Vater.

Am Tag, als sie starben – es war Fasnacht-Samstag – fand in Schattdorf der Karnevalsumzug statt. Ein paar von uns liessen sich dieses Schauspiel nicht entgehen. Vater hätte das sicher auch getan, wenn er nicht krank gewesen wäre. In jüngeren Jahren hatte er den Umzug manchmal selber mitgestaltet. Am Tag danach kamen fast alle Auswärtigen nach Hause, um ihn zu besuchen. Einige gingen am Abend wieder heim, weil sie tags darauf arbeiten mussten. Vreni auf Vaters Geheiss, sie solle zu ihrem Töchterlein schauen, das im Spital lag. Ich hatte ebenfalls vor, an meinen Studienort zurückzufahren, entschloss mich aber, es auf den nächsten Morgen zu verschieben. So wurde ich Zeuge des heftigen Blutsturzes, den Vater kurz nach dem Nachtessen erlitt. Trotzdem weigerte er sich, das Spital aufzusuchen. Bevor sie schlafen gingen, bat Mutter alle, die daheim übernachteten, an Vaters Bett, wir sollen ihm Gute Nacht wünschen und ihm danken. Die Erinnerung an diese Szene bewegt mich immer noch tief. *Däädi* lag sichtlich ermattet und ergeben da und reichte allen wortlos die Hand. Früh am Morgen des nächsten Tages, am 22. Februar 1971, folgte der nächste Blutsturz, einer zu viel. Vater verschied kurz darauf. Nur Mutter war bei ihm. Es war *Gidelmäntig*, draussen hatte das Karnevalstreiben schon wieder angefangen. Am gleichen Tag wurde Markus zehn Jahre alt.

Sofort nach dem Blutsturz hatte Mutter abmachungsgemäss Hanni geweckt. Sie gab ihr den Auftrag, den Pfarrhelfer anzurufen, er solle die Heilige Ölung bringen. Der Priester war aber mit der Frühmesse beschäftigt. Danach war es zu spät, Vater war bereits gestorben. Hanni weckte alle Geschwister. Benommen taumelten wir in den unteren Stock, wo Vater auf dem Totenbett lag. Gottseidank gab es viel zu tun, was den Schock etwas vergessen machte: Den Arzt holen, den Pfarrer, Geschwister, Verwandte, Bekannte und die Gemeinde benachrichtigen, die Einsargung in die Wege leiten. Die Nachricht von *Dominis* Tod verbreitete sich in Windeseile. Hanni weiss noch, wie empört sie war, als jemand von der Gemeinde auftauchte, um alle Kästen zu versiegeln. Die Leiche war noch nicht eingesargt. Die Behörden hatten Angst, es verschwinde Geld, die Grundstückgewinnsteuer war noch nicht bezahlt. Nach langem Suchen fand Mutter das Dokument, das belegte, wie die Angelegenheit geregelt worden war. Damit war das Problem vorerst behoben.

Wie es damals üblich war, wurde Vater bis zur Beerdigung in der Wohnstube aufgebahrt. So konnten wir drei Tage lang von ihm Abschied nehmen. Er lag wie schlafend da, mit entspannten Zügen, ein hölzernes Kreuz in seinen zum Gebet gefalteten Händen, den Rosenkranz drumgewickelt, in ein weisses Hemd mit schwarzer Krawatte gekleidet. Viele Besucher kamen, um ihr Beileid auszudrücken, Totenwache zu halten und zu beten.

Am Donnerstag 25. Februar wurde Dominik Arnold-Imhof, unser Vater, nur zweiundsechzig geworden, mit einem riesigen Geleit auf den Friedhof getragen, um der geweihten Erde übergeben zu werden. Das ganze Dorf schien teilzunehmen. Es war ein wüster Tag. Vier Träger trugen den Sarg die steile Treppe zur Kirche hoch und stellten ihn neben das offene Grab. Alle neigten den Kopf, als der Priester mit gehobener Singstimme seine Gebete sprach, in denen er Gott bat, er möge seinen Sohn zu sich in den ewigen Frieden aufnehmen. Ein paar Herumstehende konnten ein Schluchzen nicht unterdrücken. Alle waren in Schwarz gekleidet, die Männer trugen auch schwarze Krawatten und Knöpfe am Jackenrevers, die Frauen einen Trauerbändel derselben Farbe. Dann wurde der Sarg in das Erdreich abgesenkt und mit einer Schaufel Erde bedeckt: Erde zu Erde, Staub zu Staub. Vaters Grab lag nahe bei der Eingangstür zur Kirche. Vor ihm werden wir ab jetzt regelmässig vor und nach dem Kirchgang einen kurzen Halt einlegen, um mit einem Reisig ein wenig Weihwasser darauf zu sprenkeln und an Vater zu denken. Nach der Bestattung begaben sich alle in die Kirche, um dem Requiem beizuwohnen. Beim Leichenmahl in einem nahen Restaurant herrschte eine bedrückte Stimmung. Es war noch nicht Brauch, bei der Abdankungsfeier eines gewöhnlichen Erdenbürgers etwas über sein Leben zu sagen. Das holten wir mit einem Nachruf im „Urner Wochenblatt" nach. Das Grab erhielt ein schönes eisernes Kreuz mit Vaters Namen und Lebensdaten darauf. Doch schon sechzehn Jahre später wurde es aufgehoben. Weil es in Schattdorf noch keine Urnenbestattung und kein Gemeinschaftsgrab gab, fehlte der Platz für die vielen Toten. Der Zufall wollte es, dass Vaters Nachfolger im Grab Martins Schwiegervater war. Er war mit seiner Familie der erste Untermieter im neuen Haus gewesen.

SEELISCHER NACHHALL

Auch wenn alle Geschwister das Erlebnis ganz unterschiedlich verarbeiteten: Vaters monatelanges Dahinsiechen und sein Tod waren für die ganze Familie aufwühlende, schmerzliche Erfahrungen, die im Unterbewussten tiefe Spuren hinterliessen. Der Todesengel kam zwar nicht unerwartet und in gewissem Sinn als Erlöser, aber er kam zu früh, mitten in einer Umbruchsphase der Familie. Ich jedenfalls vermisste Vater danach gewaltig. Ich hatte ihn immer gerngehabt und war mir vieler Ähnlichkeiten mit ihm bewusst. Anderen erging es genauso.

Bei den Gesprächen, die ich mit meinen Geschwistern für die Familiengeschichte führte, ist mir bewusst geworden, wie tief *Däädis* Tod vor allem die drei Jüngsten traf. Alle schilderten sie ein bisschen anders, sprachen aber dieselbe Erfahrung an. Franz sagte, für ihn sei das eine ganze schlimme Zeit gewesen, die Erinnerung wühle ihn noch immer auf. Agnes hat es danach nie mehr über sich gebracht, an eine Fasnacht zu gehen. Für sie waren wir vor Vaters Hinschied eine Familie gewesen, danach nicht mehr so richtig, da etwas fehlte. Markus fühlte sich auf einmal drei Jahre älter, erwachsener, wie aus der Kindheit herauskatapultiert. Für alle drei war Vater zu der Zeit noch einfach kindlich-naiv der Vater gewesen, ohne Stärken und Schwächen, während die Älteren beides sahen. Er war ein wichtiges Element ihres emotionalen Gleichgewichts, das danach aus dem Tritt zu geraten drohte. Denn mit einem Schlag fehlte er für immer, als Stütze, Zuflucht, Referenz. Sie mussten sich ohne ihn durch die wichtige Phase der Pubertät und des Erwachsenwerdens hindurchfinden.

Besonders schwer trug Mutter an Vaters frühem Ableben. Sicher, es kam nicht unerwartet, und sie hatte sich darauf vorbereitet. Denn für sie war, seit sie den Krebsbefund erhalten hatte, klar gewesen, dass ihr Mann und die Familie schweren Zeiten entgegengingen. So hat sie sich ausgedrückt, als sie mir den ärztlichen Bescheid am Telefon mitteilte. An Krebs zu erkranken kam in jenen Jahren noch meistenteils einem Todesurteil gleich. Entsprechend erschüttert reagierte man darauf. Ob Mama trotz allem auf eine Wende zum Besseren gehofft hatte? *Domini* fehlte ihr nachher sehr, obwohl sie häufig das Gefühl plagte, er sei manchmal nicht besonders gut zu ihr gewesen. So hat sie mir noch viele Jahr später geklagt, wie sehr es sie schmerzte, dass er ihr selbst in seinen letzten Tagen und Stunden kein einziges Mal für alles, was sie für ihn und die Familie geleistet hatte, gedankt habe. Sie war ja immer bestrebt gewesen, ihre Pflicht zu tun, häufig sogar mehr als das. Ich weiss, Vater konnte wortlos, ohne zu Klagen, seine Schmerzen ertragen, aber eben, auch Dankesworte brachte er nur schwer über seine Lippen.

Nun war Mutter auf einmal, mit erst dreiundfünfzig Jahren, Witwe geworden, mit vier noch unmündigen Kindern, für die sie zu sorgen hatte. Hat sie dabei an ihre eigene Mutter gedacht, der Ähnliches widerfahren war? Auch diese war noch relativ jung gewesen und mit Minderjährigen dagestanden, als sie ihren Mann ebenfalls als knapp Sechzigjährigen verlor, und danach fast dreissig Jahre Witwe geblieben. Mutter wird sie in dieser Hinsicht sogar noch übertreffen. Sie wird es auf siebenunddreissig Jahre Witwenschaft bringen.

Eine Zeitlang war Mama wie gelähmt. Manchmal überfielen sie Depressionen, und sie brauchte viele Jahre, um sich von dem Schicksalsschlag zu erholen. Erst als der Druck der Erziehungslast etwas nachliess, kam wieder Optimismus in ihrem Leben auf und sie konnte sich erneut an den Dingen des Lebens freuen.

9 DIE FAMILIE MUSS SICH NEU ERFINDEN

DIE ERBENGEMEINSCHAFT

Vaters vorzeitiges Ableben hat in der Familie nicht bloss seelische Spuren hinterlassen. Es hat sie auch gezwungen, sich in einer grundlegend veränderten Situation wieder zusammenzufinden und neu zu erfinden. Sie stand unvermittelt ohne männliches Oberhaupt da. Die Rollen mussten abermals verteilt werden. Mutter brauchte dringend Mitgefühl und Unterstützung, um aus ihrem Schockzustand herauszufinden. Die vier Minderjährigen bedurften eines Beistands und der nötigen Fürsorge, damit sie die gleichen Ausbildungschancen erhielten wie ihre älteren Brüder und Schwestern. Vor allem aber galt es, mit Vaters Hinterlassenschaft so umzugehen, wie es seinem Willen entsprach, und das Sprengpotential zu entschärfen, das in jeder Erbteilung droht, wenn es um einen schönen Batzen Geld geht. Vater hatte vorgehabt, alles schriftlich zu regeln. Er hatte sogar einen Termin beim Notar vereinbart, doch der Sensenmann war ihm zuvorgekommen.

Was wäre geschehen, wenn *Däädi* nicht krank geworden, sondern noch Jahre unter uns geblieben wäre? Hätten die Eltern miteinander einen friedlichen Lebensabend verbracht oder hätten die gegenseitigen Abnützungserscheinungen zugenommen? Wäre die Familie langsam auseinandergefallen, weil die Lebenswege der elf

Brüder und Schwestern zu unterschiedlich waren, um genügend Berührungspunkte zu schaffen? Sicher ist, dass Vaters Ableben uns Geschwistern die Chance bot, uns zu einer neuen Form von Familie zusammenzufinden, die uns als Gemeinschaft ins Zentrum rückte und uns das Zepter des Handelns in die Hand drückte. Wir konnten die Beziehungen untereinander so regeln, dass die auseinanderstrebenden Kräfte, die unweigerlich entstehen, wenn die Anfangsfamilie neue aus sich heraus gebiert, nicht allzu übermächtig werden konnten.

Nur wenige Wochen nach Vaters Beisetzung fassten alle Geschwister einhellig den Beschluss, die Hinterlassenschaft nicht aufzuteilen, sondern sie gemeinsam nach seinen Vorstellungen zu bewirtschaften. Wir gründeten eine Nachfolgeorganisation der Herkunftsfamilie mit einer juristischen Gestalt, eine Erbengemeinschaft. In ihr besassen alle Mitglieder formal das gleiche Gewicht, denn die Gemeinschaft wurde notariell als einfache Gesellschaft eingetragen. Diese Rechtsform lässt nur einstimmige Beschlüsse zu. Sie zwingt allerdings ihre Mitglieder, sich mindestens einmal pro Jahr zur Rechenschaftsablegung und Beratung zu treffen und die Ergebnisse protokollarisch festzuhalten. Das erleichtert mir nun den Überblick über ihre Geschichte.

Ein wichtiger Grund, die Erbengemeinschaft ins Leben zu rufen, war das Zweifamilienhaus. Vater hatte während seiner Krankheit alle Familienmitglieder unmissverständlich wissen lassen, dass seine Gattin, solange sie lebte, darin unentgeltlich wohnen bleiben dürfe. Ansonsten war sie auf keine finanzielle Unterstützung angewiesen. Dafür sprang nun die 1947 beschlossene AHV mit Witwen- und Kinderrenten in die Bresche. Eine Pensionskasse hat es für Vater noch nicht gegeben. Mama erlaubte jedoch das Erbrecht, ein Drittel des Vermögens in Anspruch zu nehmen, was sie dann auch tat. Das enthob sie weitgehend aller materiellen Sorgen, zumal sie weiterhin sehr sparsam mit Geld umging. Ihren Erbanteil schoss sie als Kapitalbeteiligung in die Erbengemeinschaft ein, der sie nicht angehörte. Trotz-

Zweifamilienhaus...

dem mischte sie sich zeitlebens nicht in deren Angelegenheiten ein, sondern begnügte sich damit, ihre Söhne und Töchter unablässig zu ermahnen, gütlich, gerecht und verständnisvoll miteinander umzugehen.

Die Erbengemeinschaft wird fast vierzig Jahre überdauern und sich als wirkungsvoller Kitt erweisen. Allein schon die Tatsache, dass die Geschwister gezwungen waren, sich alle Jahre zur Generalversammlung zu treffen, gab dem Zusammenhalt ein Rückgrat. Zwar kam es dann und wann zu Meinungsverschiedenheiten und Spannungen unter den Teilhabern und manchmal waren nicht alle mit dem Geschäftsverlauf oder den Vorschlägen der Leitung zufrieden. Doch während der ganzen Zeit wird es nie tiefgreifende Zwiste geben, die den Hausfrieden ernsthaft in Schieflage gebracht hätten.

Das ist vor allem den Brüdern und Schwestern zu verdanken, die das geschwisterliche Boot mit viel Umsicht und Fingerspitzengefühl durch alle Fährnisse der Zeit hindurch geführt haben. Selber habe ich nur wenig dazu beigetragen. Ich habe auch nie eine wichtige Funktion innegehabt. Von mir konnte man, wie einst von Vater, mit Fug und Recht sagen, ich sei mehr abwesend als anwesend gewesen, weil ich

... und Wohnblock 2017

studienhalber und von Berufs wegen meistens weit weg, im Welschland oder im Ausland lebte.

Bestimmt hat aber auch das erzieherische Erbe der Eltern zum
guten Gelingen der Gemeinschaft beigetragen. Sie hatten ja immer
grossen Wert auf Prinzipien gelegt, die den Familiensinn stärkten und
jetzt den Erben als tragfähige Flügel zur Verfügung standen: Gleich-
berechtigung aller Beteiligten; Bereitschaft, einträchtig zum gemeinsamen Wohl beizutragen; den Ausgleich suchen statt auf persönliche
Standpunkte beharren; Flexibilität im Eingehen auf individuelle Pläne,
Bedürfnisse und Notlagen, usw.

Die Erbengemeinschaft gab sich zwei Aufgaben, eine kurzfristige und
eine längerfristige.

Die kurzfristige Aufgabe bestand darin sicherzustellen, dass
die Minderjährigen einen Beistand erhielten und ihre Ausbildung ge-
währleistet war. Martin wurde bestimmt, sie solange als gesetzlich
erforderlich als Vormund an Vaters Stelle gegenüber Behörden, Amts-
stellen und Banken zu vertreten. Darüber hinaus wurde beschlossen,
einen kleinen Teil des geerbten Vermögens zurückzulegen und in ei-

nen Ausbildungsfonds einzuschiessen.

Längerfristig ging es darum, das hinterlassene Kapital gemeinsam möglichst nutzbringend anzulegen und zu verwalten.

Zu diesem gehörte zuallererst das drei Stockwerke umfassende Elternhaus, in dem Mutter mit den daheimgebliebenen Kindern eine Wohnung belegte. Auch Besucher waren dort immer willkommen. Alle auswärts wohnenden Söhne und Töchter durften darauf zählen, im Elternhaus weiterhin einen gedeckten Tisch und ein freies Bett vorzufinden. Die Erbengemeinschaft hatte den Auftrag, das Haus funktionstüchtig instand zu halten und zu schauen, dass die Mieterträge einigermassen die Gesamtkosten deckten. Im Lauf der Jahre zogen auch die jüngeren Kinder aus, und Mutters Besucherzahlen rechtfertigten immer weniger, beide Stockwerke zu belegen. Deshalb entschied die Familie in den Neunzigerjahren, den dritten Stock zu einer kleinen Wohnung auszubauen und diese zu vermieten, womit Mutters Wohnkosten schliesslich gut finanzierbar waren.

Das verfügbare flüssige Kapital wurde in den Bau eines Zehn-Familienwohnhauses investiert, das 1972 auf der nicht veräusserten Parzelle entstand. Das war schon Vaters Idee gewesen. Das Unterfangen erwies sich auf die Dauer als sehr erfolgreiche Geldanlage, die aber mit vielen Hürden und Problemen gespickt war. Niemand in der Erbengemeinschaft besass einschlägige Erfahrungen. Dennoch entschied man, so viel wie möglich in Eigenregie durchzuführen. Von Anfang an war klar, dass für die Überwachung des Bauvorhabens und die Verwaltung der Immobilie nur Handwerker und Ortsansässige unter den Geschwistern und Ehepartnern in Frage kamen. Die Hauptlast trugen deshalb Martin und Ernst, mit tatkräftiger Unterstützung von Marietta. Vor allem die Vermietung der Wohnungen und die Instandhaltung des Gebäudes stellten sie immer wieder vor neue Probleme. Meist reichte Mund-zu-Mund-Propaganda, um die Wohnungen zu belegen. Doch dann und wann kam es zu Mietbeanstandungen, Ärger mit den Nebenrechnungen und Schwierigkeiten mit problematischen

Bewohnern, was einen Hausmeister zur Kündigung veranlasste. Mit der Zeit tauchten auch Bauschäden auf, die behoben werden mussten. Die Verantwortlichen waren ständig am Improvisieren. Ihre Aufgaben erledigten sie neben ihrer beruflichen Tätigkeit. Natürlich brauchten sie es nicht gratis zu tun, denn die Erbengemeinschaft hatte sich zur Regel gemacht, dass jedes Amt mit einer finanziellen Entschädigung verbunden war. Das half, Konflikten vorzubeugen. Doch der Ärger war manchmal eben doch grösser als die Belohnung.

Schon deshalb kam es an den jährlichen Sitzungen der Gemeinschaft manchmal zu offenen Aussprachen. Einzelne Mitglieder beklagten sich auch regelmässig über die Steuerbelastung durch ihre Einwohnergemeinde, die sehr unterschiedlich ausfiel, oder fanden, die Mieten seien zu tief, weil sie diese mit Ansätzen im Schweizer Mittelland verglichen. Einige wollten den Mehrertrag jeweils lieber verteilt haben, statt Reserven anzulegen. Anfangs hatten die Jüngeren auch das Gefühl, die Älteren hielten den Finger auf die Geschäftsführung und wollten bestimmen, wo's lang ging, und erwarteten von den Minderjährigen, dass sie sich nicht einmischten. Mit den Jahren begannen sie deshalb zu rebellieren, sie fanden, dass ihre Stimme gleich viel wert sei wie die der älteren Geschwister. Doch gesamthaft gesehen waren die Verantwortlichkeiten breit abgestützt und wurden von Zeit zu Zeit neu verteilt. Zu nachhaltigen Unstimmigkeiten kam es jedenfalls nie.

Das hatte auch damit zu tun, dass die Erbengemeinschaft diesem und jenem eine finanzielle Unterstützung zur Verwirklichung eigener Vorhaben gewährte. Sie funktionierte ein bisschen wie eine familieneigene Darlehenskasse. Konsumkredite, wie zum Beispiel für den Kauf eines Autos, waren allerdings ausdrücklich ausgenommen, doch einige Mitglieder erhielten kleinere oder grössere Kredite, um persönliche finanzielle Engpässe zu überwinden oder ein Haus zu kaufen. Eines davon blieb sogar eine Zeitlang treuhänderisch im Besitz der Erbengemeinschaft. Ausserdem besass sie während ein paar

Jahren eine Ferienwohnung in einem Wintersportort, die man für einen Spezialtarif mieten durfte.

Immer mehr Geschwister fanden jedoch mit der Zeit, sie würden ihren Anteil lieber in eigene Projekte investieren. Deshalb beschloss man 1983, die Ferienwohnung zu verkaufen. Das Zehn-Familienhaus wurde aus der Erbengemeinschaft herausgelöst und einer reduzierten Eigentümerschaft von sechs Brüdern und Schwestern übergeben, die dafür eine zweite Erbengemeinschaft gründeten. Die übrigen Geschwister erhielten ihren Anteil am Wohnblock ausbezahlt, blieben aber Mitglied der ursprünglichen Erbengemeinschaft, die nunmehr nur noch das Zweifamilienhaus verwaltete. Sie wird erst nach Mutters Ableben enden.

Die zweite Gesellschaft hatte rund zehn Jahre Bestand, bis sie aufgelöst und die Teilhaber ausbezahlt wurden. Heute befindet sich jede Wohnung des Zehn-Familienhauses im Besitz von „Stockwerk"-Eigentümern, die das Ganze als Miteigentümergemeinschaft verwalten.

ZU GUTER LETZT BLEIBT MUTTER ALLEIN ZURÜCK

Nach Vaters Tod äusserte Mutter den Wunsch, nicht allein mit den minderjährigen Kindern in ihren vier Wänden zu leben, sondern auf die Präsenz einer älteren Tochter zählen zu dürfen. Dafür kam nur Hanni in Frage. Obwohl es ihr schwerfiel, sagte sie zu. Sie verzichtete auf die berufsbegleitende Zusatzausbildung in Heilpädagogik, die sie bereits eingefädelt hatte, und nahm stattdessen eine Stelle als Lehrerin in Schattdorf an. Während zwei Jahren wohnte sie mit Mutter und den jüngeren Geschwistern unter einem Dach, doch im Rückblick findet sie, dass sie bei deren Erziehung keine grosse Hilfe gewesen sei. Sie sei mit den *Goofä* einfach nicht zurechtgekommen, sie hätten nicht auf sie gehört. Sie benutzte die Zeit, um eine Ausbildung in Katechese abzuschliessen, die sie schon vorher angefangen hatte, wechselte danach die Stelle und zog aus. Zuerst arbeitete sie in einer Nachbargemeinde auf dem Pfarreisekretariat, ehe sie endgültig Uri verliess und ins Mittelland abwanderte, wo sie die meiste Zeit in verschiedenen Ortschaften als Primarlehrerin wirkte.

In Wirklichkeit übte Mutter weiterhin die Erzieherrolle aus. Sie sah das nach wie vor als ihre ureigene Pflicht an, zumal die vier Nachgeborenen sich ganz natürlich an sie und nicht an die ältere Schwester wandten, wenn sie etwas wollten. Doch zumindest bei den Buben liess sie nun die Zügel etwas schleifen. Wahrscheinlich spürte sie manchmal, dass sie nicht mehr über die nötige Autorität verfügte, um sich gegen Pubertierende durchzusetzen, die auf Eigenständigkeit pochten. Wenn der eine oder andere in späteren Jahren daheim mit einer Freundin aufkreuzte, bestand sie nicht mehr auf Zimmertrennung, weil sie einsah, dass es nichts genutzt hätte. Zudem musste sie sich eingestehen, dass die Zeiten sich geändert hatten. Es war mehr Geld da. Paul und Franz schafften sich mit Vaters Erbe ein Auto an, sobald sie das nötige Alter dafür erreicht hatten, obwohl sie noch in der Ausbildung waren. Das verlieh ihnen eine Mobilität und Unabhängigkeit, die ihre älteren Geschwister erst in einem fortgeschrittenen Alter gekannt hatten. Sie verschafften sich damit auch bei den Kollegen Beliebtheit. Diese waren gerne für eine Ausfahrt zu haben. Dass man einen Kameraden hatte, der bereits als Lernender ein Auto besass, war tatsächlich ziemlich aussergewöhnlich.

Markus, der Jüngste, profitierte ebenfalls von der neuen Situation, allerdings ganz anders. Er wohnte bis 1982 bei Mutter, davon etliche Jahre als Letzter mit ihr allein. Deshalb stellt er sich manchmal als „Einzelkind mit zehn Geschwistern" vor. Mutter und Markus brauchten sich gegenseitig als Stütze. Auf einmal empfand Mama ihren Jüngsten als ein Geschenk Gottes, das ihr half, über die schweren Jahre hinwegzukommen. Er war nicht mehr der Nachzügler, den sie nicht mehr erwartet hatte, sondern ein Trost und eine Aufgabe, an die sie sich klammern konnte. Markus sagt, *Mammä* habe ihn oft ermahnt, aber er habe wahrscheinlich schon viel mehr Freiheiten gehabt als seine älteren Geschwister. Mutter habe ihm eigentlich alles erlaubt. Er durfte zu den Pfadfindern gehen und Sport treiben. Er wurde ein passionierter Orientierungsläufer. Mit fünfzehn erlaubte Mutter ihm, nach Schweden an den Fünftage-OL zu reisen. Markus entwickelte auch eine enge Beziehung zur Familie von Marietta, seiner Taufpatin, deren Kinder nur unwesentlich jünger waren. Vor allem aber schloss er sich seinem Firmgötti an, seinem neun Jahre älteren Bruder Paul. Mit diesem habe ihn von allen Geschwistern am meisten verbunden, besonders während der Gymnasiums-Zeit, weil Paul ausser ihm am längsten daheim wohnte. Paul sei so etwas wie sein Mentor gewesen, habe ihm Bücher geliehen, ihn auf Bergtouren mitgenommen und ihm das Skifahren beigebracht.

Die unterschiedlichen Bedingungen beim Heranwachsen zeitigten Auswirkungen auf das Verhältnis zwischen den beiden „Geschwistergenerationen". Die Älteren hatten eindeutig den Gürtel enger schnallen müssen und weniger Ansprüche stellen dürfen als die Jüngeren. Diese brauchten auch nicht mehr zuhause ihren Verdienst abzugeben. Abgesehen davon, dass sie lockerer erzogen wurden, hatten sie es auch in Bezug auf die Weiterbildung merklich besser getroffen. Sie brauchten diesbezüglich nicht mehr auf die Familienfinanzen Rücksicht zu nehmen und konnten aus einem breiteren Angebot wählen. Sie durften auch vom dörflichen Freizeitangebot profitieren und sich Dinge leisten, von denen ihre grösseren Geschwister im gleichen Alter nicht einmal geträumt hatten.

Den Älteren fiel es deshalb manchmal schwer, ihren jüngeren Geschwistern vorbehaltlos zu begegnen. Vorwürfe stellten sich fast automatisch ein, in denen ein Quäntchen Unverständnis und Neid mitschwang: Die Jüngeren würden sich zu viel zu früh leisten, sie wüssten mit Geld nicht richtig umzugehen, engagierten sich weniger für die Familie, usw. Gerechterweise hätten die Älteren aber auch in

Betracht ziehen müssen, dass die Jüngeren nicht mehr die energievollsten Eltern vorgefunden und von ihnen wohl auch nicht die gleiche Aufmerksamkeit erhalten hatten wie sie einst. Der Altersunterschied wirkte sich bei ihnen auch dahingehend aus, dass Beruf und eigene Familie noch immer ihren Lebensmittelpunkt bildeten, als einige aus der älteren Garde bereits Grosseltern und pensioniert waren. Zudem hatten sie als nachgeborene Geschwister wahrscheinlich lange das berechtigte Gefühl, sie besässen in der Familie weniger Gewicht, auch wenn sie das nicht so ausdrückten. Die Kluft zwischen den beiden Gruppen war aber zu keinem Zeitpunkt so tief, dass man sich über sie hinweg nicht mehr treffen und verständigen konnte. Vor allem in jüngster Zeit ist sie eindeutig kleiner geworden. Der Altersabstand scheint an Bedeutung verloren zu haben, die Gemeinsamkeiten zählen wieder mehr als die Unterschiede.

Die Siebzigerjahre stellen eine Übergangszeit dar, wo der mütterliche Haushalt sich immer mehr verkleinerte. Auch die vier Jüngsten wurden, eine nach dem anderen, flügge und machten sich daran, eine eigene Existenz aufzubauen. Bis schliesslich Mutter allein im Zweifamilienhaus zurückblieb.

Die erste, die es nicht mehr zu Hause aushielt, war Agnes. Sie hatte wohl am meisten unter Vaters Tod gelitten, weil die Beziehungen zwischen ihr und Mutter konfliktbeladen waren. Vaters Leidenszeit und Ableben erlebte sie als Sekundarschülerin. Als für sie ein Jahr später die Sekundarschulzeit zu Ende ging, war sie fest entschlossen wegzugehen. Sie trat in die Handelsschule Luzern ein, weil sie sich noch nicht richtig schlüssig war, welchen Beruf sie erlernen und deshalb testen wollte, ob „Bürozeugs" etwas für sie wäre. Wohnen durfte sie in der Familie eines Onkels, wo sie sich mit einem gleichaltrigen Cousin gut verstand und sehr wohl fühlte. Das Jahr darauf entschied sie sich für den obligaten Welschland-Aufenthalt. Sie wählte bewusst eine Kinderkrippe in Genf. Sie wollte herausfinden, ob sie gerne mit

Kindern arbeitete. Trudis Erzählungen über ihre Ausbildung zur Kinderkrankenschwester hatte sie immer spannend und inspirierend gefunden. Nach einem Jahr wusste sie: die Antwort ist positiv. Auch sie musste sich aber noch ein Weilchen gedulden, bis sie das richtige Alter für die Berufslehre erreicht hatte. Sie überbrückte die Zeit als Haushalthilfe bei einer Familie in Luzern, die ein stadtbekanntes Kleidergeschäft führte. Danach trat sie in die Luzernisch-Solothurnische Schwesternschule für Kinderkrankenpflege ein, wo sie die dreijährige Lehre erfolgreich abschloss. Danach kehrte sie nicht nach Uri zurück. Sie fand eine Stelle in einer Solothurner Frauenklinik, wo sie schon bald die Bekanntschaft von Reinhard, einem angehenden Arzt, machte.

Paul wohnte bereits nicht mehr daheim, als ihn unvermittelt ein schwerer Schicksalsschlag traf, der ihn eine Weile völlig aus der Bahn warf. Seine Ausbildung zum Primarlehrer kam ohne Vorankündigung zum Stillstand. Im Herbst 1971 war er ins Oberseminar Rickenbach bei Schwyz übergetreten. Im Frühjahr danach absolvierte er ein Praktikum und begann wenig später die Rekrutenschule, die abrupt mit einem Unfall endete. Er verletzte sich so schwer am Knie, dass er befürchten musste, nie mehr Sport treiben zu können. Seine Pläne, sich einmal zum Sportlehrer ausbilden zu lassen, waren durchkreuzt, was ihn deprimierte. Die Armee weigerte sich, für den Unfall gerade zu stehen, weil das Knie schon vorher lädiert gewesen sei.

Was bald danach folgte, wog indessen bedeutend schwerer. Es muss im Herbst 1972 gewesen sein, als Paul vom Seminardirektor den Bescheid erhielt, so einen wie ihn könne man nicht als Lehrer brauchen, er könne seine Ausbildung nicht fortsetzen. Zusammen mit seinem Vormund Martin, Mutter und mir fuhr er nach Rickenbach, mit dem festen Vorsatz, den Direktor umzustimmen. Schliesslich stand er kurz vor dem Abschluss, und er hätte mit dem Diplom auch nicht Lehrer werden müssen, weil es ihm die Tür für ein Weiterstudium geöffnet hätte. Doch der Direktor blieb stur. Was der Auslöser für den brüsken

Rausschmiss war, wird ein Geheimnis bleiben. Paul hat sich, selbst seinen besten Freunden gegenüber, nie dazu geäussert. Er wehrte sich schliesslich auch nicht dagegen, weil er ebenfalls an seinen pädagogischen Fähigkeiten zweifelte. Sicher ist, dass sein Praktikum nicht gut verlaufen war. Da grosser Lehrermangel herrschte, erwartete man von den Praktikanten, dass sie ihre Aufgabe wie vollwertige Lehrer versahen, ohne auf pädagogische Unterstützung zählen zu können. Ich kann mir auch denken, dass Paul nach Vaters Tod gefühlsmässig schwer aus dem Gleichgewicht gekommen war, sodass er es im Seminar an Einsatz mangeln liess.

Er war auch ein bisschen eigensinnig und introvertiert, weshalb man ihm nicht ansah, wie ausserordentlich sensibel er war. Er wirkte denn auch in der Folge völlig deprimiert, lag tagelang zu Hause auf dem Kanapee, bis er schliesslich zuerst in einem Pneu-Geschäft und dann bei einem Getränkelieferanten eine Beschäftigung als Handlanger fand. Eine grosse psychologische Stütze in dieser Zeit war ihm die weiterhin bestehende freundschaftliche Verbundenheit mit ehemaligen Studienkollegen. Sie machten häufig zusammen Bergtouren und längere Ferienreisen. Als ihm eine Urner Gemeinde eine Stelle als Aushilfslehrer anbot, kam bei ihm wieder Hoffnung auf, er könne den Abschluss doch noch machen. Erst als er dort von einem Tag auf den anderen von einem patentierten Lehrer ersetzt wurde, begriff er den Ernst der Lage. Glücklicherweise erhielt er bald darauf die Möglichkeit, in einer Grossfirma in Altdorf ein Informatik-Praktikum anzutreten. Ende 1976 heuerte er in Zürich bei einer bedeutenden Versicherungsgesellschaft an, die ihm ermöglichte, eine Ausbildung als Informatik-Analytiker zu absolvieren. Dieses Fach war in der Schweiz erst im Kommen und passte goldrichtig zu ihm. Mit Zahlen hatte er es immer gut gekonnt.

Franz machte 1974 die Abschlussprüfung als Maschinenmechaniker. Die Rekrutenschule blieb ihm wegen gesundheitlicher Probleme erspart. Sein beruflicher Wunschtraum wäre gewesen, einmal in einer international tätigen Firma eine Stelle als Maschineningenieur zu ergattern. Deshalb meldete er sich für die Aufnahmeprüfung fürs Technikum in Luzern an. Er bestand sie, entschloss sich dann aber trotzdem, statt zu studieren einen Job zu suchen. Die Ölkrise hatte ihn vorsichtig gemacht. Eigentlich hätte er nichts dagegen gehabt, in Uri zu bleiben, aber der dortige Stellenmarkt war ausgetrocknet. Deshalb schaute er sich im Mittelland um, wo er rasch fündig wurde. Doch keine Stelle passte ihm wirklich, weshalb er mehrmals den Arbeitgeber wechselte. Auch fiel es ihm schwer, in der neuen Umgebung Fuss zu fassen. Ihm fehlte der Kollegenkreis, und ausserdem hatte er den Eindruck, als Innerschweizer ein wenig von oben herab behandelt zu werden. Erst als er wegen Elisabeth, seiner Zukünftigen, nach Zürich umsiedelte und via Firmenfussball erneut den Einstieg in den Sport schaffte, gewann sein Leben an Stabilität. Darüber hinaus begann er berufsbegleitend eine Ausbildung zum technischen Kaufmann. Das bot ihm schliesslich die Möglichkeit, auf Bürojobs umzusatteln, die ihm mehr Befriedigung und mit der Zeit auch ein Einkommen verschafften, das seinen Vorstellungen entsprach.

Markus beendete 1974 die sechste Primarklasse. Weil er bei der Sek-Prüfung zu den Besten gehörte, durfte er ins Kollegium Altdorf eintreten. Er entschied sich, das Gymnasium zu machen und die C-Matura anzupeilen. Er war vor allem naturwissenschaftlich interessiert. Daneben verbrachte er viele Stunden in der freien Natur, weil er angefangen hatte, intensiv Orientierungslauf zu betreiben. Während den Sommerferien nahm er zudem an geologischen Wanderungen teil, die vom Kollegium organisiert wurden. So keimte in ihm der Wunsch, nach der Matura an der ETH Zürich Erdwissenschaften zu studieren. Die Matura bestand er 1981. Danach musste er ins Militär. „Viel zu lang", wie er meint. Eigentlich hatte er Wettersoldat werden wollen, doch bei der Aushebung erklärte man ihm, dass das nicht in Frage käme. So wurde er Füsilier. Den Plan, gleich nach der RS das Studium anzufangen gab er auf, weil er als Einziger der Familie zum

Weitermachen verknurrt wurde. Schon vor der Rekrutenschule hatte er zwei OL-Leiterkurse absolviert, der dritte fiel in die RS-Zeit. Deshalb stellte er den Antrag, ihn besuchen zu dürfen, was man erlaubte.

Erst später verstand er das Entgegenkommen. Man erklärte ihm nämlich, er müsse dafür die Unteroffiziersschule machen. Da er eh ein paar Wochen verpasst hätte und noch nicht immatrikuliert war, verschob er das Studium um ein Jahr und absolvierte die UO samt RS für das Korporal-Abverdienen. So hatte er nach einem Jahr alles hinter sich. Danach schrieb er sich an der ETH ein. Das Studium bestritt er aus Mitteln des Ausbildungsfonds der Familie, der Kinderrente und Teilzeitarbeiten. Nachdem er erfolglos in Zürich ein Zimmer gesucht hatte, mietete er schliesslich halbwegs zwischen Uri und Zürich eine kleine Wohnung und pendelte an die Uni.

Mutter war nicht erfreut über die Nachricht. Sie hätte lieber gehabt, Markus wäre bei ihr geblieben. Aber dieser fand, es sei nun wirklich Zeit, sich vom Elternhaus zu lösen. Allerdings brach er die Beziehung nicht ganz ab. Mutter besorgte noch viele Jahre für ihn die Wäsche. Nach einem Jahr ETH kamen ihm Zweifel, ob er das richtige Studium gewählt habe. Schlussendlich entschied er sich für das Sekundarlehrer-Diplom naturwissenschaftlicher Ausrichtung in Kombination mit Sport des Kantons Luzern. Die Vorlesungen und Übungen besuchte er an der Uni Zürich, die Prüfungen legte er 1986 im Lehrerseminar Hitzkirch ab. Danach erhielt er sofort eine Stelle im Kanton Schwyz, wo er heute noch wohnt und arbeitet.

VARIABLE BEZIEHUNGSGEOMETRIE

So schloss sich ein weiteres Kapitel im Leben meiner Herkunftsfamilie und begann auch für das letzte Geschwister ein neues.

Dabei traf etwas ein, was es davor in der Familiengeschichte wohl noch nie gegeben hatte. Zum ersten Mal teilte kein einziges Mitglied der Anfangsfamilie mehr das Dach mit einem anderen. Alle, Mutter inbegriffen, lebten nun in separaten Haushalten. Dazu kam, dass nahezu alle einstigen Mitbewohner nicht bloss das Elternhaus verlassen hatten, sondern auch ausserhalb des Kantons ansässig geworden waren. Nur noch selten wohnten jetzt zwei Brüder oder Schwestern am gleichen Ort oder in derselben Stadt. Aber es gab geografische Schwerpunkte in den Schweizer Voralpen und im Mittelland. Zudem werden die meisten im Lauf ihres Lebens mindestens ein weiteres Mal den Wohnort wechseln. Erhöhte Mobilität wurde also zu einem Wesensmerkmal der Familiengemeinschaft, die aus meiner Herkunftsfamilie hervorgegangen ist. In dieser Hinsicht trennt sie Welten von der Daseinsweise der Ahnen, die noch fast ausnahmslos ihr ganzes Leben an einem einzigen Ort verbracht oder sich höchstens ein Dutzend Kilometer von ihrem Geburtsort wegbewegt hatten.

Die Gründe, die dazu führten, dem Kanton Uri den Rücken zu kehren, waren vielfältig und für jedes Geschwister ein wenig anders. Kaum jemand hat sich bewusst dafür entschieden, es ergab sich einfach so. Der eine oder andere Bruder wäre gerne geblieben, fand aber den lokalen Stellenmarkt zu wenig attraktiv. Die Mehrzahl der eingeheirateten Ehepartner stammte von anderswo und hätte kaum Interesse gehabt, sich in Uri niederzulassen. Für jemand, der bereits während der Ausbildung ausserhalb lebte, war es nicht besonders reizvoll, in die heimatlichen Gefilde zurückzukehren. Er oder sie fühlten sich in ihrem neuen Beziehungsnetz wohl, und das Tal von Uri erschien ihnen auf einmal so eng wie sein Horizont, die soziale Kontrolle viel zu aufdringlich. Bis heute ist auch niemand auf die Idee gekommen, den Weg zurück zu gehen. Das ist verständlich, denn je länger man auswärts gelebt hat, desto gewichtiger werden die Gründe, die dagegensprechen. Wer hat schon Lust, die inzwischen gefundenen Wurzeln und Freundschaften wieder aufzugeben und auf seine alten Tage hin mühsam noch einmal etwas Neues anzufangen, auch wenn das in ehemals heimischer Umgebung geschehen würde?

Unsere gemeinsame Herkunftsfamilie hatte sich somit unvermittelt gänzlich in Einzelteile aufgelöst. Teile, die sowohl örtlich wie finanziell weitgehend getrennt voneinander weiterexistierten. Spätestens ab diesem Zeitpunkt wird die Ursprungsfamilie, für viele Jahre, nur mehr eine Randerscheinung in meiner und in der Entwicklungsgeschichte meiner Brüder und Schwestern sein. Natürlich hatte sie sich in der Intimität jedes Einzelnen eingenistet, wo sie weiterhin in Form eingefleischter Verhaltensweisen, liebgewonnener Gewohnheiten, übernommener Ansichten, Werte und geheimer Wünsche ihren Einfluss ausübte. Auch in der äusserlichen Erscheinung war nicht zu verleugnen, von welchem Baum die Äpfel gefallen waren. Dennoch sagten mir Bekannte, sie hätten sich stets gewundert, wie wenig wir uns ansonsten ähnelten. Wir kämen ihnen alles andere als ein Einheitsbrei vor und sie hätten grosse Mühe mit dem Gedanken, wir seien Brüder und Schwestern. Die unterschiedlichen Charaktere und Lebensziele in der Geschwistergemeinschaft traten nun deutlich zu Tage. Die Vielkinderfamilie erwies sich definitiv als Nährboden für Vielfalt. Jeder ging seine eigenen Wege, die sich nur noch selten mit denen anderer Familienangehöriger kreuzten.

Allen war aber gemeinsam, dass der Lebensmittelpunkt sich aus der Anfangsfamilie heraus hin zu einer ganz anderen Daseinsform verschoben hatte, welche die volle Aufmerksamkeit erforderte. Während Jahrzehnten kreiste unser Leben fortan fast ausschliesslich um Dinge wie die Sorge um die eigene Partnerschaft und Familie, Kindererziehung, Beruf, Wohnort, Freunde, Nachbarn, Freizeit, Ferien, usw. Das war eine zeitaufwändige Angelegenheit. Wir traten lokalen Vereinen bei, reisten in ferne Länder, engagierten uns in der Politik, wie Martin, der während zwei Amtsperioden Sozialvorsteher seiner Wohngemeinde war. Kurzum, wir hatten andere Prioritäten im Kopf als die Familie, in der wir gross geworden waren.

Wir waren ja auch nicht mehr materiell voneinander abhängig. Jeder hatte seine eigene Existenzgrundlage. Dank der guten Ausbildung, die uns die Eltern ermöglicht hatten, lebten wir nicht schlecht. Die einen verdienten etwas mehr, die anderen etwas weniger, aber es reichte alleweil, um sich all die Konsumgüter zu leisten, die der sich ständig weiter entwickelnde schweizerische Lebensstandard unabdingbar erscheinen liess. Das erste, was alle sich anschafften, war ein Auto. Ebenso wichtig war ein Eigenheim oder zumindest eine grosse Wohnung. Kam da vielleicht doch durch ein unbewusstes Hintertürchen ein wenig Nachholbedarf zum Vorschein? Auch sonst waren Anpassungsleistungen gefordert, weil wir immer wieder neue Dinge dazulernen mussten: In der beruflichen Weiterbildung und Umschulung, in der Kindererziehung, im öffentlichen Auftreten, zwischenmenschlichen Verhalten und partnerschaftlichen Umgang. So kam beispielsweise auch bei uns langsam die Sitte auf, sich mit Küsschen statt nur per Handschlag zu begrüssen und zu verabschieden. Und alle hatten sich der Gretchenfrage zu stellen: Wie hältst du es denn mit der Religion? Jeder gab darauf seine eigene Antwort. Während bei einigen nicht mehr viel vom angestammten Glauben übriggeblieben ist, sind andere immer noch kirchlich engagiert, wobei der Funke nicht immer auf die Kinder übersprang. Sich von der traditionellen Religiosität zu lösen war aber sicher ein Prozess, der wenigstens zeitweilig mit Ängsten, schlechtem Gewissen und einem Gefühl der Orientierungslosigkeit verbunden war.

Ausserdem musste jeder jetzt seine Loyalität auf zwei Herkunftsfamilien verteilen: Die eigene und die seines Partners oder seiner Partnerin. Es war unvermeidlich, dass das da und dort zu Reibereien in den eigenen vier Wänden führte, dass man fand, die Familie des anderen erfordere mehr Aufmerksamkeit als die eigene. Vor allem die Kinder hatten zwei Seelen in der Brust. Sie verglichen die beiden Verwandtenseiten miteinander, fühlten sich je nachdem bei der einen oder anderen wohler. Einige wehrten sich manchmal dagegen, zu den Arnold zu gehen, sie fanden die Gegenseite fröhlicher, weniger ernst und zurückhaltend. Andere fühlten sich im Gegenteil bei ihnen besser aufgehoben. Das Gleiche kann man von den Ehepartnern sagen. Einigen schlug in unserer Familie Skepsis entgegen, während andere mit offenen Armen empfangen worden waren und schon bald ein integraler Bestandteil unserer Gemeinschaft wurden. Auch das ist eine natürliche Erscheinung in einer Vielkinderfamilie. Ob die Person, mit der man zusammenleben will, den Seinen gefällt oder nicht, war halt nicht der entscheidende Gesichtspunkt bei der Partnerwahl. Die sich daraus auf beiden Seiten entwickelnde Zurückhaltung führte manchmal so weit, dass auch das betreffende Geschwister nicht mehr an allen Familientreffen teilnahm.

So bewirkte die wachsende Distanz, dass einzelne Brüder und Schwestern dann und wann Familienzusammenkünfte als ein lästiges „Muss" empfanden.

In dieser Konstellation war es unvermeidlich, dass sich das innerfamiliäre Beziehungsgefüge zu lockern begann.

Ein Indiz dafür ist, wie die Hochzeiten gefeiert wurden. Als Sepp und Christine sich 1973 in Hünenberg das Jawort gaben, lief alles noch ab, wie es das Brauchtum wollte. Aus der Ehe gingen zwei Kinder hervor. Die Trauung von Franz und Elisabeth im Oktober 1980 in der Nähe von Zürich war sogar die „gewaltige Hochzeit" mit fast sechzig Personen, die sie sich erträumt hatten. Es war die letzte grosse Familienhochzeit, an der alle teilnahmen. Die beiden werden ebenfalls einen Sohn und eine Tochter haben. Paul hatte wenige Monate davor seine holländische Freundin Flortje, die er 1978 auf einer Islandreise kennengelernt hatte, im kleinen Kreis in den Niederlanden zivilamtlich geheiratet. Immerhin war Mutter dabei. Die Ehe wird mit vier Kindern gesegnet werden. Auch Agnes und Reinhard waren im selben Jahr auf gleiche Art in Bern vor wenigen Vertretern der Familie den Ehebund eingegangen. Ein paar Wochen später luden sie die Familie zu einer kleinen Picknick-Feier ob Neuenburg ein. Zuerst kam ein Sohn auf die Welt und bald danach ergänzte eine Tochter die Familie. Line und ich heirateten ohne Familienangehörige im Dezember 1984 vor dem Standesbeamten unseres Wohnquartiers in Fianarantsoa, der Stadt auf dem Hochland Madagaskars, wo ich ein Projekt der Schweizerischen Entwicklungszusammenarbeit leitete. Wir sind die glücklichen Eltern eines Sohnes und einer Tochter geworden. Markus wartete bis Januar 1997, ehe er seine langjährige Freundin Brigitte, die er in einer OL-Gruppe – wo denn sonst? – kennengelernt hatte, in einer intimen Feier an den Traualtar führte. Das Fest mit der Familie organisierten sie ein paar Monate später. Ihre beiden Söhne sind die jüngsten direkten Nachkömmlinge unserer Geschwisterschar.

Die Kontakte der Geschwister untereinander brachen allerdings nie völlig ab. Sie blieben sogar teils recht intensiv, nur begannen sie einfach zu variieren und betrafen meist nur noch einzelne. Diese variable Beziehungsgeometrie änderte sich je nach Lebensumständen. Es waren nicht immer die gleichen, die sich nahestanden. Einzelne ergriffen aktiver die Initiative als andere. Man machte gemeinsam Ferien, verbrachte den Sylvester miteinander, organisierte Jass-Abende oder Ausflüge. Ein wichtiger Motor des Zusammenhalts waren Patenschaften und Kinder. Die meisten Geschwister setzten die Tradition fort, als Paten einen Bruder oder eine Schwester zu wählen. Einige Schwager oder Schwägerinnen kamen besonders gut miteinander aus, oder Paare hatten Kinder im gleichen Alter, was den Austausch förderte. Geografische Nähe war ein weiteres zentrales Element des Zusammenhalts. Die Intensität der Kontakte war sowieso eine Funktion der Distanz. Diejenigen, die näher beieinander wohnten, hatten in der Regel einen engeren Bezug zueinander. Je grösser der räumliche Abstand war, desto einseitiger wurde die Angelegenheit. In der Regel liefen dann die Beziehungen nach der unausgesprochenen Devise ab, dass die Kontaktpflege vorzugsweise auf den Schultern derjenigen lastete, die sich in die Ferne begeben hatten. Wobei: Ganz so einseitig war die Angelegenheit dann doch nie, wie ich aus eigener Erfahrung weiss.

In persönliche Sorgen der Geschwister hingegen mischte man sich kaum ein. Berufskarrieren kamen ins Stocken, Ehen gerieten ins Schleudern oder brachen auseinander. Für die Betroffenen war die Trennung eine Zerreissprobe, die an die psychische Substanz ging und auch das Portemonnaie belastete. Die Folgen konnten jahrelang spürbar bleiben und mit erheblichem Bedauern verbunden sein, dass es soweit hatte kommen können. Mit alldem mussten die Leidtragenden grossenteils selber zu Rande kommen. Doch einzelne Geschwister sahen sich dann und wann aufgefordert, Unterstützung anzubieten oder griffen ein wenig häufiger zum Telefon, um sich zu erkundigen wie's geht. Geschieden sein hiess allerdings nicht unbedingt partnerlos bleiben. Es gab auch Wiederverheiratungen.

Die einzige, bei der die Herkunftsfamilie im Denken und Handeln immer noch einen hohen Stellenwert besass war Mutter. Jedes Mal, wenn eines von uns unterwegs war, machte sie sich Sorgen, ob auch alles gut gehe, weshalb sie uns immer bat, wir sollten ihr ein Zeichen geben, wenn wir am Ziel angelangt seien. Man merkte schon, dass sie es eigentlich lieber gehabt hätte, ihre Kinder würden näher bei ihr wohnen, und sie beschwerte sich manchmal über diejenigen, die es versäumten, regelmässig mit ihr Kontakt zu pflegen. Sie war und blieb denn auch der ruhende Pol der Familie. Ihr Haus stand immer offen. Sie freute sich, wenn jemand mit seinen Kleinen bei ihr Ferien machte. Mit meiner Frau und meinen Kindern war das fast eine Tradition, die auch während der Zeit anhielt, als ich für die Entwicklungszusammenarbeit im Ausland weilte. Ein bis zwei Wochen bei Mutter gehörten zu unserem Sommerurlaubsprogramm. Sie hatte dann immer genaue Vorstellungen, wie man die Zeit mit Ausflügen ausfüllen konnte. So lernten auch meine Kinder wenigstens ein bisschen ihr *Grosi* und meine ursprüngliche Heimat kennen.

Tatsächlich wuchs Mutter immer mehr in die Rolle der Grossmutter hinein. Aus *Mammä* wurde zuerst *Grosi*, später auch *Ürgrosi*. Sie verfolgte die Entwicklung aller Grosskinder und Urgrosskinder mit nie erlahmendem Interesse, führte genau Buch über die Geburtstage und hatte an jeder Weihnacht einen kleinen Batzen für alle parat. Sie eilte zu Hilfe, wenn sie gerufen wurde oder fand, sie werde gebraucht, und liess sich zu gemeinsamen Ferien einladen. An ihrem Lebensende wird sie die stolze Grossmutter von vierundzwanzig Enkeln und Enkelinnen sein und auch bereits eine schöne Anzahl Urgrosskinder haben. Wie die Liste der Nachkommen im Anhang illustriert, ist sie, zusammen mit Vater, die Ahnin einer recht ansehnlichen Sippschaft geworden.

Mutter fokussierte sich jedoch nicht mehr ausschliesslich auf ihre Kinder. Nachdem sie die Trauerphase um ihren Mann abgeschlossen hatte, entwickelte sie ein neues Lebensgefühl. Dafür brauchte sie keine männliche Stütze mehr an ihrer Seite. Vielleicht, aber auch nur vielleicht, hatte sie zu Beginn ihrer Witwenzeit noch mit dem Gedanken geliebäugelt, wieder eine Partnerschaft einzugehen. An Möglichkeiten und Anträgen fehlte es nicht, dennoch legte sie schliesslich dieses Kapitel endgültig „ad acta". Im Grunde genommen war sie gerne Witwe, mindestens solange sie spürte, dass sie ihrer Familie wichtig war. Doch sie verlegte sich nicht mehr einseitig auf ihre Mutterpflichten und zog sich auch nicht in ihr Haus zurück. Sie machte im Dorf beim Altersturnen mit, ging ins Schwimmbad, auch wenn sie nie richtig schwimmen lernte, und liess sich gerne zu einer Wanderung oder einer Bergtour verleiten. Sie baute sich einen Kreis von Freundinnen auf, mit denen sie sich regelmässig zum Jassen traf. Zum ersten Mal in ihrem Leben hatte sie Zeit, solche Beziehungen zu pflegen und fand grossen Spass daran. Ihre Jugendfreundin Josy, die in der Nähe lebte, spielte eine besonders wichtige Rolle. Sie war für Mutter Gold wert. Ich weiss nicht, wie viele Ausflüge die beiden miteinander gemacht haben, aber es war eine ganze Menge.

Auf einmal entdeckte Mama auch ihre Lust am Reisen. Sie unternahm Pilgerfahrten nach Lourdes und Assisi, Carreisen ins nahe

Ausland und Tagesausflüge in die Umgebung.

Als sie elf Jahre alt gewesen war, hatte sie vom Oberwiler aus den Zeppelin über den Urner See Richtung Schwyz gleiten sehen. Dieses Erlebnis beeindruckte sie tief, sie hat es mir mehrmals geschildert. Aber sie hätte damals nie gedacht, dass sie später selber fliegen würde, das erste Mal glaub ich nach Holland zur Tulpenschau. Einmal geriet das Flugzeug, das sie nach Lourdes brachte, in ein heftiges Gewitter, die Passagiere wurden richtig durcheinandergeschüttelt. Trotzdem wagte sie 1984 den langen, unbequemen Flug mit Aeroflot über Moskau, Sewastopol und Aden nach Antananarivo, um mich zusammen mit Martins Familie in Madagaskar zu besuchen. Nachdem ich 2005 selber noch einmal in Madagaskar gewesen war, wollte sie unbedingt wissen, ob ich die Stelle wiedergesehen hätte, wo wir damals barfuss eine Furt durchqueren mussten, weil das Taxi zu stark beladen war. Einmal sei sie sogar in Amerika bei ihrem Patensohn gewesen, hat sie immer behauptet. Davon war sie felsenfest überzeugt. Doch wir wissen inzwischen: Diese Reise hat sie nur im Geist gemacht, wahrscheinlich sehr oft, physisch hat sie nie stattgefunden. Sie wird sie deswegen nicht weniger genossen haben.

Ganz nebenbei begann sich Mutter auch zu verändern. Sie wirkte immer weniger streng. Zwar durchlief sie noch depressive Phasen, doch jetzt sah man oft ein freundliches Schmunzeln über ihr Gesicht huschen. Man konnte auch mitverfolgen, wie sie sich zunehmend der neuen Zeit anpasste. Obwohl sie sicher nicht mit allem einverstanden war, was wir taten, kritisierte sie nicht an ihren Söhnen und Töchtern herum, sondern liess uns leben, wie wir es für gut fanden. Ihre Religiosität nahm zwar eher zu, doch sie akzeptierte, dass der eine oder die andere nicht mehr fleissig in die Kirche ging oder nicht kirchlich heiratete. Sie, die sich vor vielen Jahren einmal heftig widersetzt hatte, als Vreni einen Reformierten heiraten wollte, verlor jetzt kein Wort mehr über die Konfession der Schwiegertöchter und Schwiegersöhne, die nicht katholisch waren. Alle waren ihr recht, selbst dann noch, als ihre

Ehen zerbrochen waren.

Diese Anpassungsfähigkeit und Altersmilde hat uns tief beeindruckt.

FREUD UND LEID HALTEN DIE FAMILIE ZUSAMMEN

Um der Vereinzelung der Beziehungen entgegenzuwirken und wenigstens von Zeit zu Zeit alle zu vereinen, bedurfte es spezieller Anlässe. Zu dieser gehörte natürlich die jährliche Versammlung der Erbengemeinschaft, die seit 1971 stattfand. Doch mit der Zeit wuchs die Erkenntnis, dass sie nicht genügte, um die Familiengemeinschaft lebendig zu erhalten.

Es war anfangs der Achtzigerjahre, als in einer Versammlung der Erbengemeinschaft die Meinung geäussert wurde, die jährlichen Erbenzusammenkünfte würden nicht reichen, die Familie zusammenzuschweissen, weil sie zu stark auf geschäftliche Angelegenheiten ausgerichtet waren. Zwar sorgten diese regelmässigen Treffen und die gemeinsam verwalteten Güter für ein Mindestmass an Bindestoff innerhalb der Familie. Sie bargen aber auch latent die Möglichkeit, in Streit und Zwist auszuarten, sollten die Eigeninteressen der Teilhaber und gegenseitiges Misstrauen überhandnehmen. Daher entstand die Idee, zusätzlich dazu jedes Jahr ein weiteres Treffen zu organisieren, dessen Zweck einfach die Lust am Zusammensein sein sollte. Ein triftiger Grund, einen solchen Anlass zu organisieren war meist leicht auszumachen. Dafür sorgte die Besonderheit, eine Vielkinderfamilie zu sein, von selbst. Fast jedes Jahr feierte irgendein Bruder, eine Schwester, ein Schwager oder eine Schwägerin einen runden, beziehungsweise halbrunden Geburtstag. Auch silberne oder goldene Hochzeiten, ein bevorstehender längerer Auslandaufenthalt oder eine Rückkehr boten sich als Möglichkeit an. Wo und wie man sich traf, wurde den Personen überlassen, die gerade etwas zu feiern hatten. Sie waren beauftragt, die Zusammenkunft zu organisieren.

Familientreffen 1987 bei Agnes und Reinhard

Der Vorschlag fand so guten Anklang, dass seither zahlreiche Treffen dieser Art stattgefunden haben. Die Jahre, wo keines zustande kam, lassen sich an den Fingern einer Hand zählen. Die Zusammenkünfte hatten sehr unterschiedliche Gesichter. Manche waren besser besucht oder stimmungsvoller als andere, aber Zufriedenheit, sich wieder einmal im fröhlichen Rahmen zu treffen, kam alleweil auf. Mal fand die Zusammenkunft in einer Waldhütte oder einem Skihaus statt und glich einem Grillfest, mal bei jemand zuhause, mal stand ein gutes Essen in einem Restaurant im Mittelpunkt. Am Anfang schaute man darauf, dass die Geschwisterkinder ebenfalls teilnahmen. So war auch die nächste Generation in das Familiengeflecht eingebunden. Weil sich darunter ein paar angefressene Fussballer befanden, gehörte ein mit viel Engagement ausgefochtener Fussballmatch zwischen den Alten und Jungen zur Tagesordnung. Mit zunehmendem Alter nahm bei vielen Jugendlichen die Begeisterung ab, den kostbaren

Mutter
Söhnen
Töchter

Grosi m
Gross-
kindern

Samstag oder Sonntag einem *Familitirgg* zu opfern. Auch ihre Eltern machten nun lieber einen Verdauungsspaziergang oder eine kleine Wanderung statt einen Muskelkater zu riskieren, diskutierten die Tagespolitik oder tauschten Neuigkeiten aus.

Ein besonderer Höhepunkt bildete jeweils der alle fünf Jahre in einem grösseren Rahmen gefeierte Geburtstag von Mutter. Das erste Mal zum siebzigsten, das letzte zum fünfundachtzigsten. Dafür wählte man einen Ort, der symbolhaft mit ihrem Leben verbunden war. So zum Beispiel begann der achtzigste Geburtstag mit einer Messe im Kapuzinerkloster Altdorf, die von einem befreundeten Ordensmann zelebriert wurde, ehe man sich zum Festmahl ins Gasthaus Brückli begab. Das erste Fest fand im Heimatort Spiringen statt, für spätere wählte man Erstfeld oder Schattdorf. In Spiringen versammelten sich die Gäste im Bürgersaal des Gasthauses Alte Post. Alle Söhne und Töchter samt Anhang waren gekommen, um Mutter die Ehre zu erweisen. An den Wänden hingen, verdeckt durch einen Vorhang, Fotos von verstorbenen Bürgern des Dorfes, darunter auch die von Vater. So war auch er zugegen. Porträts von Frauen suchte man allerdings vergebens. Waren Bürgerinnen in Spiringen nur zweite Wahl?

Mutter konnte das egal sein. An diesem Tag war sie die Clan-Vorsteherin. Zur Feier des Tages hatten wir den Untermieter im Zweifamilienhaus eingeladen. Er amtete als Fotograf, damit das Ereignis auch ja in Erinnerung bleiben würde. Die Bilder dieses Tages und jene, die an den folgenden Festen entstanden, erhielten einen Ehrenplatz in Mutters Fotosammlung. Ein in Spiringen aufgenommenes Foto zeigt sie inmitten ihrer Kinder, ein anderes mit allen schon geborenen Grosskindern. Im ersten sitzt sie mit sichtlichem Stolz wie auf einem Thron, umringt von ihren erwachsenen Söhnen und Töchtern. Fast alle Söhne tragen einen Bart oder Schnauz, von denen einige nicht sehr gepflegt aussehen. Ob sie sich wohl deswegen diskret im Hintergrund aufstellten und den Platz um Mutter den Schwestern überliessen? Trudi kniet wie ein Page vor ihr, wie wenn sie ihr huldigen möchte. Diese Position hatte sie allerdings auf Weisung des Fotografen eingenommen, damit sie ihre beiden hinter ihr stehenden Schwestern nicht verdeckt. Im zweiten Bild verschwindet *Grosi* fast in der Schar ihrer Enkel und Enkelinnen. Einige sind schon über zwanzig, andere gerade ein Jahr alt. Die zwei Kleinsten kümmern sich keinen Deut um die Kamera. Sébastien ist mit einem Geschenkpäckchen beschäftigt und Mariann bietet ihm ihre Hilfe an. Auf dem Foto fehlen drei Enkelkinder und alle Urenkel. Sie sind noch nicht geboren. Zur Feier des Tages hatte Hanni kunstfertig einen schönen Stammbaum mit allen Nachkommen von Mutter und Vater gemalt. Er wurde gebührend bewundert und zierte danach eingerahmt Mutters gute Stube.

Manchmal sorgten auch die Wirren und Schicksalsschläge des Lebens für Gelegenheiten, sich in grösserer Zahl zu treffen. Doch der Anlass dazu war fast immer ein trauriger. Nur, das Leben wäre nicht das Leben, wenn es ausschliesslich aus freudigen Momenten bestehen würde. Auch Leid bringt Menschen einander näher. Allerdings stellt es spezielle Anforderungen an die Fähigkeit mitzufühlen und die richtigen Worte oder Gesten zu finden, um sie zum Ausdruck zu bringen. Angesichts von Schicksalsschlägen überfällt uns oft ein lähmendes Gefühl der Hilflosigkeit.

Für Trudi hielt das Leben eine besondere Herausforderung bereit. Walter und sie waren noch keine fünf Jahre miteinander verheiratet, als bei ihm eine unheilbare Erkrankung des zentralen Nervensystems festgestellt wurde, die unaufhaltbar voranschritt. Schon nach wenigen Jahren konnte er nicht mehr arbeiten und war auf den Rollstuhl angewiesen. Die letzten elf Jahre seines Lebens verbrachte er in einem Pflegeheim. Für seine junge, lebenslustige Frau war das ein Schlag, der sie aufs Härteste traf. Während fast eines Vierteljahrhunderts war sie gezwungen, an verschiedenen Fronten Ausserordentliches zu leisten. Gleichzeitig spürte sie, dass sie sich nicht völlig aufopfern durfte, wie das eine traditionelle Ehefrau vielleicht getan hätte.

Das war ein schwieriger Balanceakt, der sie innerlich zu zerreissen drohte. Doch wem hätte es genützt, wenn sie selber zusammengebrochen wäre? Sie sagt, die erste Zeit habe sie eigentlich nur noch „funktioniert", sie habe sich einfach von den anstehenden Aufgaben treiben lassen. Sie musste für einen Mann sorgen, der sich schwer damit tat, den Zerfall seiner körperlichen und geistigen Kräfte zu akzeptieren. Er war ja noch sehr jung. Bald war klar, dass die Beiträge der Invalidenversicherung nicht ausreichten, die Familie finanziell über die Runden zu bringen. Trudi entschloss sich deshalb, einen beruflichen Wiedereinstiegskurs zu absolvieren und eine Arbeit zu suchen, die ein ausreichendes Einkommen sicherte und zugleich mit ihren Sorgepflichten vereinbar war. Nebenbei wollte sie auch nicht auf jegliche Abwechslung verzichten, auch sie brauchte manchmal Ablenkung. Andererseits plagte sie häufig das Gefühl, ihre beiden Söhne, die zu Beginn noch sehr klein waren, kämen zu kurz, sie würden mehr Liebe benötigen als sie ihnen schenken konnte.

Mir wurde erst richtig bewusst, welch schwere Zeiten meine Schwester durchgemacht hatte, als sie mir ihre Geschichte Jahre später erzählte. Wie die anderen Geschwister hatte ich immer bei ihr bewundert, wie tapfer sie ihr Schicksal trug, ohne ihr sonniges Gemüt zu verlieren. Doch haben wir ihr die Unterstützung gegeben, die sie brauchte? Wenigstens tat das Mutter. Auf sie konnte Trudi sich verlassen. Mama war oft bei ihr. Die zwei Frauen entwickelten eine enge Beziehung zueinander, die auch nach Walters Tod 1998 anhielt. Beide waren leidgeprüfte Frauen, sie verstanden es, einander aufzumuntern und Trost zu spenden. Walters Hinschied war für Trudi eine Erlösung. Sie war noch etwas jünger als Mutter, als sie Witwe wurde.

Als Walter starb, war Martha bereits vier Jahre tot. Sie war 1994 noch nicht einmal fünfzigjährig einer Krebserkrankung erlegen, die zu spät erkannt und behandelt worden war. Ein Jahr davor hatten Martin und sie noch unsere Familie zur Feier ihrer silbernen Hochzeit eingeladen. Martha ertrug ihr Los mit grosser Tapferkeit, aber ihr vorzeitiger Tod war ein einschneidendes Ereignis. Zum ersten Mal war eine Bresche in unsere Generation geschlagen worden. Wenn ältere Angehörige sterben, gehört das irgendwie zum Lauf der Dinge. Wenn ein Geschwister oder jemand Angetrauter stirbt, ist das eine unmissverständliche Mahnung, dass Gevatter Tod auch vor uns nicht Halt machen wird. Martha war uns ans Herz gewachsen, und wir waren erschüttert, dass es die Familie von Martin traf, den Bruder, der mir von Kindsbeinen an am nächsten gestanden hatte und den wir alle als Stützpfeiler unserer Herkunftsfamilie schätzten. Genau zehn Jahre vorher hatten die beiden mich mit Mama und ihren Söhnen in Madagaskar besucht.

Doch Martin sollte vor weiteren Heimsuchungen nicht verschont bleiben. Er heiratete erneut, musste aber auch diesmal seine Frau hergeben. Sie erlag wenige Jahre nach der Hochzeit einer heimtückischen Krankheit. Zu dieser Zeit hatte man bei ihm bereits ein Leiden diagnostiziert, das seine Bewegungsfreiheit immer mehr einschränkte. Das ist eine bedrückende Erfahrung, für ihn und für uns. Sie ruft allen ins Bewusstsein, was Altern bedeuten kann. Sie bietet uns aber auch die Chance, wieder vermehrt zueinander Sorge zu tragen und zu versuchen, uns auf unsere alten Tage hin gegenseitig noch einmal etwas von der Nestwärme zu schenken, die wir als Brüder und Schwestern im Gadenhaus erfahren hatten.

Paul war der erste unter den Geschwistern, dem wir den letzten Dienst erweisen mussten. Die Rückenschmerzen, über die mein Bruder sich schon länger beklagt hatte, stellten sich Ende 2003 als Krebserkrankung heraus. Paul war sich bewusst, dass er nur noch wenige Jahre leben würde. Doch er hoffte, dem Tod ein Schnippchen zu schlagen. Sein Leben war nicht immer geradlinig verlaufen, und es war ihm ein Herzenswunsch, Verbogenes noch zurechtzubiegen, soweit es in seiner Macht stand. Er war auch noch voller Pläne, hatte Ferientage angehäuft, die er endlich beziehen wollte.

Doch Mitte 2005 musste er notfallmässig in eine Klinik eingewiesen werden. Alle Geschwister nahmen Anteil an seiner Krankheit. Ich besuchte ihn mehrmals und war jedes Mal erschüttert, wie unangepasst mir die Pflege schien, die er erhielt. Das Zimmer, in dem er lag, strahlte Düsterkeit aus. Paul fühlte sich allein gelassen und vor allem in der Nacht durchlitt er Todesängste. Erst als er in eine Rehabilitationsklinik im Wallis überwiesen wurde, schien es ihm besser zu gehen. Er freute sich über den Blick in die sonnigen Berge, auf denen der erste Winterschnee lag. Als ich ihn das letzte Mal besuchte, berichtete er mit leuchtenden Augen, man habe eigens für ihn sein Lieblingsessen gekocht. Er wirkte zwar bereits sehr schwach, aber wir versprachen uns trotzdem ein baldiges Wiedersehen. Nur wenige Tage danach verschlechterte sich sein Zustand so sehr, dass Trudi beschloss, hinzufahren und an seinem Bett zu wachen. Früh am Morgen des 3. November verschied Paul nach einer unruhigen Nacht in ihrem Beisein. Mehrere von uns hatten vorgehabt, ihn an diesem Tag zu besuchen. Als ich die Nachricht erhielt, konnte ich die Tränen nicht zurückhalten. Paul war so etwas wie mein Namensbruder gewesen, wir feierten am selben Tag Namenstag, und unsere Geburtstage waren nur durch einen Tag getrennt.

Paul hatte gewünscht, in Schattdorf bestattet zu werden. Diesen Wunsch erfüllten wir ihm im Einverständnis mit seiner Familie. Seine Asche wurde im Gemeinschaftsgrab beigesetzt. Mutter nahm gefasst und mit Würde an der Abdankungsfeier teil. Paul war ihr erstes und einziges Kind, das sie zu Grabe geleiten musste.

10 «WENN ICH DANN NICHT MEHR BIN»

Der Donnerstag 8. Mai 2008 ist angebrochen. Morgens um sieben schellt bei Marietta das Telefon. Am andern Ende meldet sich das Altersheim, Marietta solle so rasch als möglich vorbeikommen, Mutter gehe es nicht gut. Auf den paar hundert Metern dort hin ahnt sie bereits, was auf uns zukommt. Das letzte Kapitel unserer Herkunftsfamilie in ihrer ursprünglichen Gestalt wird sich bald schliessen.

Mutter hatte vor ein paar Jahren eingesehen, dass es besser wäre, wenn sie aus ihrer Wohnung, wo sie nun schon lange allein gelebt hatte, ausziehen und in ein Altersheim übersiedeln würde. Seit der Jahrhundertwende fühlte sie sich vermehrt einsam, auch wenn ihre älteste Tochter, das Untermieterpaar und die Spitex fürsorglich auf sie aufpassten. Manchmal fehlte ihr auch der Reflex, sich richtig zu ernähren, und die trübsinnigen Perioden häuften sich. Besonders im November und März, wo sie schon früher düstere Gedanken plagten, senkte sich die Schwermut stärker denn je auf sie herab. Sie merkte, dass ihre Beweglichkeit abnahm und ihr Beziehungsnetz sich ausdünnte. Die Jassrunden mit ihren Freundinnen wurden seltener, alle bekamen langsam das Alter zu spüren, und schlussendlich blieben sie ganz aus, weil nicht mehr genügend Spielerinnen da waren. Selbst die treue Josy ging kaum mehr ausser Haus.

Auch der Rücken meldete sich schmerzlich wieder, erinnerte

Mutter an die vielen Schwangerschaften und die harte Knochenarbeit, die sie ihrem Körper abverlangt hatte. Vor ein paar Jahren waren die Ärzte noch überzeugt gewesen, mit einer Streckbetttherapie Abhilfe schaffen zu können, doch ohne nachhaltigen Erfolg. Auch die Hüftgelenke taten weh, sie knackten und *chroosten* von Jahr zu Jahr stärker und machten das Sich-Aufrichten zur Qual. An eine Operation war nicht zu denken, Mama hätte sich zuerst einer Herzchirurgie unterziehen müssen, was sie standhaft weigerte zu tun. Das Problem mit dem Herz war angeboren und sie befürchtete, den Eingriff nicht zu überleben. Doch an einem Sonntagabend Ende Juni 2004 holte es sie dennoch unvermittelt ein.

Mutter hatte den Tag mit Marietta und Ernst verbracht, Mittagessen und Friedhofbesuch in Erstfeld, gefolgt von Kaffee bei ihr zuhause. Als sie wieder allein war, spürte sie plötzlich, wie die Welt um sie herum zu wanken begann. Sie schaffte es gerade noch, die erstbeste Handynummer anzurufen, der sie habhaft wurde, ein Enkel, der im Moment in Deutschland weilte. Ihm war augenblicklich klar, dass *Grosi* Hilfe brauchte. Er alarmierte Marietta, die sofort zu Mutter zurückeilte. Sie fand sie bewusstlos am Boden liegend und um Atem ringend vor. Wegen der Herz-Insuffizienz hatte sich bei ihr Wasser in der Lunge angesammelt. Doch der Sensenmann war noch nicht bereit, sie zu holen. Der Notfalldienst war rasch zu Stelle. Die folgenden Etappen sind schnell beschrieben: Mit Blaulicht ins Spital rasen, Intensivstation, langsames Wiederauftauchen aus dem Koma, wochenlanger Spitalaufenthalt, Rückkehr in ihre Wohnung, weil sie nicht in eine Rehabilitationsklinik eingewiesen werden wollte, wieder wochenlange Betreuung, diesmal in den vertrauten vier Wänden, abwechslungsweise von einem ihrer Kinder umsorgt. Mit eisernem Willen rappelte sie sich noch einmal hoch. Doch sie hatte begriffen: ewig konnte es nicht so weitergehen. Deshalb schickte sie sich schlussendlich, schweren Herzens, ins Unvermeidliche. Sie akzeptierte den ersten Platz in einem der drei angefragten Altersheime, der frei wurde.

Mitte Februar 2005 halfen wir ihr zu Dritt beim Umzug ins Altersheim Schattdorf oben im Dorf nahe bei der Kirche, richteten ihr Zimmer wohnlich mit Fotos von ihren Lieben ein und versicherten ihr, sie sei hier gut aufgehoben und wir würden sie nicht vergessen. Schon nach wenigen Tagen hatte sie den Abschiedsschmerz von ihrem bisherigen Leben überwunden. Sie blühte sichtlich wieder auf. An ihre alte Wohnung verschwendete sie keinen Gedanken mehr, sie wird auch nie mehr den Wunsch äussern, sie noch einmal zu sehen. Sie war zufrieden und sagte, sie wohne jetzt wie im Hotel. Sie genoss den geregelten Tagesablauf, das gute Essen, die Betreuung rund um die Uhr, das tägliche Kartenspiel in neugewonnener Gesellschaft, das morgendliche Zubereiten von Gemüse in der Küche, das Altersturnen und -singen, die fröhlichen Fasnachtstage, die Nähe zur Kirche, vor allem aber den Blick hinunter auf den Vierwaldstättersee und übers Tal hinweg zu ihrem geliebten Oberwiler. Auch den Umzug zwei Jahre später ins neugebaute Altersheim unmittelbar neben der nun gänzlich überbauten Gandrütti nahm sie mit Gelassenheit hin, zumal sie auch hier den Blick durch das Zimmerfenster auf den Oberwiler nicht zu missen brauchte. Hier verbrachte sie das letzte Jahr vor dem fatalen 8. Mai 2008. Am 2. November 2007 feierten wir mit ihr in einem nahen Gasthaus ihren neunundachtzigsten Geburtstag. Sie überhörte aber gedankenverloren unseren Hinweis auf den kommenden neunzigsten.

Im Lauf des Monats April war Mutter merklich schwächer geworden. Sie brauchte wieder mehr schmerzstillende Tabletten, weil das Hüftgelenk erschreckende Geräusche von sich gab, wenn sie aufstehen wollte. Sie verlor kaum ein Wort darüber. Ende Monat wagte sie sich ein letztes Mal in den Speisesaal hinunter, um mit ihrer ältesten Tochter und ihrem noch verbliebenen Bruder zu Mittag zu essen. Seither hütete sie das Bett und liess sich auf dem Zimmer verpflegen. Gemeinsam mit dem Arzt wurde entschieden, Mutter nur noch palliativ zu behandeln. In den folgenden Tagen kamen alle Söhne und Töchter vorbei, einer nach der anderen, um ein Weilchen mit ihr zu verbringen.

Ich war gerade von einem Auslandaufenthalt zurück und mächtig erschrocken, als Marietta mich anrief, sie würde mir raten, mich sobald als möglich ebenfalls bei Mutter zu melden. Sie sei bettlägerig und wirke abgekämpft. Deshalb fuhr ich schon tags darauf mit Line nach Schattdorf. Mama machte tatsächlich einen etwas erschöpften Eindruck, doch sie war geistig voll präsent, freute sich über den Besuch und ging auf alle Fragen ein. Dabei kamen wir nochmals auf dieses und jenes in ihrem Leben zu sprechen. Zu guter Letzt sagte ich ihr, sie sei mir immer eine gute *Mammä* gewesen, und ich hätte auch *Däädi* so in Erinnerung, auch weil er jeweils sonntags das Mittagessen gekocht habe. Ob sie nicht finde, sie habe eigentlich einen modernen Mann gehabt? Darauf glitt ein Lächeln über ihr Gesicht und sie schaute zufrieden drein, als hätte sie ihrem Ehemann endgültig verziehen, dass er nicht immer alle ihre Erwartungen erfüllt hatte. Ein paar Tage später verlangte sie nach einem Priester, der ihr die heilige Kommunion brachte. Im Gespräch vertraute sie ihm an, sie habe ein gutes, erfülltes Leben gehabt und sei Gott und ihrer Familie dafür sehr dankbar. Am Mittwoch war schliesslich als Letzter auch Martin gekommen. Wegen einer Pilgerfahrt nach Lourdes hatte er nicht früher da sein können.

Jetzt war Mutter bereit und sie spürte, dass sie gehen durfte. Als Marietta nach dem Telefonanruf in ihr Zimmer trat, war sie schon nicht mehr ansprechbar. Zwei Mitarbeiterinnen des Heims versuchten liebevoll, ihre Atemnot zu mildern. Marietta ergriff ihre Hand und versicherte ihr immer wieder, es komme schon gut. Doch kaum eine halbe Stunde verging, bis unsere *Mammä* ihren letzten Atemzug tat. Marietta war berührt, wie herzlich die Mitarbeiterinnen mit der Toten umgingen. Als sie sich dranmachten, die Totentoilette in die Wege zu leiten, sprachen sie weiterhin mit ihr, wie wenn sie nicht gestorben wäre. Sogar Schuhe zogen sie ihr an, wird meine Schwester später erfahren und sich darüber wundern. Mutter wurde in einen Sarg gelegt und noch am gleichen Tag in die Totenkapelle oben bei der Kirche von

Schattdorf gefahren. Früher waren hier die Gebeine der Verstorbenen aufbewahrt worden, die man bei der Aufhebung des Grabes vorfand. Die Aufbahrung daheim wie bei Vater war seit einiger Zeit verboten, aus hygienischen Gründen, und wohl auch, weil immer mehr Lebende das nicht mehr wollten.

Am nächsten Tag nahm ich den erstbesten Zug ins Urnerland. In Schattdorf angekommen, beschloss ich, zuerst Mutter in der Toten-kapelle aufzusuchen. Es war ein schöner, recht warmer Frühlingstag. Doch mich fröstelte, als ich neben ihrem Sarg stand. Zuerst hatte ich mich umschauen müssen, denn daneben befand sich noch ein zwei-ter. Beide waren geschlossen. Einzig durch ein Fensterchen hindurch gaben sie den Blick frei auf die darunterliegende Gestalt. Ich erschrak ein wenig über Mutters Gesicht. Es wirkte wieder streng, fast ein biss-chen leidend. Wahrscheinlich war dieser Eindruck auf die kalte At-mosphäre, welche die Kapelle ausstrahlte, und meine Trauer zurück-zuführen. Mir wurde auf einmal schmerzlich bewusst, dass ich nun nie wieder, wenn ich von einer Auslandsreise zurückkam, zum Telefon greifen könne, um Mutter zu berichten, dass alles gut gegangen sei. Ich werde trotzdem noch lange versucht sein, es zu tun, um dann je-des Mal gerade rechtzeitig zu merken, wie gegenstandslos die Geste geworden war. Durch das Gefühl der Leere, das unweigerlich darauf in mir hochstieg, empfand ich fast physisch, dass es nichts Definiti-veres gibt als den Tod.

Die Beerdigung fand über eine Woche nach Mutters Hinschied statt. Sie hatte eine Urnenbestattung und ein Einzelgrab gewünscht. Wiederum waren aussergewöhnlich viele Menschen gekommen, um der Verstorbenen das letzte Geleit zu geben. Die feierliche Zeremonie hatte aber nur noch wenig gemeinsam mit Vaters Bestattung. Selbst von den Angehörigen nahmen lange nicht mehr alle in schwarzen Kleidern und mit Trauerflor teil. Statt des Sarges wurde eine einfa-che Urne zum Grab auf dem Friedhof hinter der Kirche getragen, das nur wenig Platz einnahm. Direkt hinter ihm hatte Josy vor wenigen

Meine lieben Söhne u. Töchter

Es freut mich sehr, dass Ihr meinen 70. Geburtstag feiert. Ich danke Euch Allen ganz herzlich. Zu diesem Anlass fehlt uns mein Gatte, u Euer Vater. Ganz sicher ist Er von der Ewigkeit bei uns. Danken möchten wir Ihm über's Grab hinaus für Alles was Er für uns getan hat. Bei dieser Gelegenheit, möchte ich Euch Alle um Verzeihung bitten, wo wir beide bei der Erziehung gefehlt haben. Ich hoffe Ihr macht es besser mit Euren Kindern. Meinerseits kann ich mir noch beten, für Alle. Dann will ich die Zeit noch nützen, die mir der Herrgott noch schenkt. Auch seit Ihr jederzeit bei mir willkommen. Wenn ich dann nicht mehr bei Euch bin, so haltet zusammen, u verteilt dann alles Erliche.
In Liebe
Eure Mutter

*Mutters
Dankesbrief
zum siebzigsten
Geburtstag*

Monaten ihren letzten Ruheplatz gefunden. Während dem Gottesdienst in der Kirche nahmen Kinder, Grosskinder und Urgrosskinder
mit Lebenslauf, musikalischen Darbietungen und Gedichten Abschied
von *Mammä, Grosi* und *Ürgrosi* und brachten ihren Dank an sie zum
Ausdruck. Die Stimmung während des Leichenmahls war ruhig und
gefasst. Sie entsprach dem Gefühl der Beteiligten, dass Mutter ein
langes und schönes Leben beschieden gewesen war, und dass sie als
lieber Mensch in Erinnerung bleiben werde. Auf dem Grab liessen wir
von einem Bildhauer einen Grabstein mit Mutters Foto und Lebensdaten errichten, dessen zwei Teile durch ein eisernes Kreuz miteinander
verbunden waren.

Zum Anlass ihres siebzigsten Geburtstags hatte Mutter allen Söhnen und Töchtern mit ihrer spitzen, an die deutsche Kurrent-
schrift erinnernden Handschrift einen Brief geschrieben, in elfmaliger
Ausfertigung mit total gleichem Wortlaut. Darin freute sie sich, dass
wir sie feierten, würdigte Vater übers Grab hinaus für alles, was er für
die Familie getan hatte, bat um Verzeihung für Fehler in der Erziehung
und gab der Hoffnung Ausdruck, wir würden es einmal besser machen mit unseren Kindern. Sie schloss den Brief mit dem Satz: „Wenn
ich dann nicht mehr bei Euch bin, so haltet zusammen und verteilt
alles ehrlich."

Diesen Wunsch nahmen wir uns zu Herzen. Für die Regelung
des Nachlasses liessen wir uns Zeit, weil wir zuerst beschliessen
mussten, was mit dem Mehrfamilienhaus geschehen solle, in dem
Mutter gelebt hatte. Schliesslich einigten wir uns darauf, es zu veräussern. Nach mehreren Anläufen gelang es uns, einen Käufer zu
finden, der bereit war, einen uns zusagenden Preis zu bezahlen. Der
Reinerlös des Hauses und Mutters verbleibendes Kapitalvermögen
wurden zu gleichen Teilen an die Erbberechtigten überwiesen. Die
ganze Angelegenheit wurde von den Geschwistern ohne Zuhilfenah-
me einer aussenstehenden Rechtsperson in Minne und Eintracht geregelt. Während der letzten Versammlung der Erbengemeinschaft am

1. November 2009 herrschte eine nachdenkliche, fast feierliche Stimmung,

Anders als man hätte denken können nahm der geschwisterliche Zusammenhalt nach Mutters Ableben und der Auflösung der Erbengemeinschaft nicht ab, sondern verstärkte sich eher. Ich sehe auch eine neue Beziehungsqualität am Entstehen. Der Umgang untereinander ist warmherziger geworden, man fühlt sich wieder enger miteinander verbunden.

Das Bedürfnis, näher zusammenzurücken hat mehrere Gründe. Inzwischen sind die meisten von uns ziemlich ins Alter gekommen. Als Pensionierte finden wir wieder mehr Zeit, einander zu treffen und etwas miteinander zu unternehmen. Das machen sich beispielsweise die fünf Schwestern zu nutze. Seit mehreren Jahren organisieren sie regelmässig ein paar gemeinsame Ferientage irgendwo in der Schweiz oder im nahen Ausland. Der Prozess des Altwerdens bringt es auch mit sich, dass immer mehr Brüder und Schwestern wieder alleine wohnen. Ihre Kinder sind ausgezogen und ausserdem sind mehrere geschieden oder verwitwet. Es gibt immer wieder welche, die ernsthaft erkranken, sich in ärztliche Behandlung begeben oder operieren lassen müssen. Dadurch entstehen immer wieder neue Veranlassungen, sich zu treffen und einander zu unterstützen. Gerne greift man jetzt auf die brüderliche und schwesterliche Hilfsbereitschaft und Solidarität und das Mitgefühl der Familienangehörigen zurück. Auch die Konfrontation mit dem Tod wird häufiger. Wenn er zuschlägt, fühlt er sich nicht an die Altersreihenfolge gebunden. Seit Mutter gestorben ist, hat er bereits bei drei Geschwistern gewütet. Agnes hat ihren Mann Reinhard durch plötzlichen Herztod verloren, Vreni war gezwungen, von ihrer einzigen Tochter Abschied zu nehmen und Sepp hat Christine nach mehrjähriger, aufopfernder Pflege ins Sterben begleiten müssen. In solchen Momenten ist es für alle selbstverständlich, am Prozess des Trauerns Anteil zu nehmen. Wir wärmen uns gegenseitig das Herz mit unserer Präsenz.

Zum wachsenden Zusammengehörigkeitsgefühl tragen auch die Festlichkeiten und regelmässigen Treffen bei, die wieder besonders gepflegt werden. Die Vielkinderfamilie bietet dazu immer noch mannigfaltige Gelegenheiten. In schöner Regelmässigkeit fallen runde und halbrunde Geburtstage des vorgerückten Alters an, wo die Geschwister nicht fehlen dürfen. Am Allerseelentag kommt man zusammen, um in der Kirche mit einem Jahrzeit-Gedächtnis der Eltern zu gedenken und die Gräber zu besuchen. Dann und wann organisiert jemand in irgendeiner Waldhütte ein Familientreffen.

Demnach ist die Familiengeschichte noch nicht am Ende angelangt. Die folgenden Kapitel wird allerdings die Zukunft schreiben. Aber einen Schlusspunkt darf ich trotzdem schon setzen: Wenn ich das Rad der Zeit zurückdrehen könnte und noch einmal auf die Welt käme, würde ich, hätte ich die Wahl, wohl wieder in dieselbe Familie hineingeboren werden wollen.

11 Als pendler unterwegs

Das Leben kann man nur verstehen, indem man zurückschaut,
doch um es zu leben, muss man nach vorne schauen.

Pythagoras

Wie so oft in den vergangenen Jahren sitze ich wieder einmal im Zug ins Urnerland. Draussen fliegt die Landschaft vorbei. Sie kommt mir städtisch vor. Hochhäuser, Villen, Gewerbezonen. Die meisten Gebäude wirken neu. Alles sieht ordentlich, blitzsauber aus, selbst die vereinzelten Bauernhöfe haben ein irgendwie „unbäuerisches" Aussehen. Schnurgerade eingegrenzte, eintönig sattgrüne Wiesen, Felder, denen man Dünger und maschinelle Bearbeitung ansieht. Geschniegelte Landschaft. Ich vergleiche sie im Geist mit den artenvielfältigen, blumigen Matten von einst, die so farbenfroh waren. Vertiefe mich wieder in mein Buch, wie meistens, wenn ich mit der Bahn unterwegs bin. Zwei Sätze springen mir in die Augen, sie passen zur Geschichte, an der ich arbeite. Den ersten hat Jean Paul geschrieben, ein Zeitgenosse von Goethe: „Die Erinnerung ist das einzige Paradies, aus dem wir nicht vertrieben werden können". Der zweite stammt vom dänischen Philosophen Sören Kierkegaard: „Man kann das Leben nur rückwärts verstehen, leben muss man es vorwärts". Pythagoras hat es ähnlich formuliert.

Vorwärts gleitet auch der Zug, in dem ich einen Sitz ergattert habe. Es ist eine dieser eleganten modernen Kompositionen, die jetzt für den Pendlerverkehr eingesetzt werden. Es geht auf den Abend zu, fast kein Platz ist mehr frei. Ich schaue auf, beobachte die Leute um mich herum: Erwachsene, die vermutlich von der Arbeit kommen; Jugendliche, die Schulungsunterlagen durchgehen. Ich wundere mich, wie viele Menschen heutzutage zwischen Wohn- und Arbeitsplatz hin und her pendeln. Vorne hält einer ein schnittiges Rennvelo fest, ein anderer blättert sich durch den Touchscreen eines Smartphones, eine Dritte bearbeitet, Stöpsel im Ohr, die Tastatur ihres Notebooks. Irgendwo klingelt ein Handy. Das Gespräch, das beginnt, kann ich live mitverfolgen. Niemand nimmt davon Notiz. Wie würde das auf mich wirken, wenn ich jetzt da drin sässe, könnte mich aber nur an meine Kindheit, nicht an die Zeit danach erinnern?

Auf einmal bin ich wieder am Nachdenken und Sinnieren, eins gibt das andere.

Wie sich doch die Welt seit meinen jungen Jahren verändert hat! Hätte mir jedenfalls als Kind jemand vorhergesagt, sie würde heute so aussehen wie sie ist, ich hätte mir vermutlich nur an die Stirn getippt über so viel Fantasie. Und was hätten erst meine Vorfahren aus alter Zeit gedacht, hätten sie derartiges von einem besonders hellseherischen Menschen gehört? Wahrscheinlich hätten sie rasch ein Stossgebet zum Heiligen Vitus geschickt, dem Nothelfer für Geisteskrankheit.

Allein was die Familie betrifft, ist kaum mehr etwas wie früher. Die Normen und Usanzen, die einstmals scheinbar unveränderliche Gültigkeit hatten, sind längst überholt, selbst in meinem Familienkreis. Heute heiratet man selbstverständlich nur, weil man sich liebt. Jedenfalls wird so getan, als ob alles andere Nebensache wäre. Doch längst nicht jede Ehe hält mehr ein Leben lang. Die Ehepartner stammen nur noch selten aus dem unmittelbaren Umkreis, wie das früher üblich gewesen war. In unserer Familie gibt es heutzutage Heiraten, die Kontinente und

Religionen verbinden. Etliche Ehen sind gemischtkonfessionell. In meinem Milieu kommt niemand mehr auf den Gedanken, sie als unziemlich einzustufen. Auch das voreheliche Leben hat sich grundlegend verändert. Kaum jemand tritt mehr „jungfräulich" vor den Traualtar. Manche begnügen sich sowieso mit dem Gang zum Zivilstandbeamten. Wäre das Verbot des Konkubinats nicht aufgehoben, müsste es nur so von Verzeigungen hageln, denn viele Paare leben auf Probe zusammen oder verzichten ganz auf den Trauschein. Ausserehelich schwanger werden ist kein Grund mehr, die werdende Mutter eine Schlampe zu schimpfen. Wenn die Eltern davon hören, freuen sie sich darüber, bald Grosseltern zu werden, statt händeringend und verzweifelt über so viel Schande in Tränen auszubrechen. Und wer hätte es einmal für möglich gehalten, dass man die Hochzeit mit der Taufe des ersten Kindes verbinden kann, ohne einen Skandal auszulösen?

Im Durchschnitt hat jedes Paar weniger als zwei Kinder. Entsprechend individueller werden sie umsorgt. Sie nehmen die Eltern emotional stark in Anspruch. Überdies sind sie jetzt ein zentraler Kostenfaktor, der einkalkuliert gehört. Betreuung, Ausbildung, Kleidung, Freizeit, alles will bezahlt werden, auf viele Jahre hinaus. Jedes Kind erwartet zudem, dass es seine kleinen Gespanen zum Geburtstag einladen darf, wogegen der Namenstag meist kein Grund mehr zum Feiern ist. Das hat auch damit zu tun, dass manche Vornamen von weit hergeholt sind, was die Individualität des Namensträgers betont, und deshalb im Heiligenkalender gar nicht mehr figurieren. Einige Kinder sind sowieso nicht mehr getauft.

Seit ich die Reise in meine familiäre Vergangenheit angetreten habe, faszinieren mich solche Gedanken. An Gelegenheit zum Nachdenken mangelt es nicht, denn ich bin nun ebenfalls Pendler. Wie oft schon habe ich in den letzten Jahren in meinem Wohnort in der Westschweiz den Zug bestiegen, um nach Uri zu fahren! Anfangs in aller Herrgottsfrüh und am gleichen Tag wieder zurück. Später blieb ich länger, um einfühlsamer in die Welt eintauchen zu können, in der einst mein Leben begann. Auch wenn sie längst nicht mehr so aussieht wie anno dazumal. Wenigstens nochmals die charakteristische Schroffheit ihrer Berge spüren; vom Talboden aus gesehen kommen sie mir stotziger vor, als ich sie in Erinnerung habe. Winkel aufsuchen, die in meiner Kindheit oder zur Zeit meiner Ahnen eine Rolle gespielt haben, sie visuell auf mich einwirken und mich von ihnen gefühlsmässig berühren lassen. Am Bildschirm im Kantonsarchiv durch Mikrofilme einer Lokalzeitung scrollen, bis die Buchstaben vor den Augen verschwimmen. Verwandte befragen, mit Schulkameraden über ehemals plaudern.

So manches kam mir dabei hoch, das ich längst vergessen wähnte. Die langen Fahrten hin und zurück waren keine verlorene Zeit. Vom Geschehen rundum angeregt, verlangten meine Gedanken immer wieder nach freiem Auslauf und entführten mich in unerforschte Gefilde. Bis sich langsam ein Narrativ herauskristallisierte, das für mich stimmte. Im Nachhinein erwiesen sich diese Momente des Unterwegsseins als die fruchtbarsten im Entstehungsprozess des Buches.

Im ersten Kapitel habe ich von einer Reise in die Vergangenheit und ins Eigene gesprochen. Das war bildhaft gemeint. Rückblickend stelle ich fest, dass es nicht bei der Metapher geblieben ist. Die Reise hat auch stofflich stattgefunden, immer wieder. Dabei hat sie sich, unterschwellig zuerst und dann immer bewusster, in eine Reise in die Gegenwart verwandelt. Das ständige Pendeln zwischen damals und heute, zwischen meiner jetzigen Familiengemeinschaft und meiner Ursprungsfamilie hat mir geholfen, unzählige Fäden zu entdecken, die meinen persönlichen Lebensweg mit meiner familiären Herkunft verbinden. Fäden, die noch immer wirksam sind.

Wie hätte ich beispielsweise meinen Vater beschreiben können, ohne über mich selber nachzudenken? Sollte ich mich darüber wundern, dass ich dabei zwischen seiner und meiner Art, die Vaterrolle auszuüben, auf manche Ähnlichkeit gestossen bin, obwohl ich es doch eigentlich ganz anders hatte machen wollen? Meine Eltern waren ja meine ersten Vorbilder. Entsprechend tief haben sie sich in meinem Charakter und meinen Verhaltensweisen eingenistet.

Natürlich gab es in meiner Kindheitserziehung auch Dinge, gegen die ich mich innerlich auflehnte oder die mir fehlten. Auch sie haben Spuren hinterlassen, sich in meiner Persönlichkeitsstruktur, meiner Art, zwischenmenschliche Beziehungen in Familie und Beruf zu gestalten, auf Probleme und Konflikte zu reagieren, niedergeschlagen. Durch die intensive Auseinandersetzung mit meiner familiären Herkunft ist mir das wieder bewusst geworden, manchmal klarer als bisher. Ich machte dabei aber auch die Erfahrung, dass belastende Erlebnisse an Einfluss und Bedeutung verlieren, sobald man sie an sich heranlässt. Gleichzeitig merke ich, dass ich mich vermehrt von all dem bestärkt fühle, das positiv in mir nachklingt, das mir wurzelgleich Halt verleiht oder wie Flügel Zuversicht gibt und Möglichkeiten eröffnet. Mir ist deutlich geworden, dass es jeder Zeit, auch jetzt noch, in meiner Hand liegt, Vergangenes und Erlebtes so zu bewerten, dass ich daraus Kraft und Energie für die Gegenwart und Zukunft schöpfen kann. Selbst Bedrohliches kann ich ins Positive wenden. Was geschehen ist, lässt sich zwar nicht mehr ändern, ich kann mich aber am inneren Widerstand dagegen aufrichten. Wir haben als Menschen immer die Möglichkeit, aus Fehlern zu lernen, aus Leiden Stärke zu gewinnen und an schlechten Erfahrungen zu wachsen. Auch wenn das nicht einfach ist und nicht immer gelingt.

Eigentlich bin ich sogar froh darüber, dass längst nicht alles ideal verlaufen ist. Auch dass ich keine Bilderbuch-Eltern hatte. Mein Vater und meine Mutter waren Menschen mit herausragenden Qualitäten, aber auch mit Fehlern, Ecken und Kanten. Deshalb fällt es mir schwer, sie zu idealisieren. Ich habe sie aber darum kein bisschen weniger gern, ganz im Gegenteil. Sie sind mir vertraute Wesen, weil auch ich ein Mensch mit Unzulänglichkeiten bin.

Im Rückspiegel meiner Familiengeschichte erscheinen natürlich auch *übergross die unzähligen gesamtgesellschaftlichen Veränderungen, von denen meine Generation ganz besonders profitiert hat.*

Wir haben die Expansion des Bildungswesens, die veränderte Stellung der Frau und den Übergang von der Agrar- zur Industrie- und danach zur Dienstleistungsgesellschaft erlebt. Ich wurde in die „trente glorieuses" (1946-1975), die „dreissig glorreichen Jahre" hineingeboren, eine Zeitepoche, die von einem fast grenzenlosen Fortschrittsglauben beseelt war. Viele Menschen dachten, jedes Problem sei technisch lösbar und die Menschheit werde bald die Natur vollständig im Griff haben. Wirtschaftlich ging es stetig aufwärts und in der Gesellschaft machte sich ein tiefgreifender Wertewandel breit, den wir Junge als Befreiung empfanden. Unzählige Tabus sind seither verschwunden, die für unsere Vorfahren noch Dogmen waren, an denen sie nicht rütteln durften, obwohl sie manchmal darunter litten.

Kommt dazu, dass wir jetzt in einer Zeit fast grenzenloser Mobilität leben. Es ist schon bald die Regel, dass die Menschen früher oder später ihren Geburtsort verlassen und ihr Leben anderswo verbringen, zwischen den Kulturen stehen. Sie reisen viel und die Kommunikationsmedien lassen mentale, zeitliche und räumliche Distanzen zusammenschmelzen. Unsere Erlebenswelt ist dadurch multikultureller geworden, was dem Verständnis für andere Lebensweisen und Ansichten potentiell förderlich ist. Das politische Klima ist auch nicht mehr so monolithisch wie einmal.

Vor allem aber: Hat es irgendwann in der Geschichte ein Zeitalter gegeben, in dem die Wirtschaft die Produktivkraft in so kurzer Zeit in vergleichbarer Weise steigern konnte – ich bin fast geneigt zu sagen, ins Unermessliche? Wäre der angehäufte Reichtum gleichmässig auf alle Menschen verteilt, müsste heutzutage niemand mehr auf der Welt darben, wiewohl es noch nie so viele Menschen gegeben hat. Aber auch so dürfen sich weite Kreise, gerade in der Schweiz, eines sehr hohen Wohlstandsniveaus erfreuen. Verglichen mit den Lebensbedingungen, die meine Familie in ihren frühen Jahren gekannt hatte, leben wir fast

wie Krösus, in grossem Überfluss, in nahezu paradiesischen Zuständen. Wir verdienen, besitzen und konsumieren ein Vielfaches, angesta-
chelt von einer allgegenwärtigen Werbung. Wir wollen möglichst das
Beste und Neueste haben, finden es normal, unsere nächsten, mehr-
wöchigen Ferien an einem tropischen Strand, im fernen Australien oder
auf den Skipisten von St. Moritz zu verbringen und zu jeder Jahreszeit
das zu essen, wonach es uns gerade gelüstet. Wir messen unser Wohlergehen nicht mehr an dem, was wir sind und haben, sondern am materiellen Fortschritt. Das Wirtschaftswachstum ist zur Messgrösse des
Glücks geworden. Wir lassen uns von der Idee einer grenzenlosen Auf-
wärtsentwicklung leiten, die sich nach dem unersättlich machenden
Maximum, nicht nach dem zufrieden stellenden Optimum richtet.

Wir gehen davon aus, dass jeder Stillstand bereits ein Rück-
schritt ist. Umso heftiger klammern wir uns an die Prosperität, die
es zu wahren gilt, und verdrängen angstvoll die Vorstellung, dass das
Glücksrad sich einmal wieder in die Gegenrichtung drehen könnte. Ist
es aber nicht bereits so, dass das soziale Klima wieder härter geworden
ist, dass Globalisierung, Entindustrialisierung und Digitalisierung tiefgreifende Verunsicherung und „Wurzelängste" auslösen? Oder sind wir
gar bereits in der Abstiegsgesellschaft angelangt?

Auf diese Veränderungen war ich, wie die meisten Altersgenossen, nur
unzulänglich vorbereitet. Wer hätte sie auch vorauszusehen gewagt?
Deshalb mussten wir uns, wahrscheinlich mehr als vergangene Generationen, laufend neuen Herausforderungen stellen, für die wir uns an
keiner eigenen Erfahrung ausrichten und die Lösung nicht aus dem Hut
des Überkommenen zaubern konnten. Jedenfalls musste ich mehr als
mir lieb war auf das Prinzip von Versuch und Irrtum vertrauen. Um nur
ein Beispiel zu nennen: Schliesslich konnte ich meine zwei Kinder, die
in einer hochkommunikativen Wohlfahrtsgesellschaft aufgewachsen
sind, nicht gleich erziehen wie es unsere Eltern mit uns elf Brüdern
und Schwestern getan haben. Sie hatten noch in einer relativ geschlos-

senen Welt gelebt und zudem die meiste Energie dafür einsetzen müssen, das Lebensnotwendigste zu beschaffen. Doch wie wird es meinen Kindern einmal ergehen? In welcher Welt werden sie leben? Wenn der Wandel so rasend vorangeht wie bisher, werden auch sie immer wieder aussergewöhnliche Anpassungsleistungen erbringen müssen, auf die wir sie nur ungenügend vorbereiten konnten.

Hoffentlich gilt dann für sie etwas Ähnliches wie für mich. Durch alle Wellenbewegungen des Lebens hindurch durfte ich mich nämlich immer an etwas halten: Ich habe stets in mir den gewaltigen Vorteil gespürt, mich von Anfang an mächtig getragen gefühlt zu haben. Von einem fürsorglichen Zuhause, das mir ein guter Stern als Morgengabe in meine Wiege gelegt hat. Von einem Schicksal, das es vergleichsweise gütig mit mir, meiner Familie und meiner Generation gemeint hat. Gewiss, wir waren arm, lebten jedoch nicht unter dem Existenzminimum, galten nicht als aarmägnessig. Ich musste weder materiell noch psychisch schwere Entbehrungen erdulden. Weil ich Eltern hatte, die sich bis an die Grenzen ihrer Leistungsfähigkeit um unser leibliches und seelisches Wohlergehen kümmerten. Die weitsichtiger und aufopfernder waren als viele andere, was den Nutzen einer guten Ausbildung anbelangt, und die uns eine Lebensphilosophie mit auf den Weg gaben, die für mich im Wesentlichen nichts an Geltung und Tragfähigkeit eingebüsst hat.

Gerade heute, da das persönliche Wohl des Individuums und seine Selbstverantwortlichkeit die Richtschnur allen Handelns sind, muss ich oft an meine Eltern denken. Für sie war es gewiss wichtig, auf die eigene Kraft zu bauen. Aber ohne sich egoistisch über die Mitmenschen zu setzen. Glück, Erfolg, Reichtum, Wohlstand waren für sie nicht das Mass aller Dinge, sie fanden sie erst sinnvoll, erfüllten für sie nur ihren Zweck, wenn sie geteilt wurden. Solidarität mit den Mitmenschen, sparsam, genügsam mit der Natur und den materiellen Mitteln umgehen, dem seelischen Gedeihen ebenso grosses Gewicht geben wie dem materiellen sind für mich nach wie vor zeitlose Werte, die sie mir auf den Weg mitgegeben haben.

Sie verbleiben mir auch weiterhin als familiäres Vermächtnis für die Lebenszeit, die mir noch bleibt, auch jetzt, da ich aufhören werde, als Pendler nach Uri unterwegs zu sein, um an der Familiengeschichte zu arbeiten.

Anhang

DANK

Wer wie ich mit über Siebzig die Geschichte seiner Familie schreibt, weiss, dass er dabei auf viele freundliche Geister angewiesen ist. Ihnen gilt mein tiefempfundener Dank.

An vorderster Stelle fühle ich mich jedem Informanten verpflichtet, der mein eigenes Wissen ergänzt oder justiert hat. Ganz speziell gilt das für meine Brüder und Schwestern, die mir geduldig ihren Erinnerungsschatz geöffnet haben. Dank schulde ich auch allen nicht namentlich genannten, weil sehr zahlreichen, Verwandten, Ortskundigen und Fachleuten, die mir Rede und Antwort gestanden sind. Desselben möchte ich mich den vielen Autoren gegenüber erkenntlich zeigen, deren Publikationen mir den geschichtlichen Kontext nähergebracht haben. Auf genaue Quellenangaben habe ich jedoch verzichtet, es hätte nicht zum erzählenden Stil meines Erinnerungsbuchs gepasst und den Lesefluss stark behindert. Ebenfalls nicht vergessen will ich die Leiterinnen, Dozierenden und Teilnehmerinnen des Weiterbildungskurses „Lebenserzählungen und Lebensgeschichten", den ich 2015-16 an der Universität Fribourg besucht habe. Ohne ihre Anregungen und Ermunterungen hätte ich mich nicht getraut, die Geschichte in der vorliegenden Form zu schreiben – wobei ich mich auch noch jeden Tag bereicherter vorgekommen bin.

Schliesslich möchte ich allen guten Seelen ein ganz besonders herzliches „Vergelt's Gott" aussprechen, die mir freundlicherweise Fotos zur Verfügung gestellt oder bei der Gestaltung der Publikation geholfen, den Text lektoriert und nach Lesbarkeit, Fehlern und Ungereimtheiten abgeklopft haben. Insbesondere meinem Freund Josef Imfeld, dem ich den ersten Impuls verdanke, mich mit der Rekonstruktion meiner Familiengeschichte zu befassen, und der den ganzen Entstehungsprozess mit einfühlsamen Kommentaren und Fragen unterstützt hat; Bernadette Kurmann, Jacqueline Wenger, Ursi Hofer und Renate Diener, meinen guten Kurs-Kolleginnen von Fribourg, die zu verschiedenen Zeitpunkten Textentwürfe gelesen, auf Schwachstellen hingewiesen und mit wohlwollenden Bemerkungen und Vorschlägen zur Verbesserung beigetragen haben; meinem Patensohn Mathias Arnold, der den Text ein letztes Mal mit Argusaugen unter die Lupe genommen hat; meiner Tochter Nirine, die bei der Buchgestaltung die entscheidende Rolle gespielt hat. Dass trotzdem nicht alle Mängel ausgemerzt wurden, liegt nicht an ihnen. Das habe allein ich zu verantworten.

Mein wärmster Gedanke gehört jedoch Line, meiner treuen Partnerin seit nunmehr vierzig Jahren. Ihre verständnisvolle Bereitschaft, mich während unzähligen Tagen und Stunden in meine frühere Welt wegtauchen zu lassen, war für mich ein grosses Geschenk und ein ausserordentlicher Vertrauensbeweis. Denn wir wussten, was dieser Prozess für beide bedeuten konnte: ein riskantes Vordringen in ungesichertes Gelände. Das hat mich stets ermahnt, daran zu denken, dass man eben doch – Jean Paul sei widersprochen – aus dem Paradies der Erinnerungen vertrieben werden kann. Dann nämlich, wenn man dabei aufhört zu fragen, was sie mit einem machen. Ihr tiefer Sinn liegt eben gerade nicht darin, dass sie die Vergangenheit, sondern die Gegenwart und Zukunft erhellen.

VATERS AHNENTAFEL

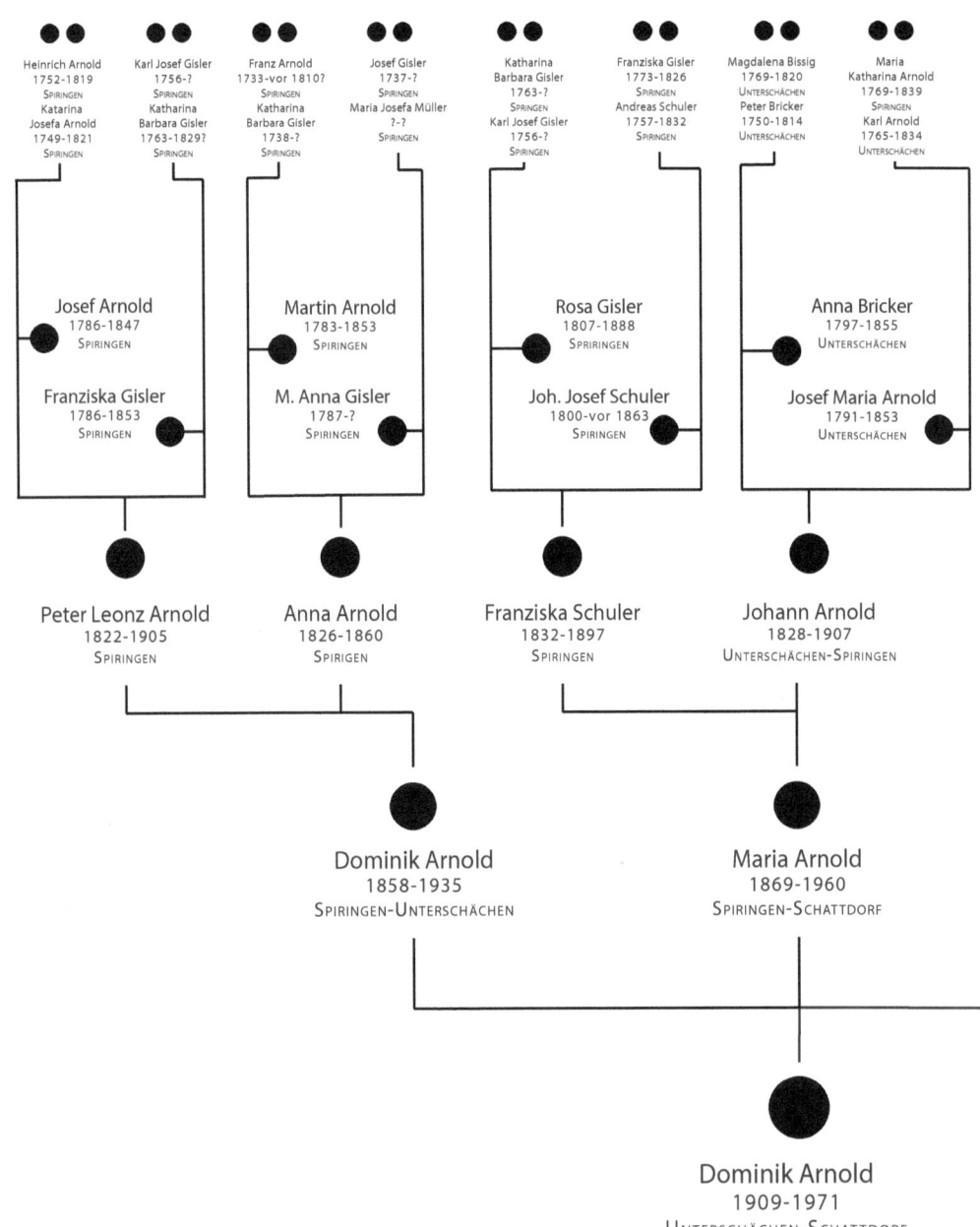

Heinrich Arnold
1752-1819
SPIRINGEN
Katarina
Josefa Arnold
1749-1821
SPIRINGEN

Karl Josef Gisler
1756-?
SPIRINGEN
Katharina
Barbara Gisler
1763-1829?
SPIRINGEN

Franz Arnold
1733-vor 1810?
SPIRINGEN
Katharina
Barbara Gisler
1738-?
SPIRINGEN

Josef Gisler
1737-?
SPIRINGEN
Maria Josefa Müller
?-?
SPIRINGEN

Katharina
Barbara Gisler
1763-?
SPIRINGEN
Karl Josef Gisler
1756-?
SPIRINGEN

Franziska Gisler
1773-1826
SPIRINGEN
Andreas Schuler
1757-1832
SPIRINGEN

Magdalena Bissig
1769-1820
UNTERSCHÄCHEN
Peter Bricker
1750-1814
UNTERSCHÄCHEN

Maria
Katharina Arnold
1769-1839
SPIRINGEN
Karl Arnold
1765-1834
UNTERSCHÄCHEN

Josef Arnold
1786-1847
SPIRINGEN

Franziska Gisler
1786-1853
SPIRINGEN

Martin Arnold
1783-1853
SPIRINGEN

M. Anna Gisler
1787-?
SPIRINGEN

Rosa Gisler
1807-1888
SPIRINGEN

Joh. Josef Schuler
1800-vor 1863
SPIRINGEN

Anna Bricker
1797-1855
UNTERSCHÄCHEN

Josef Maria Arnold
1791-1853
UNTERSCHÄCHEN

Peter Leonz Arnold
1822-1905
SPIRINGEN

Anna Arnold
1826-1860
SPIRIGEN

Franziska Schuler
1832-1897
SPIRINGEN

Johann Arnold
1828-1907
UNTERSCHÄCHEN-SPIRINGEN

Dominik Arnold
1858-1935
SPIRINGEN-UNTERSCHÄCHEN

Maria Arnold
1869-1960
SPIRINGEN-SCHATTDORF

Dominik Arnold
1909-1971
UNTERSCHÄCHEN-SCHATTDORF

MUTTERS AHNENTAFEL

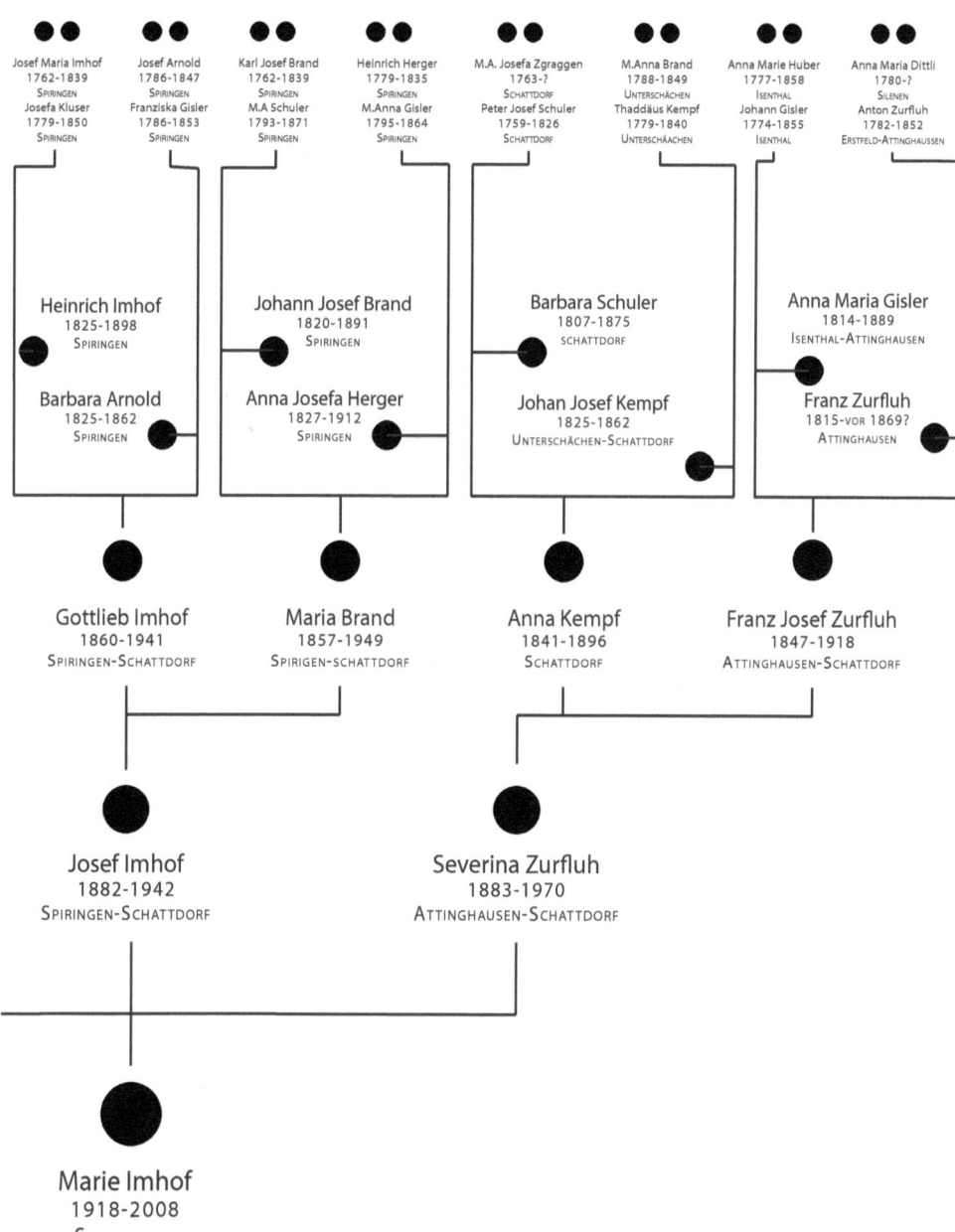

Josef Maria Imhof
1762-1839
SPIRINGEN
Josefa Kluser
1779-1850
SPIRINGEN

Josef Arnold
1786-1847
SPIRINGEN
Franziska Gisler
1786-1853
SPIRINGEN

Karl Josef Brand
1762-1839
SPIRINGEN
M.A Schuler
1793-1871
SPIRINGEN

Heinrich Herger
1779-1835
SPIRINGEN
M.Anna Gisler
1795-1864
SPIRINGEN

M.A. Josefa Zgraggen
1763-?
SCHATTDORF
Peter Josef Schuler
1759-1826
SCHATTDORF

M.Anna Brand
1788-1849
UNTERSCHÄCHEN
Thaddäus Kempf
1779-1840
UNTERSCHÄACHEN

Anna Marie Huber
1777-1858
ISENTHAL
Johann Gisler
1774-1855
ISENTHAL

Anna Maria Dittli
1780-?
SILENEN
Anton Zurfluh
1782-1852
ERSTFELD-ATTINGHAUSSEN

Heinrich Imhof
1825-1898
SPIRINGEN

Barbara Arnold
1825-1862
SPIRINGEN

Johann Josef Brand
1820-1891
SPIRINGEN

Anna Josefa Herger
1827-1912
SPIRINGEN

Barbara Schuler
1807-1875
SCHATTDORF

Johan Josef Kempf
1825-1862
UNTERSCHÄCHEN-SCHATTDORF

Anna Maria Gisler
1814-1889
ISENTHAL-ATTINGHAUSEN

Franz Zurfluh
1815-VOR 1869?
ATTINGHAUSEN

Gottlieb Imhof
1860-1941
SPIRINGEN-SCHATTDORF

Maria Brand
1857-1949
SPIRIGEN-SCHATTDORF

Anna Kempf
1841-1896
SCHATTDORF

Franz Josef Zurfluh
1847-1918
ATTINGHAUSEN-SCHATTDORF

Josef Imhof
1882-1942
SPIRINGEN-SCHATTDORF

Severina Zurfluh
1883-1970
ATTINGHAUSEN-SCHATTDORF

Marie Imhof
1918-2008
SCHATTDORF

DIE NACHKOMMEN DER FAMILIE

Marietta (*1939) ∞ 1984 Ernst Gisler (*1935)

    Christine (*1965) ∞ 1998 Peter P.
        Nina (*1998), Mathias (*2001)
    Daniel (*1966) ∞ 2006 Daniela K.
        Lydia (*2006), Miriam (*2008)
    Urs (*1968) ∞ 2001 Petra S.
        Elin (*2003), Tim (*2006)
    Thomas (*1971) ∞ 2011 Anita H.
        Dario (*2012), Patrick (*2014)

Josef (*1940) ∞ 1973 Christine Huber (*1946 †2015)

    Karin (*1974) ∞ 2000 Andy W.
        Georgia (*2001), Gina (*2005)
    Christof (*1979) ∞ 2011 Minora A.
        Nilaan (*2014), Vihana (*2016)

Verena (*1942) ∞ 1969 Franz Arnold (*1938)

    Andrea (*1970 †2014)

Martin (*1943) ∞1968 Martha Horat (*1947 †1994)

    Felix (*1969) ∞ 1996 Iris F.
        Lynn (*1998), Till (*2000)
    Andreas (*1970) ∞ 2005 Mirella G.
        Mischa (*2005), Janis (*2008)

Mathias (*1973)
>> Youri (*1998), Mylène (*2011), Rémy (*2013), Muriel (*2016)

Peter (*1945) ∞1984 Line Simoness (*1956)

>> Sébastien (*1987) ∞ 2013 Spenta K.
>>> Albert (*2017)
>> Nirine (*1989)

Johanna (*1947)

Gertrud (*1948) ∞ 1970 Walter Marti (*1945 †1998)

>> Dominik (*1971) ∞1996 Alexandra S.
>>> Fabio (*1996)
>> Michael (*1973) ∞ 2014 Alma B.
>>> Mayla (*2014), Malik (*2017)

Paul (*1952 †2005) ∞ 1980 Flortjie Janssen (*1955)

>> Elselina (*1981) ∞ 2008 Pascal Sch.
>>> Delia und Cynthia (*2011)
>> Dominik (*1982) ∞ 2001 Tina R.
>>> Flurina (*2002), Andrin (*2005), Yorina (*2008), Sarina (*2014)
>> Saskia (*1985) ∞ 2015 Tim L.
>>> Katharina (*2015)
>> Marianne (*1987) ∞ 2013 Jonas T.

Franz Xaver (*1954) ∞ 1980 Elisabeth Nauer (*1956)

>> Oliver (*1983)
>> Stephanie (*1986)

Agnes (*1956) ∞ 1980 Reinhard Theiler (*1952 †2012)

>> Simon (*1980)
>> Rebecca (*1981)

Markus (*1961) ∞ 1997 Brigitte Reichmuth (*1966)

>> Jonas (*1998)
>> Sven (*2002)

ORTSBEZEICHNUNGEN

Panoramafotos des Schächentals, respektive des Urner Unterlandes, mit im Buch genannten Ortschaften und Heimwesen.

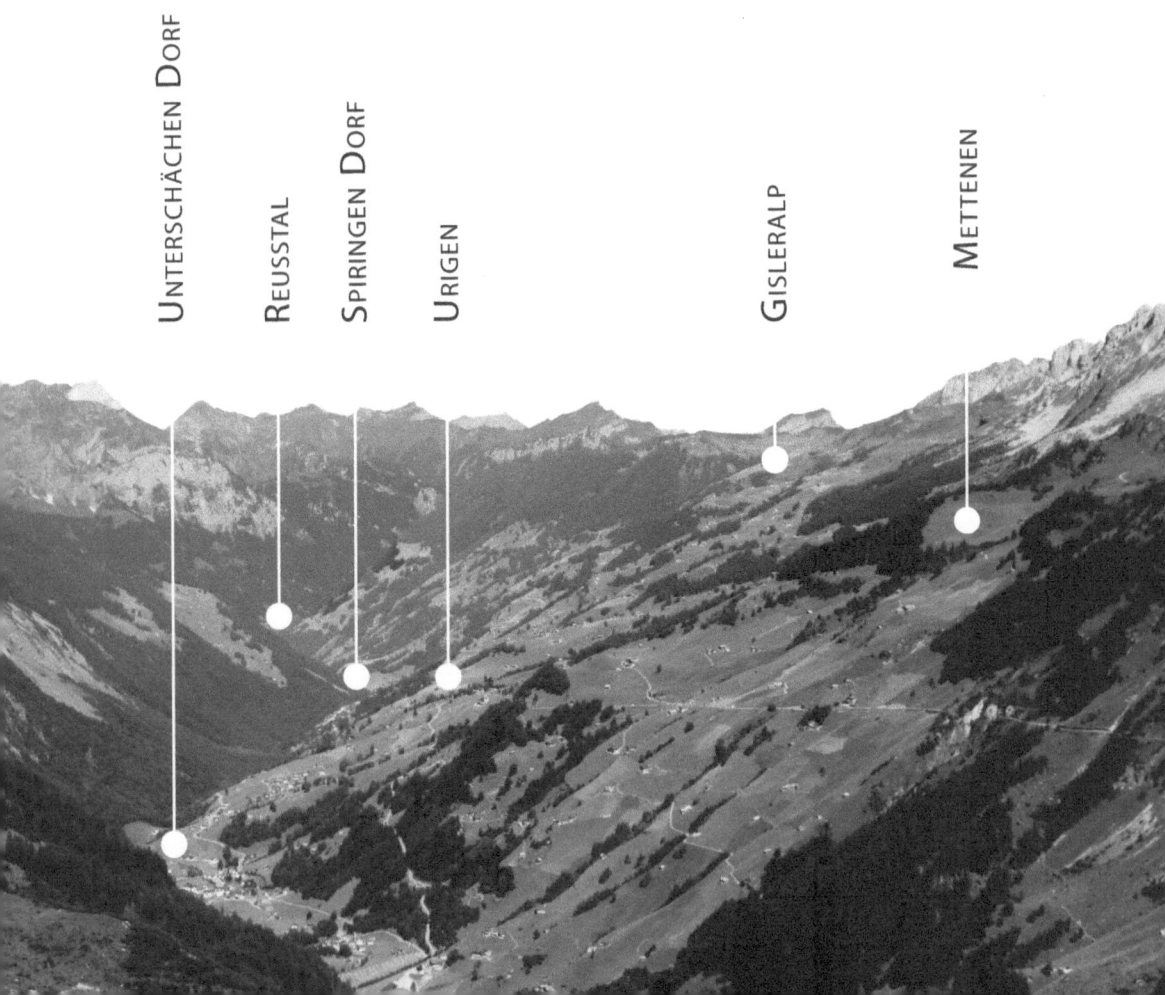

HALDI

BÄRENFELD

KIRCHE SCHATTDORF

KLEINRIED

ERSTFELDERTAL

GANDRÜTTI / BRÜCKLIHOFSTATT

OBERWILER

RIPSHAUSEN

BUCKITOBEL

PLATTENBERG

ATTINGHAUSEN

Wissenswertes und kurioses aus der Ahnengeschichte

Auf den Spuren der Ahnen

Wer sind meine Vorfahren? Als ich an meiner Familiengeschichte zu arbeiten begann, hatte ich nur vage Vorstellungen davon. Doch noch so gerne wollte ich – möglichst lückenlos – wissen, wie meine Altvordern hiessen, wann, wo und von was sie gelebt haben. Schliesslich bin ich ja mit meinem genetischen Erbgut mit ihnen verbunden. Sehr hohe Ziele setzte ich mir dabei jedoch nicht, aber wenigstens bis zu den Ur-Ur-Urgrosseltern wollte ich meine Ahnentafel zurückverfolgen können.

Wie sich herausstellte, war es gar nicht so schwierig, das Vorhaben in die Tat umzusetzen. Dabei halfen ein paar glückliche Umstände. Zum einen stammten sämtliche Vorfahren aus nahezu derselben, eng umgrenzten Gegend. Ausserdem waren sie Bauern mit eigenem Grund und Boden; jedenfalls haben fast alle entsprechende Spuren im Grundbuch hinterlassen. Insbesondere aber gehörten sie ausnahmslos der römisch-katholischen Glaubensgemeinschaft an. Spätestens ab Mitte des 17. Jahrhunderts führten auch in Uri die Pfarrer über die wichtigsten Lebensdaten ihrer Schäfchen Buch: Geburt, Taufe, Erstkommunion, Firmung, Hochzeit, Tod. Das hatte das Konzil von Trient (1545-63) beschlossen. Manche befleissigten sich dabei einer schönen

Handschrift und schrieben mehr als gefordert auf, andere zeigten sich eher nachlässig, ihre Einträge sind nur noch mit Mühe entzifferbar.

Der Dorfgeistlichkeit sei Dank: Wegen ihr verfügen nun Stammbaumforscher über eine vergleichsweise komfortable Datenbasis. Das machten sich auch die Behörden zu nutzen, als sich im 19. Jahrhundert in Uri die Rechtsauffassung durchzusetzen begann, dass die Unterstützung der Armen eine Aufgabe der Gemeinden sei. Um abzuklären, welche im Zweifelsfall dazu verpflichtet war, richteten sie 1846 das Urner Stammbuch ein, das bis 1928 nachgeführt wurde.

Bei meiner Arbeit musste ich schliesslich sogar nur in Ausnahmefällen die Primärquellen, sprich Pfarrbücher oder Stammbuch konsultieren. Diese Aufgabe hatten mir andere abgenommen, wie das Quellenverzeichnis am Schluss belegt. Das erwies sich als eine gewaltige Erleichterung. Jedes Mal, wenn ich trotz allem gezwungen war, persönlich die alten Quellen zu befragen, übrigens nicht immer mit Erfolg, wurde mir bewusst, wie zeitaufwändig, mühsam und ungewiss die Sache geworden wäre, hätte ich alle Daten selber erheben müssen. Ausserdem kam mir entgegen, dass es im Land am Gotthard seit langem eine aktive Lokalhistorikergemeinschaft gibt, der wir eine reichhaltige Fachliteratur verdanken, die hilft, mit etwas Vorstellungskraft nachzuvollziehen, wie unsere Vorfahren einstmals gelebt haben.

Es gibt aber noch eine andere Möglichkeit, sich den Ahnen zu nähern. Weil sie sesshafte Bürger des Landes und Bauern waren, ist ihr Andenken bis heute sozusagen in die Landschaft hineingeschrieben. Wer will, kann ihre Spuren im wahrsten Sinne des Wortes erwandern und dabei die Fleckchen Erde betreten, wo sich einst ihr Leben abgespielt hat.

Nimmt man die Ahnentafeln unter die Lupe, fällt auf, wie zahlreich die Vorfahren sind, die im hinteren Schächental, in Spiringen und Unterschächen, geboren wurden und dort gestorben sind. Tatsächlich gehört ein Grossteil meiner Ahnen zur „Schächentaler-Fraktion". Väterlicherseits sogar alle. Auch die Mehrheit der mütterlichen Ahnen stammte aus dem Schächental, zumindest was die Ur-Ur-Urgrosseltern betrifft. Spätere Generationen findet man dann immer häufiger im Unterland, wohin sie oder ihre Vorfahren ausgewandert waren. Nur die väterlichen Vorfahren von Grossmutter Severina Zurfluh haben nie im Schächental gelebt. Doch auch hier gibt es Ausnahmen, auch wenn sie weit zurückliegen. Ur-Ur-Urgrossvater Josef Gisler war zwar im Isenthal ansässig, doch seine Altvordern waren von Spiringen eingewandert. Das trifft auch auf die Mutter von Ur-Ur-Urgrossmutter Anna Maria Huber zu, die eine Kempf aus Unterschächen war.

Weil so viele Vorfahren Schächentaler waren, stösst der Wanderer dort noch heute fast auf Schritt und Tritt auf Orte und Liegenschaften, die an sie erinnern. Beispielsweise wenn er den „Schächentaler Höhenweg" von Biel-Kinzig in Richtung Klausen unter die Füsse nimmt. Immer wieder kommt er an Alpweiden und Heimwesen vorbei oder erspäht sie in der Ferne, die mit dem Namen irgendeines Ahnen oder einer Ahnin unserer Familie verbunden sind: Untere Gisleralp, Riedlig, Ratzi, Obermattli, Riedmatt, Getschwiler, Urigen, Holzerbergli, Mettenen, Hintere Weid. Je früher diese Ahnen gelebt hatten, desto tiefer müsste er ins Tal hinuntergehen, um beispielsweise an den Liegenschaften Meinzig, Husen, Restig und Oberdorf vorbeizukommen, die einzelnen Vorfahren gehörten.

Auch im Unterland würde er im Dreieck Schattdorf-Erstfeld-Attinghausen immer wieder auf Orte stossen, wo Vorfahren gelebt haben. Wollte er die gesamte „Unterländer-Fraktion" miteinbeziehen, müsste er allerdings auch ins Isenthal oder nach Silenen gehen, wo Urahnen teils auf abgelegenen Gütchen ihr Leben gefristet haben.

NAMEN UND VORNAMEN

Familiäre Zugehörigkeit war in den traditionellen Gemeinschaften Uris über Jahrhunderte hinweg die stärkste identitätsbildende Kraft.

Die Zuordnung erfolgte hauptsächlich über die Namensgebung. Jahrhunderte lang galt, dass der Nachname des Vaters auf seine Kinder übergeht. Die vaterrechtliche Gesellschaftsordnung wollte es so. Zur Regel gedieh dies allerdings erst in der Frühen Neuzeit, das heisst ab dem 16.-17. Jahrhundert. Das erleichterte das Abwägen von Erbansprüchen, die in der bäuerlichen Gesellschaft Uris vor allem Bodenbesitz und Nutzungsrechte betrafen, und die unmissverständliche Identifizierung von Vertragspartnern, die durch den Ausbau des Verwaltungswesens mit zunehmender schriftlicher Beurkundung erforderlich wurde. Sie erleichterte auch die Aufgabe der Pfarrer bei der Überprüfung von Heiratsanträgen und Führen von Eheregistern.

Dass die Frauen nach der Hochzeit den Nachnamen ihres Ehemannes erhielten, ist allerdings eine spätere Entwicklung. Sie hat sich erst im 19. Jahrhundert voll durchgesetzt. Danach galt lange der Brauch, dass ihr Mädchenname insofern erhalten blieb, als er den Ehenamen mit Bindestrich ergänzte.

Schauen wir uns die Familiennamen an, die in den beiden Ahnentafeln auftauchen. Zusammengenommen sind es nicht weniger als fünfzehn, was auf eine breitgestreute Abstammung hinweist. Das ist allerdings nur mit Abstrichen richtig. Denn fast die Hälfte der aufgelisteten Personen hiess entweder Arnold oder Gisler. Mit einer Ausnahme gehören alle Arnold und die meisten Gisler zu Vaters Vorfahren, während der nächsthäufige Name Schuler hälftig in Vaters und Mutters Ahnentafel erscheint. Arnold war der Familienname beider Eltern von Vater, Gisler der von Seitenlinien. Die väterlichen Vorfahren in direkter Linie von Mutter trugen den Geschlechtsnamen Imhof, die mütterlichen hiessen Zurfluh. Auch Brand und Kempf kommen bei ihr mehrmals in der Seitenlinie vor. Die restlichen Namen, die vereinzelt auftauchen, sind Bricker, Herger, Müller, Bissig, Dittli, Huber, Zgraggen und Kluser. Bricker, Müller und Bissig gibt es nur bei Vater, Kempf, Dittli, Huber und Zgraggen nur bei Mutter. In Mutters Ahnentafel finden wir zwölf Nachnamen, bei Vater nur halb so viele. Die

Namensstreuung war also bei Mutter doppelt so hoch wie bei Vater. Ihre Vorfahren heirateten systematisch Ehepartner, die einen anderen Nachnamen trugen als sie selbst. Bei Vater dagegen kommt bei den Ehepaaren viermal die Kombination Arnold-Arnold vor, dreimal Arnold-Gisler und einmal Gisler-Gisler.

Was verraten uns die Familiennamen? Ich begnüge mich damit, die wichtigsten etwas genauer unter die Lupe zu nehmen.

Arnold, der Nachname von Vaters Eltern, ist ein in deutsch- und englischsprachigen Gebieten recht beliebter Vorname. Wie andere Vornamen mutierte er vor langer Zeit an zahlreichen Orten des germanischen und angelsächsischen Sprachraums zum Familiennamen. In der Schweiz beispielsweise findet man Arnold als alteingesessenen Nachnamen in zahlreichen Kantonen, beispielsweise im Wallis, Aargau, Thurgau, in Luzern oder Zürich, ohne dass die Namensträger miteinander verwandt gewesen wären. In Uri bildet er das zweitgrösste Geschlecht. 1990 hiess jeder achte Einwohner des Kantons so. Im unteren Kantonsteil soll es kaum Urnerinnen und Urner geben, welche in ihrer Ahnentafel keinen Arnold aufweisen.

Sehr wahrscheinlich geht die überwiegende Mehrzahl dieser Arnold auf Schächentaler Urahnen zurück, die im 14.-17. Jahrhundert angesehene und hochrangige Bürger der Talschaft Uri waren. Allerdings kann diese von der Tradition festgehaltene Meinung genealogisch nicht einwandfrei erhärtet werden. Nachweisbar trat das Geschlecht erstmals 1365 in Spiringen auf. Der dort ansässigen Magistratenfamilie Arnold mit dem Beinamen „von Spiringen" entstammten zahlreiche Landammänner, Tagsatzungsgesandte, Schiedsrichter, Landvögte und Truppenbefehlshaber. Einer von ihnen, Ratsherr Leonhard, wird gern als Stammvater der Urner Arnold angesehen. Er hatte seinen Wohnsitz im „Mätteli" ob der Kirche von Spiringen und fiel 1515 in der Schlacht von Marignano.

Das Arnold-Geschlecht in Uri unterteilt sich im Wesentlichen in zwei Stämme, die sich beide in zahlreiche Sippen oder Clans verästeln. Der zahlenmässig und politisch weit bedeutendere Stamm geht auf den Tagsatzungsgesandten Johann Arnold (†1672) zurück, dessen Wohnsitz das Heimwesen Döldig (oder Teldig) ob Spiringen war. Ratsherr Leonhard war sein Urgrossvater. Seine Nachfahren gehören zum „Döldig"-Stamm. Der zweite, der „Häirechä"-Stamm, geht auf Heinrich Arnold (†1629?) von Spiringen zurück. Ob auch er ein Abkömmling von Leonhard war, kann nicht einwandfrei erwiesen werden. Die Wahrscheinlichkeit ist allerdings gross, dass beide Stämme auf einen gemeinsamen Vorfahren zurückgehen. Eindeutig hingegen ist die Zuordnung der in den Ahnentafeln aufgeführten Altvordern mit Namen Arnold: Zwei Drittel waren Nachfahren verschiedener Sippen des „Döldig"-Stammes, unter anderem auch Grossmutter Maria, die anderen gehörten zur „Häirechä"-Sippschaft, ein Zweig des „Häirechä"-Stamms.

Der zweite wichtige Familienname ist der Mädchenname von Mutter: Imhof. Auch er ist in Uri weit verbreitet. Zahlreiche herausragende Persönlichkeiten trugen ihn. Die Imhof gehörten sogar zeitweilig zum erweiterten Kern der Urner Magistratenfamilien. Der Name ist in Uri bereits seit 1290 nachgewiesen, denn ein Walter „in curia" (lateinisch für „im Hof") ist in der Stiftungsurkunde der Pfarrei Spiringen erwähnt. Er wohnte also auf einem „Hof" genannten Anwesen, was im deutschen Sprachraum häufig vorkam, weshalb der Name sehr verbreitet ist. Allein in Uri gab es mehrere, inzwischen teils erloschene, vermutlich voneinander unabhängige Familienverbände mit Namen Imhof. Dazu gehören die Imhof mit Spiringner Wurzeln, zu denen Mutter zählte. Das dürfte auch auf einen Grossteil der zurzeit lebenden Urner Imhof zutreffen.

Auch Zurfluh, der Mädchenname von Mutters Mutter, ist ein alter Familienname des Kantons Uri, doch er geht auf Männer zurück, die im 16. Jahrhundert aus der Leventina (Tessin) eingewandert sind und zwischen 1532-1565 das Urner Landrecht erhielten. Wohl als Dank dafür, dass sie in den Konfessionskriegen auf Seiten der Urner gegen die „abtrünnigen Zwinglianer" gekämpft hatten. Der Name kommt hauptsächlich in den Gemeinden des Reusstals und Talbodens um Altdorf sowie in Sisikon und Isenthal vor. Die Zurfluh gehörten nie zu den Mächtigen von Uri, auch wenn Ratsherren und Geistliche aus ihnen hervorgingen.

Die Brand hingegen, die ebenfalls erst zwischen 1527-1544 das Urner Landrecht erwarben, schafften es im 17.-18. Jahrhundert teilweise bis in die höchsten politischen und militärischen Ämter des alten Uri. Das Geschlecht stammte ursprünglich aus dem Pomatt, einer Walsergegend im Val Antigiório (Italien) hinter Domodossola, eingekeilt zwischen Oberwallis und oberes Tessin. Von dort kamen auch die Bomatter („Pomatter"!), die wahrscheinlich zur selben Zeit nach Uri ausgewandert sind. Die Walser, die aus ihrer alten Heimat wegzogen, suchten häufig zur Niederlassung abgelegene Gegenden aus. Offenbar traf das auch auf die Brand zu, die das hintere Schächental wählten. Dort nahmen sie lange eine dominierende Stellung ein. Allerdings verloren sie in der Folgezeit stetig an Bedeutung. Ein Teil wanderte ins Unterland, den Talboden um Altdorf ab.

Wenn ein Arnold irgendwo auf der Welt auf einen anderen Arnold trifft, heisst das noch lange nicht, dass sie, und sei's auch nur in weitester Ferne, miteinander verwandt sind. Bei Personen, die auf den Namen Gisler hören, ist das hingegen mutmasslich der Fall. Denn aller Wahrscheinlichkeit nach stammen alle Gisler ursprünglich aus Uri, wo sie ein alteingesessenes, prominentes Geschlecht bilden, das bereits 1365 nachgewiesen ist. Ab dem 16. Jahrhundert waren eine ganze Reihe Gisler Tagsatzungsgesandte oder Landvögte in ennetbirgischen Vogteien, doch der Name tauchte nicht unter den Magistratenfamilien des Ancien Régime auf. Er soll auf die Funktionsbezeichnung „Giseler" zurückgehen, womit ein Schuldeintreiber gemeint war. Vermutlich liegt das Epizentrum des Geschlechts in Spiringen. Jedenfalls führt das Urner Stammbuch Kaspar (†1643), einen Bürger mit Wohnsitz auf der Hofuhr in Spiringen, als Stammvater der bedeutendsten Dynastie auf. Die „Gislerig" waren dort bereits im 17. Jahrhundert das verbreitetste Geschlecht und sind es bis heute geblieben. Gisler ist auch der gebräuchlichste Familienname Uris. 1990 hiess jeder sechste Einwohner des Kantons so.

Schuler ist eine Berufsbezeichnung mit Bedeutung Schulmeister, auch Schreiber. Das erklärt sein häufiges Vorkommen in zahlreichen deutschschweizerischen Kantonen, beispielsweise in Schwyz, Glarus und Wallis. In Uri findet man den ersten aktenkundigen Schuler 1426 im Steuerbuch von Schattdorf. Ein bedeutender Teil der Schuler ist aber von alters her in Unterschächen eingebürgert, wo sie 1980 nach Bissig und Arnold den dritten Platz unter den Bürgern einnahmen. In Spiringen belegten sie immerhin noch den siebten Rang.

Auch Kempf ist ein altes Urner Geschlecht, das ursprünglich in Isenthal, Seedorf und Seelisberg heimisch war und heute in vielen Gemeinden des Unterlandes eingebürgert ist. Nur im Kanton Zürich ist Kempf noch als alteingesessener Name bekannt, während man ihn in geänderter Schreibweise auch in ein paar anderen Kantonen antrifft. Ein Joder (Theodul) Kempf, im 16. Jahrhundert Kilchmeier zu Unterschächen, ist der nächste gemeinsame Stammvater aller heute lebenden Kempf von Uri.

Interessant ist auch der Familienname Kluser. Als Stammsitz des Geschlechts wird die Klus bei Erstfeld angenommen. Ein Zweig liess sich um 1400 im Schächental nieder, wo er vom Fraumünster Heimwesen und Alpen erwarb. Einige Kluser hatten öffentliche Ämter inne, andere taten sich im Kunsthandwerk sowie in Kirche und Schule hervor. So zum Beispiel Peter Kluser (†1697), ein bekannter Tischmacher und Altarbauer. Sein Handwerk hatte er bei der Walliser Familie Ritz erlernt, zu denen Jodok Ritz, der Schöpfer des Hochaltars von Schattdorf gehörte. Peter Klusers Meisterstück, ein frühbarocker Hochaltar mit Bildern des Malers Karl Leonz Püntener, steht in Erstfeld in der Wallfahrtskapelle Jagdmatt. In Uri sind die Kluser heute einzig und allein Bürger von Spiringen, wohnen aber nicht mehr dort.

Selbstverständlich trugen alle Ahnen mindestens einen Vornamen, oft zwei, manchmal sogar drei, vier oder fünf. Manche haben sich als Doppelnamen durchgesetzt. Beispielsweise war bei den Frauen die Kombination Anna Maria (heute Annemarie) oder Maria Anna (heute Marianne) sehr gebräuchlich. Es ist aber nicht immer klar, wie viele Vornamen die einzelnen Personen trugen und welcher jeweils als Rufname angesehen wurde. Vielleicht waren sich sogar die Namensträger dessen nicht genau bewusst. Jedenfalls kam es vor, dass die Vornamen in den Pfarrbüchern von einem Ereignis (Taufe, Kommunion, Firmung, Heirat, Tod) zum andern wechselten. Mussten diese Individuen nicht unter einem Identitätsproblem leiden?

Schaut man sich die in den Ahnentafeln auftauchenden Vornamen genauer an, fällt auf, dass es sich durchwegs um Namen von Heiligen handelt, die von der katholischen Kirche verehrt werden. Vor allem biblische Namen waren beliebt, allen voran die des heiligen Paares Josef und Maria, nach denen sowohl Frauen (Josefa) wie Männer – bei ihnen *Mariä* ausgesprochen – benannt wurden, Marias Mutter Anna und die Apostel. Was die Häufigkeit anbelangt, stechen bei den Männern deutlich Josef und Johann hervor, allein oder in Kombination mit einem anderen Namen. Bei den Frauen gilt das gleiche für Anna und Maria.

Die Namenswahl hatte viel mit den Paten zu tun, die ihren eigenen an die Patenkinder weiterreichten, aber auch mit den Eltern oder einzelnen Vorfahren, die so in der Nachkommenschaft weiterlebten.

Die Namensgebung war offenbar ein wichtiger symbolischer Akt. Beim Durchforsten der Stammbäume meiner Vorfahren stiess ich oft auf ein Phänomen, das in unserer Zeit Kopfschütteln auslöst. Die Kindersterblichkeit war hoch, weshalb es immer wieder vorkam, dass ein neugeborenes Menschlein schon bald nach der Geburt starb oder das fünfte Altersjahr nicht erreichte. Häufig erbte dann das nächstfolgende Geschwisterlein in der Taufe seinen Vornamen. Manchmal passierte das sogar mehreren nacheinander, wie die folgenden zwei Beispiele aus der Familiengeschichte belegen.

Die Grosseltern Dominik und Maria Arnold bekamen zwischen 1904-1906 drei Töchterlein, die alle auf den Vornamen Emma getauft wurden. Das erste starb bald nach der Geburt an der Gicht, das zweite war eine Totgeburt und das dritte überlebte acht Monate. Alle drei hatten das gleiche Patenpaar. Als dann das nächste Kind wieder ein Mädchen war, wechselte man die Paten und nannte das Töchterchen Josefa. Und siehe da, es überlebte!

Einem Sohn seinen Vornamen zu geben war offenbar ein wichtiges Herzensanliegen von Urgrossvater Gottlieb Imhof. Er musste dafür aber vier Anläufe nehmen, bis eines schliesslich erwachsen wurde. Der erste starb 1888 nach wenigen Tagen. Der zweite wurde 1891 Opfer eines tragischen Hausunfalls. Er war ein Zwilling. Eines Tages waren die Eltern aus irgendeinem Grund gezwungen, gemeinsam das Haus zu verlassen. Sie beauftragten zwei sechs- und siebenjährige Töchterlein, auf die beiden Säuglinge aufzupassen. Unglücklicherweise überforderte sie diese Aufgabe, weshalb es zu einem dramatischen Ereignis kam, in dessen Folge der eine, Gottlieb genannte Sohn ums Leben kam, der zweite invalid und taubstumm wurde. Das hielt Urgrossvater nicht davon ab, es das Jahr darauf und schliesslich 1896 noch einmal zu versuchen. Erst der letzte Gottlieb blieb am Leben.

Wir haben diesen Onkel von Mutter gut gekannt. Er war ein vagabundierender Sonderling, ledig und von simplem Gemüt. Im Grund war er ein liebenswürdiger, lustiger Mensch, auch wenn er manchmal gottlästerlich fluchte. Er hatte immer eine Mundharmonika bei sich, auf der er gern ein Ständchen spielte. Während Jahren kam er regelmässig an Weihnachten im Gadenhaus zu Besuch, schlief bei uns in der Stube auf dem Kanapee und liess sich von Mutter verwöhnen.

ÜBERNAMEN

Die verwandtschaftliche Zuordnung ist im Schächental bis in die Gegenwart wichtig geblieben. Einheimische, die sich begegnen, aber nicht kennen, wollen als erstes voneinander wissen: *Wessä bisch?* oder *Wessä sind lär?* Meistens erwarten sie nicht, dass ihr Gegenüber sich mit Namen und Vornamen vorstellt. Was in den Ausweispapieren steht, sagt ihnen wenig darüber, wen sie vor sich haben. Sie wollen wissen, zu welchem Familienverband er oder sie gehört, in dessen ortsüblichen Namensbezeichnung.

Parallel zum offiziellen Namenssystem aus Vor- und Nachnamen entwickelte sich nämlich in der ländlichen Zentralschweiz ein zweites, traditionelles, das in Uri bis heute von Alteingesessenen verwendet wird. Doch auch in älteren obrigkeitlichen Registern fand es des Öfteren als zusätzliches Kennzeichen Verwendung. Denn die amtliche Namensgebung hatte in diesen engräumigen, demographisch stabilen Gegenden einen grossen Nachteil: Sie war kein wirklich taugliches Unterscheidungsmerkmal. Aufgrund der engmaschig ineinander verstrickten Verwandtschaftsnetze trugen hier viele Menschen den gleichen Nachnamen und zudem nur allzu oft auch den gleichen Vornamen. Unter diesen Umständen gab es im näheren und weiteren Umkreis zwangsläufig immer wieder Männer und Frauen mit dem gleichen Vor- und Nachnamen. Verständlicherweise griff deshalb die Bevölkerung zu einem zusätzlichen Mittel, um die einzelnen Individuen und Familien besser auseinanderzuhalten: sie verlieh ihnen Zu- oder Übernamen. Damit sind nicht Spitznamen gemeint, die möglicherweise nur Insidern bekannt waren. Die Namen, um die es hier geht, bezeichnen ganze Familienverbände oder Sippschaften und ihre Mitglieder, oft über Generationen hinweg. Sie waren früher den meisten Ortsansässigen bekannt und werden in vielen Kreisen noch immer bevorzugt als Identifizierungs- und Einordnungsmerkmal verwendet. Sie erinnern beispielsweise an Heimwesen, wo Vorfahren einmal gelebt haben oder Namen, die sie trugen. Auch meine Grosseltern waren unter solchen Übernamen bekannte. Sie waren *Häirechä, Riädmättler, Chlüüser* und *Plätti*. Meine Geschwister und ich sind *Häirechä*.

Etwas ungewöhnlich ist die Geschichte, wie die *Chlüüser* zu ihrem Übernamen kamen. Wie wir wissen, geht dieser auf eine Vorfahrin zurück, die vor ihrer Ehe Kluser hiess. Sippenstammmutter Maria Katharina Josefa Kluser ist die einzige Frau in meiner Ahnentafel, die es geschafft hat, eine unauslöschliche, im Wortsinn „namhafte" Spur zu hinterlassen. Sowas passt schlecht in eine Gesellschaft hinein, in der eigentlich nur die Manneslinie zählte, und ruft nach einer Erklärung.

Wollte der Übername einfach Josefas Mädchennamen Kluser verewigen, weil man ihn und ihre Familie unter der Bevölkerung speziell fand? In der Tat waren die Kluser begütert, hatten Ratsherren und bekannte Persönlichkeiten hervorgebracht. Ausserdem war der Kluserzweig, von dem Ur-Ur-Urgrossmutter Josefa abstammte, mit einer Familie Brand aus dem Restig verschwägert, die jahrhundertelang ebenfalls Ratsherren stellte. Diesen Titel trugen Amtsträger, die eine Genossame – wie man ehemals die Wahlkreise nannte – im Landrat in Altdorf vertraten, oft ein Leben lang. Ratsherrenfamilien gehörten zur Dorfelite, die ihre eminente Stellung zusätzlich durch Heiraten untereinander absicherten. Doch ein so grosses Ansehen besass die Familie nun auch wieder nicht, denk ich, dass man ihr Andenken grad über eine Frau im Volksgedächtnis erhalten wollte.

Lag es also an Josefas Persönlichkeit? Zu gerne hätte ich herausgefunden, sie sei eine aussergewöhnlich beeindruckende Matriarchin gewesen. Immerhin hatte sie sich im zarten Alter von fünfzehn Jahren vom mehr als doppelt so alten Josef Maria Imhof an den Traualtar führen lassen. Das war schon damals nicht üblich und könnte darauf hinweisen, dass sie früh wusste, was sie wollte. Es ist aber das einzige Aussergewöhnliche, das ich über sie in Erfahrung zu bringen vermochte. Immerhin behielt sie nach der Heirat ihren Mädchennamen bei. Im Sterberegister von Spiringen ist sie nämlich als „vidua pia

Kluser" (fromme Witwe Kluser) eingetragen.

Doch es gibt vielleicht noch eine andere, prosaische Erklärung. Josef Maria Imhof war wohl keine besonders gute Partie. Seine Familie hatte sich als Holzsäger mehr schlecht als recht über Wasser gehalten. Ein bäuerliches Heimwesen, das diesen Namen verdiente, besass sie nicht. Die Kluser hingegen nannten zwei schöne Güter oberhalb von Spiringen ihr Eigen, das eine im Meinzig, das andere im Husen. Auf diesen Anwesen liess sich die junge Familie nieder. Schliesslich gelangten beide – wohl als Frauengüter – in den Besitz des Ehemannes. Was die Kluser einstmals geschafft hatten, schafften nun auch seine Nachkommen: Sie kamen zu Amt und Würde. Den Übernamen *Chlüüser* erhielten sie wohl, weil das Volksgedächtnis dem Umstand Rechnung trug, dem sie das verdankten. Wahrscheinlich verband es die Heimwesen, auf denen sie wohnten, weiterhin mit dem Namen Kluser.

Manchmal steckte eben schon damals hinter dem Mann eine Frau.

HEIRATEN

Erwartungsgemäss enthalten die Ahnentafeln von Vater und Mutter zusammen sechzig Vorfahren oder Aszendenten. Doch schaut man genau hin, sind es nur sechsundfünfzig. Zwei Ehepaare kommen doppelt vor. Bei Vater ist es das Ur-Ur-Urgrosselternpaar Karl Josef Gisler und Katharina Barbara Gisler, das unter den Vorfahren des Grossvaters und der Grossmutter aufgelistet ist. Josef Arnold und Franziska Gisler hinwiederum erscheinen in Vaters Ahnentafel als Ur-Urgrosseltern, in der von Mutter als Ur-Ur-Urgrosseltern. Im Fachjargon nennt man das einen „Ahnenschwund".

Ein Ahnenschwund weist auf Verwandtschaftsehen innerhalb der Abstammungslinien hin. In der Tat waren Grossvater Dominik Arnolds Grossmutter Franziska Gisler und Grossmutter Maria Arnolds

Grossmutter Rosa Gisler Schwestern, Töchter des besagten Ur-Ur-Ur-grosselternpaares. Auch Vater und Mutter waren miteinander verwandt, genau genommen in der Seitenlinie im dritten, respektive vierten Grad.

Solche Verwandtenehen waren keine Seltenheit. Denn in geschlossenen Siedlungsräumen wie das alte Uri, wo die Bevölkerung während Jahrhunderten keinen nennenswerten Zuwachs durch Einwanderung erfuhr, war die Auswahl an möglichen Ehepartnern stark eingeschränkt. Die Wahrscheinlichkeit war gross, dass ein Heiratswilliger bei seiner Suche nach einer Lebensgefährtin auf eine Verwandte stiess. Blutsverwandtschaft ist aber für die katholische Kirche ein Ehehindernis. So galten bis 1983 Ehen bei Konsanguinität bis zum vierten Grad in der Seitenlinie als ungültig. Es ist nicht zuletzt das Problem der Ehen unter Blutsverwandten, welches das Konzil von Trient bewog, die Geistlichkeit zu verpflichteten, die genannten Pfarreibücher einzurichten. Sie waren gehalten, zu nahe Verwandtschaftsbeziehungen unter Heiratswilligen aufzuspüren. Traf das zu, musste ein Gesuch um kirchliche Dispens eingereicht werden, um die Antragsteller vom Ehehindernis zu „befreien". Offenbar war es nicht allzu schwer, sie zu erhalten. Selbst Heiraten von Cousins und Kusinen waren nicht selten.

Die Häufigkeit von Ehen unter Verwandten hing auch damit zusammen, dass sich damals die meisten Menschen ihr gesamtes Leben lang fast nur im Umkreis der Höfe bewegten, von deren Ertrag sie lebten. Dabei war es von Vorteil, Verwandte in der Nähe zu haben. So konnten sie sich bei der Arbeit aushelfen. Schon daher war Heiraten mit Nachbarn vorteilhaft, Verwandtschaft verstärkte dann die Nachbarschaftsbande. Die immobile Lebensweise setzte also dem „Heiratsmarkt" natürliche Grenzen.

Zudem waren die Menschen bis in die Neuzeit hinein durch das herrschende Armenrecht dazu verpflichtet, in Not geratene Familienangehörige zu unterstützen. Dafür sorgte der Artikel 101 des Urner Landrechts, welcher als obere Grenze Verwandtschaft im fünften Grad festhielt, und zwar vater- wie mutterseits. Beide Seiten schauten also speziell darauf, eine Mesalliance zu verhindern, indem sie in eine Familie einheirateten, die in der Lage war, helfend einzuspringen. Zumindest minderte das ihre Bereitschaft, eheliche Verbindungen mit Familien einzugehen, die sie wenig oder gar nicht kannten, während man über Nachbarn und Verwandte bestens informiert war.

Interessant ist in dieser Hinsicht die Heiratsstrategie, welche *Chlüüser*-Vorfahren an den Tag legten. Es ist, wie wenn sie es, durch Erfahrung gewitzt, darauf abgesehen gehabt hätten, ihr Geschick über eine gezielte Partnerwahl besonders eng mit bestimmten Familien zu verkuppeln, um sich gegen die Unwägbarkeiten des Lebens besser abzusichern. Vielleicht ist sie jedoch auch nur ein schlagendes Beispiel dafür, wie eng manchmal die verwandtschaftlichen Beziehungen im Schächental ineinander verknotet waren.

Der älteste Sohn von Ur-Ur-Urgrossvater Josef Maria Imhof setzte die eheliche Verbindung mit der Familie Brand aus dem Restig fort, aus der seine mütterliche Grossmutter stammte; seine Braut war eine Kusine. Heiraten zwischen Nachkommen der beiden Familien Imhof und Brand wird es später, inzestuösem Gebaren ähnelnd, noch mehrmals geben. So vermählte sich auch Urgrossvater Gottlieb mit einer Tochter dieser Brand-Sippe. Ur-Urgrossvater Heinrich Imhof, sein vier Jahre älterer Bruder und beide Schwestern führten Geschwister an den Traualtar, allerdings nicht aus der gleichen Familie. Die Schwestern heirateten zwei Brüder, die Brüder zwei Schwestern. Heinrichs Gemahlin hiess Barbara, die seines Bruders Anna Josefa. Beide gehörten zur *Häirechä*-Sippe, sie waren Töchter von Ur-Urgrossvater Josef Arnold. Barbara ist eine Grosstante meines Vaters und eine Urgrossmutter meiner Mutter. Somit waren meine Eltern nicht die ersten *Häirechä* und *Chlüüser,* die miteinander den Ehebund schlossen. Ihre Abstammungslinien hatten sich bereits einmal fast hundert Jahre zuvor gleich doppelt gekreuzt. Nach Urner Landrecht waren die zwei Familien also fest durch verwandtschaftliche Unterstützungspflichten aneinander gebunden.

Heinrich war das siebte und letzte Kind des Ur-Ur-Urahnenpaars Josef Maria Imhof und Josefa Kluser. Als sie ihn gebar, war Josefa bereits sechsundvierzig. Das Ehepaar Heinrich und Barbara liess sich auf dem Heimwesen Husen nieder, während der Meinzig an einen anderen Bruder Heinrichs ging, der später Kirchenvogt und Ratsherr von Spiringen wurde. Barbara gebar fünf Kinder. Der Letzte erhielt in der Taufe den Vornamen Gottlieb. Er ist einer meiner Urgrossväter. Zwei Jahre nach seiner Geburt starb die Mutter an den Folgen einer Todgeburt. Vater Heinrich heiratete bald darauf ein zweites Mal, er brauchte jemand, der den Haushalt führte und für die Kinder sorgte. Überraschend fiel seine Wahl auf eine Schwestertochter, eine Nichte. Diese ihrerseits war die kleine Schwester der zweiten, etwas „hässigen" Gemahlin von Urgrossvater Peter Arnold. So wurden die beiden Männer ein zweites Mal Schwager. Die Familien, von denen Vater und Mutter abstammten, kannten sich also sehr gut.

DIE GESCHICHTE VOM GETSCHWILER

Die Getschwilerkilbi war zu Vaters Zeiten ein wichtiger Treffpunkt der *Häirechä*-Sippschaft. Damit hatte es eine besondere Bewandtnis. Die Kapelle war nämlich während über einem Jahrhundert im Besitz der *Häirechä* gewesen.

Das kam so: Vom 16.-18. Jahrhundert gehörte der Getschwiler verschiedenen Mitgliedern der in Altdorf ansässigen, begüterten und angesehenen Familie Püntener, hochrangige Militärs in italienischen oder französischen Söldnerdiensten, Landvögte im Tessin und Landesstatthalter oder Landammänner des Standes Uri. 1749 kaufte der spätere Feldmarschall und Generalleutnant Karl Florian Jauch das Landgut, das er bald darauf – jedoch sicher erst nach 1758 – an einen Johann Herger veräusserte. Dieser war wohl der erste Besitzer, der ganzjährig auf der Liegenschaft wohnte. Von ihm gelangte ein Teil davon schliesslich in den Besitz von Jakob Arnold (1717-1787). Jakob Arnold ist ein Urahne, der Vater von Ur-Ur-Urgrossvater Heinrich Arnold. Er war im Oberdorf ob Spiringen ansässig. Allem Anschein nach war er ein begüterter Mann, weshalb er es sich leisten konnte, weiter hinten im Tal gegen den Klausen zu Liegenschaften zu erwerben. 1770 kaufte Jakob von Landamman Josef Stefan Jauch das Heimwesen Hintere Weid. Kurz vor seinem Tod erstand er schliesslich das Berggut im Getschwiler, eine knappe Stunde ob seiner Hofstatt im Oberdorf am Fussweg nach Urigen. Der Kaufvertrag vom 28. März 1787 präzisierte, dass es sich um jenen Teil handle, „wo die Kapelle steht".

Damit war die Votiv- und Wallfahrtskapelle „Zu den sieben Schmerzen Marias" gemeint, ein bemerkenswerter Sakralbau und religiöser Mittelpunkt zahlreicher Bauernhöfe, der noch heute von weither den Blick der Wanderer durchs obere Schächental auf sich zieht. Die Kapelle ist vor nicht allzu langer Zeit zum wiederholten Mal renoviert worden. Seither strahlt sie wieder in neuem Glanz und lädt die Vorbeiziehenden zum Verweilen ein. Die vielen Votivtafeln an den Wänden zeugen von Gebetserhörung und gefundenem Trost. Die Geschichte des Kirchleins reicht ins 16. Jahrhundert zurück. Sein Stifter war der damalige Besitzer der Ländereien, der Ritter und päpstliche Gardehauptmann Azarias Püntener. Das Gotteshaus, das mit einem wertvollen Altarbild des holländischen Meisters Dionys Calvaert geschmückt ist, entwickelte sich in der Folge zu einem beliebten Wallfahrtsziel. Das Kapellweihfest wird am Sonntag nach Gallus (16. Oktober) gefeiert.

Zum Handel, den Jakob Arnold einging, gehörten noch ein Ried, die halbe Eigen-Alp Mettenen sowie eine Hütte mit Gaden auf Urnerboden samt „Rustig" und zehn Kühen. Laut Vertrag gingen auch das Kollaturrecht, das Silberzeug der Kapelle und der Kapellenfonds an den neuen Besitzer über. Das Kollaturrecht bezeichnet das Recht eines Kirchenpatrons hinsichtlich seiner Eigenkirche. Die 14'000 Gul-

Getschwilerkapelle

den Kaufpreis belegen, dass Jakob wirklich wohlhabend war. Offen-
bar traf er auch eine gute Wahl, als er das Anwesen kaufte. Darauf
weist der Altdorfer Arzt, Landammann und Historiker Dr. Karl Franz
Lusser hin, wenn er in seinem 1834 erschienen Werk über den Kanton
Uri schreibt: „Spiringen hat treffliche Bergwiesen, wovon sich die im
Görtschwyler (sic!) durch Schönheit, sanfte Steigung und kräftigen
Graswuchs vorzüglich auszeichnen". Seiner Meinung nach gehörten
die „Görtschwylergüter" zu den schönsten, „so ich je gesehen habe".
Ein gewichtiges Urteil, denn Lusser kannte Uri wie kein Zweiter.

Der Hof im Getschwiler ist noch heutzutage im Besitz von
direkten Nachfahren, nunmehr in siebter Generation, die Kapelle jedoch nicht mehr. Der letzte Eigentümer in der Familie war Grossvater
Dominiks jüngster Stiefbruder Peter. 1910 trat er das Gotteshaus an
die Kirchgemeinde von Spiringen ab. Das Gebäude war so baufällig
geworden, dass die mit dem Kollaturrecht verbundenen Unterhalts-

pflichten seine Mittel überstiegen. Schon 1878 hatte jemand im „Urner Wochenblatt" berichtet, die Kapelle sei immer noch ein beliebter Wallfahrtsort. So hätten am letzten Schmerzensfreitag zahlreiche Wallfahrer „aus dem ganzen, gut katholischen Schächenthale" die ehrwürdige Stätte besucht. Der Schreiber fährt dann fort: „Möge der Besitzer vom Getschwiler, welchem die Besorgung der Kapelle obliegt, dieses Heiligtum, welches jetzt etwas vernachlässigt ist, wieder in einen tröstlichen Zustand bringen. Dies wird ihm selbst zu Ehren und zum Segen gedeihen." Kapellenpatron Peter sah sich dazu nicht imstande. Er war aber bereit, der Pfarrei Spiringen eine ansehnliche Summe Geld zu schenken, um wenigstens einen Teil der dringend nötigen Renovation mitzufinanzieren. Seine Beziehung zur Kapelle und die seiner Nachfolger in der Familie endeten jedoch nicht gänzlich, denn die Besitzer des Getschwiler verpflichteten sich, den Hag um das Gebäude zu unterhalten. Auch versahen sie weiterhin Sakristan-Dienste.

GLÄUBIGE MENSCHEN

Ein landesfremder Beobachter hatte anfangs des 19. Jahrhunderts in den Schächentalern einen besonderen Menschenschlag ausgemacht. Er beschrieb den typischen Bewohner des Tales als ernsthaft, misstrauisch, äusserst sparsam, als jemanden, der sich ausserhalb seines Reviers für nichts in der Welt interessiert, in der Not aber grosse Kaltblütigkeit zeigt und Wert auf ein ehrliches Durchkommen legt. Dem Schulbesuch sei er nicht abgeneigt, was der Umstand belege, dass winters eine stattliche Anzahl Kinder ein paar Wochen die Schulbank drückten, obwohl das noch nicht vorgeschrieben war.

Er hätte auch hinzufügen können, der Schächentaler sei sehr kirchentreu und befleissige sich eines christlichen Daseins, um dereinst der Verheissungen des jenseitigen Heils teilhabe zu werden.

In der Tat war dannzumal im ganzen Kanton Uri der katholische

Glaube die Richtschnur des Lebens der Bevölkerung. Die Pfarrei war die eigentliche identitätsbildende Instanz der örtlichen Gemeinschaft, weit mehr als die politische Gemeinde. Der „Herr", wie der Pfarrer bezeichnenderweise genannt wurde, war zusammen mit dem Pfarrhelfer häufig der einzige „Studierte" im Dorf. Ganz im Sinne des Ersten Vatikanischen Konzils verstand sich die Geistlichkeit als Lehrmeisterin des Volkes. In Fragen der Lebensführung vertrat sie in der Regel eher konservative Ansichten und gebärdete sich von der Kanzel herab als strenge Sittenwächterin. Sie mischte sich sogar in Belange des täglichen Lebens ein. So trat Jakob Anton Arnold, der 1874-1898 Pfarrer von Unterschächen war, als dezidierter Gegner des Kaffeegenusses auf, den er für schädlich hielt. Er vermochte allerdings nicht zu verhindern, dass das Getränk in der Bevölkerung immer beliebter und zu einem festen Bestandteil des Lebensstils wurde. Jakob Anton Arnold war ein Brudersohn von Ur-Urgrossvater Josef Maria Arnold, von dem Grossmutter Maria Arnold abstammt. Er war einer der wenigen aus meiner frühen Ahnenverwandtschaft, der in den geistlichen Stand eintrat. Erst im zwanzigsten Jahrhundert nahm ihre Zahl zu. Offenbar gab es in älteren Zeiten kaum überzählige Arbeitskräfte, die man der Kirche überlassen wollte – oder man fand den eigenen Stand dafür wenig geeignet.

Die Sitten sah die Kirche vor allem durch triebgeleitetes Verhalten gefährdet, weshalb sie eine leib- und vergnügungsfeindliche Morallehre vertrat. Für Trunksucht, unseriösen Lebenswandel, Tanzen und Vergehen gegen die „göttliche Sexualordnung" wie vorehelicher Geschlechtsverkehr, eheliche Untreue oder Verweigerung der Ehepflicht verhiess sie Strafen des Himmels. Sie erwartete von den Gläubigen, dass sie ihre Frömmigkeit durch Praktiken wie österliche Beichte und Kommunion, Besuch der Christenlehre und Sonntagsmesse und regelmässiges Rosenkranzgebet unter Beweis stellten.

Die damals von der katholischen Kirche vertretene Religiosität war auf die Bedürfnisse einer relativ geschlossenen bäuerlichen, vorindustriellen Gesellschaft zugeschnitten. Sie traf ihr Lebensgefühl, das durch die Erfahrung geprägt war, umfassend von einer noch wenig lenkbaren Natur abhängig zu sein. Deshalb fand sie unter der Bevölkerung Anklang. Diese wusste um ihre Vergänglichkeit. Sie war auch ständig durch Naturereignisse wie Lawinen, Felsstürze, Rüfen, Wildbäche, Föhnstürme und Überfluss oder Mangel an Regen bedroht, die durch die Übernutzung der Wälder noch begünstigt wurde. Ein tragisches Beispiel ist das Unglück, das Grossmutter Marias Urgrossvater Karl Arnold traf. Sein Heimwesen Sturnen ob Urigen wurde im Dezember 1808 von einem der schwersten Lawinenunglücke in Mitleidenschaft gezogen, die das Schächental gesehen hat. Zu den Opfern gehörten auch ein Söhnchen und ein Töchterlein. Insgesamt kamen acht Personen ums Leben.

Das Bewusstsein ihrer Hilflosigkeit bewirkte in der Bevölkerung eine tiefe Schicksalsergebenheit, verbunden .mit Zuflucht zum Glauben. Für die Menschen hielt die Kirche Antworten auf schmerzliche Erfahrungen bereit, die für sie stimmten. Sie gab den Ereignissen Sinn, machte sie als Ausdruck göttlichen Willens oder als Prüfung für das Jenseits – die eigentliche Bestimmung des Menschen – begreifbar. Dazu bot sie die vierzehn Nothelfer und unzählige besonders von Bauern verehrte Heilige als Fürsprecher an, aber auch Bittgänge, Wettersegen oder Wallfahrten, um den himmlischen Schutz zu mobilisieren. Sie arrangierte sich mit dem magischen Denken der Bergler, die mit Gebet und Banngesten wie dem Alpsegen ihre Lebenswelt gegen Unwesen aller Art verteidigten. Sie organisierte tröstliche Rituale wie Begräbnisse, welche die Gemeinschaft am Leid beteiligten und an das Versprechen jenseitigen Lebens gemahnten. Nach einem Kindstod tröstete sie die Eltern damit, dass in Unschuld verstorbene kleine Wesen, sofern sie getauft waren, flugs in den Himmel kamen, wo sie jetzt als Fürsprecher für die Hinterbliebenen wirken konnten.

QUELLENVERZEICHNIS UND WEITERFÜHRENDE LITERATUR

ARNOLD, Philipp (1994), *Almosen und Almenden, Verarmung und Rückständigkeit in der Urner Markgenossenschaft 1798-1884*, Zürich, Chronos Verlag

ASCHWANDEN, Felix (2013), *Neues Urner Mundart Wörterbuch,* Altdorf, Gönnerverein Kantonsbibliothek

BÄR-VETSCH, Walter (2013), *„Scho fascht Vergässnigs" aus dem Urner Gesundheitswesen*, Geschichtliches und Volkskundliches, Altdorf, Druckerei Gasser AG

BIELMANN, Jürg (1972), *Die Lebensverhältnisse im Urnerland während des 18. und zu Beginn des 19. Jahrhunderts*, Basel und Stuttgart, Verlag von Helbling & Lichtenhahn, Basler Beiträge zur Geschichtswissenschaft, Bd. 126

CALUORI, Gustav (1989), *1939-1945,* Ein Gebirgsfüsilier-Bataillon im Aktivdienst, 87er Vereinigung 1939/1945, Altdorf, Gisler Druck

FRYBERG, Stefan, BAUMANN, Heinz (2003), *Strube Zeiten*, Uri 1900-2000, Altdorf, Verlag Baumann & Fryberg

HERSCHE, Peter (2013), *Agrarische Religiosität*, Landbevölkerung und traditionaler Katholizismus in der voralpinen Schweiz 1945-1960, Baden, hier+jetzt, Verlag für Kultur und Geschichte

ITEN, Karl (1984), *Uri damals: Photographien und Zeitdokumente 1855-1925*, Altdorf, Verlag Gamma

KAELIN, Urs (1991), *Die Urner Magistratenfamilien*, Herrschaft, ökonomische Lage und Lebensstil einer ländlichen Oberschicht, 1700-1850, Zürich, Chronos Verlag

LUSSER, Karl Franz (1834), *Der Kanton Uri, historisch, geographisch, statistisch geschildert*, Ein Hand- und Hausbuch für Kantonsbürger und Reisende, Huber und Compagnie, St. Gallen und Bern

MOSER, Peter, RENGGLI, Walter, ZGRAGGEN, Edgar (2016), *Das alte Schattdorf*, Geschichte eines Urner Dorfes, Band 1 bis 2, Altdorf, Verlag Gisler Druck AG. Eine meiner Hauptquellen mit detaillierten Informationen über die Liegenschaften des Dorfes.

MUELLER, Carl Franz (1956/57), *Unterschächen, Geschichte einer Urner Berggemeinde*, Hrsg. im Auftrag der Pfarrgemeinde Unterschächen

MUHEIM-BÜELER, Josef (2015), *Güter und Familien von Unterschächen und ihre Verbindungen in alle Welt*, Band 1 bis 6, Erstfeld, Druckerei Gasser. Monumentales Geschichtswerk eines Bauern und Stammbaumforschers, dem ich die meisten Informationen über meine Schächentaler Vorfahren verdanke.

URNER STAMMBUCH, Verzeichnis der Urner Bürgerfamilien und ihrer Mitglieder, Kantonsarchiv Uri. Es bestand zwischen 1846-1928 und erfasste alle Bürger (rund 280 Geschlechter), die Anrecht auf die Gemeindearmenpflege hatten, teils zurück bis ca. 1600, in insgesamt 34 handschriftlich gefüllten Bänden, die auf Mikrofilm kopiert sind.

URNER WOCHENBLATT, seit 1876 zwei Mal pro Woche in Altdorf herausgegebene Zeitung, auf Mikrofilm einsehbar, Kantonsarchiv Uri. Interessant waren für mich vor allem die vielen „Nachrufe" auf Verstorbene und thematische Beiträge, beispielsweise von Walter Bär-Vetsch.

RENNER, Eduard (1954), *Goldener Ring über Uri.* Ein Buch vom Erleben und Denken unserer Bergler, von Magie oder Geistern und von den ersten und letzten Dingen, Neuchâtel und Zürich, Mühlrad-Verlag

STADLER-PLANZER, Hans (2015), *Geschichte des Landes Uri*, Band 1 bis 2b, Schattdorf, Uranos Verlag

STADLER-PLANZER, Hans, HERGER, Alois (1991), *Spiringen*, Geschichte der Pfarrei, Kirchgemeinde Spiringen

ZURFLUH, Anselm (1994), *Uri, Modell einer traditionellen Welt?* Eine ethnogeschichtliche Studie über die Urner Mentalität 17.-20. Jahrhundert, Zürich, Thesis Verlag, Brig, Forschungsinstitut zur Geschichte des Alpenraums

ZURFLUH, Kurt (1990), *Steinige Pfade*, 160 Jahre Urner Wirtschaftsgeschichte, Altdorf, Urner Kantonalbank

GLOSSAR DER URNER MUNDARTAUSDRÜCKE

aarmägnessig	Leute, die der Armenpflege unterstehen
Aptritt	Abort, WC
biäzä	nähen, ausbessern, flicken
Biäzer	(ungelernter) Arbeiter
Biräweggä	Urner Variante von Birnbrot, kuchenförmiges Gebäck, das mit Nüssen und passierten Dörrbirnen gefüllt ist
Bräntä	Milchtanse aus Holz oder Blech mit Riemen zum Tragen am Rücken
boosgä	etwas Schlimmes anstellen
Butzli	Aussenstafel der Alp Mettenen
Butzli-Läll	auf dem Butzli hausende Sagengestalt
Chabis	Kabis, Kopfkohl
Cha si de chochä?	Kann sie überhaupt kochen?
Chlüüser	Übername, vom Familiennamen Kluser abgeleitet
chroosä	knacken, knistern
Däädi (Täädi ausgesprochen)	Koseform für Vater
Domini; Dominäli	Dominik; klein Dominik
ä Liäbä	ein Lieber
dr Domini hänt sie de scho griämt	Dominik hatte halt schon einen guten Ruf

ds altä Mittwuchä	Quatember-Mittwoch der Fastenzeit
Fabrikler	Fabrikarbeiter
Familitirgg	als mühsam empfundenes Familientreffen
Fassdügäli	aus Fassdauben angefertigte Ski
Fuditätsch	Klaps oder Schlag auf den Hintern
Gadähüüs	Gebäude, wo Wohnhaus und Stall unter einem Dach vereint sind
Gäntärli	Küchenschrank, Kasten
Gidelmäntig	Fasnacht-Montag
Goof (Mehrzahl Goofä)	Kind
Gräibi; Gräibichüächä	Griebe; aus Griebe, Mehl, geriebenen Haselnüssen, etc. gemachter Kuchen
Grosi; Ürgrosi	Grossmutter; Urgrossmutter
gschaffig	arbeitsam
gschiirä	(übertrieben) aktiv sein, nachteilig handeln
gschnäderfrääsig	heikel im Essen
Gschpaanä	Gefährte, Begleiter, Kollege, Freund
Gschpüüsächläid	Hochzeitsgewand der Braut
Gschältli	Strumpfhalter
Gschwelti	Pellkartoffeln
Gummi	Dätwyler AG Altdorf
Güätzli	kleines Gebäck, Biskuit
Gwändli	Kleid, Anzug
habärä	essen
Häfeler	Übername, von „Hafen" (Krug, Topf) abgeleitet
Häiri; Häirechä (Häirchä)	Heinrich; Sippenübername, von einem Heinrich abstammend
Härdepfelstock	Kartoffelpuree
Heftli	Zeitschriften
Helsätä; Helsbatzä	Patengeschenk; Patengeschenk in Form eines Geldstückes
Holzräischtä	Hinuntergleitenlassen von gefällten Baumstämen auf einer natürlichen oder künstlich

	angelegten Bahn im Waldgelände
Holzwittärä	Holzschopf
Iär	Anrede für eine Respektperson, Sie
Iär chennät gäh was'r wennt	Sie dürfen den Preis selber bestimmen
lismä	stricken
Kartatschä	grober, hoher (Winter-)Schuh mit Holzsohle und Lederschaft
Kunscht	eiserner holzbefeuerter Kochherd
Mammä	Koseform für Mutter
Mariä	männlicher Vorname Maria
Miggi	Marie
Muttä	flaches Milchgeschirr, früher aus Holz, jetzt aus Blech
Müätr, isri	Mutter, unsere
Niälä	Waldrebe
Nitläriis	mit Rahm zubereitete Reisspeise
Nuggi	Schnuller
odr gib's halt dä Miisä	oder wirf es halt den Mäusen zum Frass vor
Pfidäri	kleines Kind
Plätti, Platti	Übername, möglicherweise vom einem Plattenberg genannten Heimwesen abgeleitet
poschtä	einkaufen
Riädmättler	Übername, vom Heimwesen Riedmatt abgeleitet
Samichläüs	Heiliger Nikolaus von Myra (Patronatsfest : 6. Dezember)
Scheesäwäägäli	Kinderwagen
Schlottergetti, Schlottergottä	stellvertretender Pate, stellvertretende Patin am Tauf-Tag
Schtolzgiggel	stolze Person
Schtupli	Stube in Wohnhaus und Alphütte
Schwarzis mit	Kaffee mit einem Schuss gebranntes Was-

Schnaps	ser
Tanti	Tante
Tschägg	geschecktes Wesen
ugetzt	nicht geäst
umäschtriälä	herumstreichen
Vattr	Vater
Voglhaiw	Speise aus geröstetem Brot und Eiern
Was brinsch dü da fir äini?	Was für eine bringst du da mit?
Wessa bisch? Wessa sind lär?	Von wem stammst du (stammt Ihr) ab? Zu welcher Familie gehörst du (gehört Ihr)?
Zigerchrapfä	rautenförmiger Krapfen mit zimtgewürzter Ziegerfüllung
Znini	Zwischenverpflegung am Morgen
Zvieri	Nachmittags-Zwischenverpflegung

Zeitfracht Medien GmbH
Ferdinand-Jühlke-Straße 7
99095 Erfurt, Deutschland
produktsicherheit@kolibri360.de